Analysis of Concrete Pavement Service Life Based on Survival Analysis Theory

生存分析理论与水泥混凝土路面服务寿命分析

许　鹰　[美]蔡宜长　许志鸿　著

人民交通出版社股份有限公司
China Communications Press Co.,Ltd.

内 容 提 要

本书基于生存分析理论,提出了一套基于路况时间序列的路面管理数据质量评估方法,分析了不均匀分布的路况监测频率对路面服务寿命预估精度的影响,提出了优化的路况监测方案,采用了生存分析中的非参数型和半参数型方法,量化评估了设计特征、交通量等因素对水泥混凝土路面服务寿命的影响,构建了水泥混凝土路面服务寿命的Cox比例风险模型,提出了基于路面服务寿命生存分析模型的水泥混凝土路面最佳大修时机确定方法。

本书可供道路工程设计、施工、监理、养护管理人员以及高校相关专业的教师和学生等学习和参考。

图书在版编目(CIP)数据

生存分析理论与水泥混凝土路面服务寿命分析 / 许鹰,蔡宜长,许志鸿著. — 北京 : 人民交通出版社股份有限公司, 2018.5

ISBN 978-7-114-11498-4

Ⅰ. ①生… Ⅱ. ①许… ②蔡… ③许… Ⅲ. ①水泥混凝土路面—路面管理—研究 Ⅳ. ①U416.216

中国版本图书馆 CIP 数据核字(2018)第 062021 号

书　　名: 生存分析理论与水泥混凝土路面服务寿命分析
著 作 者: 许　鹰　[美]蔡宜长　许志鸿
责任编辑: 李　晴
责任校对: 赵媛媛
责任印制: 张　凯
出版发行: 人民交通出版社股份有限公司
地　　址: (100011)北京市朝阳区安定门外外馆斜街 3 号
网　　址: http://www.ccpress.com.cn
销售电话: (010)59757973
总 经 销: 人民交通出版社股份有限公司发行部
经　　销: 各地新华书店
印　　刷: 北京鑫正大印刷有限公司
开　　本: 787×1092　1/16
印　　张: 11
字　　数: 261 千
版　　次: 2018 年 5 月　第 1 版
印　　次: 2018 年 5 月　第 1 次印刷
书　　号: ISBN 978-7-114-11498-4
定　　价: 45.00 元

前言

我国公路事业的飞速发展和传统的“重建轻养”的理念使得我国未来的公路养护管理面临着诸多严峻的挑战,概率型全寿命周期费用分析方法(LCCA)可以考虑路面分析期内各种影响因素的不确定性,因而成为解决路面养护管理问题的最重要方法之一,而对各种分析因素的概率分布进行合理的估计是概率型 LCCA 精度的重要保证。

路面服务寿命是进行全寿命周期费用分析最基本的问题之一,以生存分析理论为基础的概率型路面服务寿命分析方法不但可以全面概括路面样本的服务寿命分布特征,还可以最大限度地利用服务寿命尚未终结的路段样本数据,因此具有确定型的路面服务寿命分析方法无法企及的理论优势。本书主要利用生存分析理论系统地研究美国佐治亚州水泥混凝土路面服务寿命的分布,量化评估路面服务寿命的影响因素,并将基于生存分析理论的路面服务寿命模型与全寿命周期费用分析方法相结合,分析水泥混凝土路面养护管理中的一些重要问题。

本书依托美国佐治亚州交通局的“佐治亚州水泥混凝土路面性能与寿命研究”的研究项目,利用采集了近 40 年的水泥混凝土路面路况资料,首先提出了一套基于路况时间序列的路面管理数据质量评估方法,包括路况数据的分类、数据的分级、评判原则的制定等内容;其次,分析了不均匀分布的路况监测频率对路面服务寿命预估精度的影响,基于研究结果,提出了优化的路况监测方案,通过实际数据的验证表明:优化的路况监测方法不但可以大幅度提高服务寿命预测的精度,还可以降低服务寿命预测的变异性,在实践中具有较强的实用性和可操作性;随后,采用了生存分析中的非参数型和半参数型方法对影响水泥混凝土路面服务寿命的不同设计特征、交通量等因素进行了量化评估,建立了佐治亚州不同类别水泥混凝土路面服务寿命的 Cox 比例风险模型,对比传统的确定型分析方法发现:生存分析方法建立的分析模型可以更高效地利用路面管理数据,得出的结论更为合理。最后,提出了基于路面服务寿命生存分析模型的水泥混凝土路面最佳大修时机确定方法,将经济学中成本效益的概念引入大修时机的效益分析,定义了延误成本、延误收益和延误利润的概念,深入剖析了延误的路面大修的效益组成,并利用实际的路况数据对方法进行了验证。

通过本次研究,将生存分析理论系统地应用于对路面养护管理中最基本的问题之一——路面服务寿命的分析,提出了与路面服务寿命相关的一系列重要养护管理问题的分析和解决方法,如:优化的不均匀分布路面监测方法的提出、路面服务寿命的生存分析模型的建立、基于生存分析模型的路面大修最佳时机确定方法等,得到的重要结论、建议和分析方法,不仅适用于美国,对于解决国内面临的类似路面养护管理问题都有重要的借鉴意义。

本书主要由许鹰撰写完成,蔡宜长教授提供了本书所涉及的路面状况数据,并参与了本书第2章的撰写;许志鸿教授对本书的总体结构提出了宝贵的建议,并参与了本书第3章的撰写;季节教授参与完成了本书第4、5章内容的撰写;徐世法教授参与完成本书第6、7章内容的撰写工作。

由于作者水平有限,书中难免有不足之处,欢迎读者批评指正!感谢所有阅读本书的朋友!

作　者

2018年1月于北京

目录

第1章 绪 论

1.1 研究意义

1.1.1 我国公路养护管理现状及面临的挑战

近年来,我国公路交通事业发展迅速,截至2017年年底,全国公路总里程已达477.35万km,其中,等级公路里程433.86万km,约占公路总里程的90%,二级及以上高等级公路里程62.22万km,约占公路总里程的13.0%。而我国高速公路的发展尤为迅速,截至2017年年底,我国高速公路里程总量已达13.65万km[1],仅次于美国居世界第二位。

公路发展需要经历"建设为主、建养并重、以养为主"三个阶段,这是几十年来经过发达国家印证的客观规律。我国从20世纪90年代进入公路建设的高峰期,至今已有15~20年的快速发展时间,路网已经初具规模,公路事业正处于建养并重时期。其中,东部一些发达地区的路网已基本建成,养护管理工作已成为公路工作的重点;中西部地区的路网虽然还在建设和完善中,但已建成设施的管理养护任务十分艰巨。以2017年的数据为例,全国公路养护里程467.46万km,约占公路总里程的97.9%[1]。由此可见,如何管理和养护好数量如此巨大的各等级公路,无疑是广大道路工作者未来面临的巨大挑战。

遗憾的是,面对如此严峻的形势,受多年来形成的"重建轻养"观念的影响,我国在重视公路建设速度和数量的同时,往往忽视对已建成公路的养护管理,导致许多新建成的公路在运营几年后,各种路面病害就大量产生,路面服务能力大幅降低。一些路面还没有达到设计寿命就需要进行大中修,究其原因,除去路面材料、施工、超载等因素的影响,养护管理水平不高也是很重要的原因之一。除了已存在多年的养护管理体制上的弊病,在路面状况数据的系统收集、基于路面性能数据库的管理决策方法、路面状况的评估、养护时机的选择和养护资金分配等问题上缺乏深入的研究,更是制约我国公路养护管理水平提高的重要原因。因此,结合我国公路建设的实践,从技术、经济、社会等全方位多视角来解决这些养护管理中存在的问题,对于应对我国即将面临的养护管理工作的巨大挑战,有着重要的社会和现实意义。

1.1.2 全寿命周期费用方法在路面养护中的应用

我国公路建设管理方案决策评估大致经历了技术比较—实物量比较—技术与经济比较—投资效益最大化四个阶段的发展和转变[2]。发展趋势是从单一的"重技术,轻经济"阶段逐步转变为"技术与经济并重"阶段,直至如今的追求项目投资效益最大化阶段。全寿命周期费用分析(Life Cycle Cost Analysis, LCCA)方法就是项目投资长期效益最大化的常用分析方法之一。全寿命周期费用分析方法的基本思想是:在设计施工阶段,不论是事先采取防护措施还是以后"坏了再修",甚至对公路用户的一系列费用都要做出经济预算和比较,承建者要对工程的"全寿命"负责,这样可避免"短期行为"给未来的养护管理带来麻烦与巨大经济损失[3]。

长期以来,我国公路建设中的规划、设计、施工、管理、养护等环节均是分开考虑的,缺乏宏观把握,尤其重视控制初期建设的成本和路面性能,而忽视漫长使用期内的路面养护管理成本控制和路面服务性能的保持,注重短期效益,而忽视后期风险,这是一种缺乏可持续发展思想的短视行为,势必造成大量的重复建设和人力物力资源的浪费。2004 年 1 月 8 日,交通部总结以往建设经验,针对西部地区公路规划、设计、施工中存在的共性问题,发布了《西部地区公路建设主要技术政策建议》(交公路发〔2004〕45 号),其中第四条明确指出:"应提倡全寿命周期分析的思想,统筹考虑建设与养护管理全过程,在建设中坚持速度、质量、安全、成本、环境相协调,以求得预期的投资效益与使用效果,推进西部地区公路建设快速、健康的发展。"此举表明政府已意识到问题之严重,并正逐步在公路建设行业内推广全寿命周期分析理念。

根据美国各州多年推广全寿命周期费用分析方法的经验来看,这一过程往往并不会一帆风顺。尽管各州的路面管理机构、养护工程师、研究学者均认为该方法十分合理,但是由于种种原因导致该方法在应用过程中受到的阻力仍然很大,主要存在如下一些问题。

(1)路面管理数据缺乏

国内许多学者认为,我国的公路管理机构在公路建设和养护中,不重视建设和路况资料的收集,其实美国的公路管理机构在这方面也存在不少缺陷,导致在后期建立路况模型、养护费用等模型时,缺乏相应的路面管理数据。通常来说,导致路面管理数据缺乏的原因有三种:一是路况数据记录缺乏连续性,例如,"重建轻养"的观念使得路面管理机构对建成后路面的养护历史、路况数据的收集、结构的变更等都缺乏必要的记录;二是路况数据记录缺乏一致性,例如,对路面平整度(IRI)数据,不同时期往往采用不同的采集设备,而不同的设备对 IRI 采集的精度和标准是不一样的,这些设备采集的数据之间存在一个转换的问题,如果不能合理地转换,那么前后收集的数据就缺乏一致性,造成路况数据的"相对"缺乏;三是路况数据记录缺乏目的性和系统性,例如,路面管理机构往往相对重视收集路况资料,而轻视对养护费用资料的收集,这就导致在对路面的养护管理行为进行经济评估时,不得不估计相应的养护费用,使得经济评估的精度大大降低。如果在早年收集路况资料的同时,有目的地去思考这些路况资料将来可能的用途,有针对性地系统收集各类路面管理数据,就可以使收集的数据发挥更大的效能。

(2)用户费用的争议较大

相比机构费用,用户费用的选择和计算一直是争论的焦点[4,5]。首先,全寿命周期费用分析中应该包括哪些用户费用就是难以选择的问题，路面状况的好坏在安全、经济、环境等多方面对用户产生影响，哪些因素应该被考虑进来是一个见仁见智的问题，一直存在极大的争议。其次，如何货币化用户费用也不容易，譬如说，延误造成的用户时间价值上的损失如何来量化？一次安全事故对用户造成的直接或间接损失究竟有多大？这些因素的影响都很难货币化分析。

(3)各种费用的权重难以权衡和统一

全寿命周期费用分析中需要考虑诸多费用，大的方面包括机构费用和用户费用，机构费用包括初始建设费用、养护和大修费用等，用户费用包括车辆运行费、通行时间费和事故费用等。除了选择哪些费用来进行分析是一个难题外，如何确定各费用在总费用组成中所占的权重也是一个见仁见智的问题。当前，通常由专家来确定权重，这种人为的确定方法也增加了分析结果的不确定性。

上面这些问题都会导致全寿命周期费用分析方法在实际使用过程中遇到种种困难，但是不可否认的是，该方法中存在的许多尚未解决的技术问题也是重要的原因，甚至全寿命周期费用分析方法中最基本的一些问题也往往得不到准确的答案。例如，很多路面管理机构收集了多年的路况数据，当被问及其管理的不同类型的路面结构服务寿命究竟有多长，孰优孰劣，哪些因素对服务寿命起着最关键的影响时，得到的都是模棱两可的答案，甚至于路面服务寿命的定义也有多种版本。2009 年，鉴于路面服务寿命在路面的设计、大修和管理中的重要性，美国交通研究委员会(Transportation Research Board, TRB)专门立项，拟采用 LTPP(Long-Term Pavement Performance Program)项目中的数据来研究路面的服务寿命[6]，为美国的力学经验法路面设计指南(MEPDG)中路面设计寿命的选择和运用 LCCA 方法提供合理的建议；其他许多州也纷纷利用州路面管理系统中收集的路况数据来分析州内路面的服务寿命[7-9]。由此可见，“路面服务寿命到底有多长？”这样一个看似简单的问题不仅重要，而且回答好也并不容易。因此，本书试图从路面服务寿命这个路面养护中最基本的概念作为切入点，以美国佐治亚州收集的近 40 年的水泥混凝土路面路况数据为基础，采用全寿命周期费用方法，深入探讨路况数据的采集频率、数据的质量评估、路面服务寿命模型的建立、路面养护时机的分析等与路面养护相关的一些重要问题，为提高我国路面养护的管理水平提供借鉴和参考。

1.2 国内外研究综述

1.2.1 路面寿命相关概念

本书讨论的切入点是水泥混凝土路面的服务寿命，它是全寿命周期费用分析中一个最基本的问题。在路面工程的术语中，与“路面寿命”有关的概念非常多，如：路面服务寿命、路面使用寿命、路面设计寿命、路面经济寿命、路面功能寿命等，这些概念在实际使用中常常容易被混淆，因此，有必要首先对“路面寿命”相关概念给出一个清晰的定义，如图 1.1 所示。

1)路面服务寿命(Pavement Service Life)

在国外的文献中,通常见到的提法是“路面服务寿命”,而国内常使用“路面使用寿命”一词,在本书中统一称为路面服务寿命。澳大利亚[10]将路面服务寿命定义为:从路面的初始建成或大修至路面的病害增加到无法满足事先设定的服务水平的寿命期。

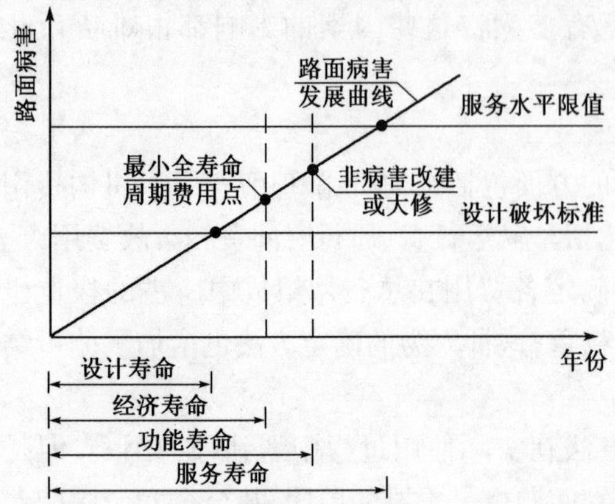

图1.1　不同路面寿命定义示意图

美国威斯康星州交通局向美国的14个州发放问卷,调查这些州是如何定义路面服务寿命[11]的,结果表明:有6个州将其定义为从路面初始施工完成至第一次大修,继而至下次大修的寿命期;有4个州是根据路面性能和服务能力指标的限值来确定;还有一些州将其定义为从路面初始施工完成至路面破坏的寿命期,路面的破坏标准可以是服务能力限值、大修或重建。这14个州中大部分采用“年”作为路面服务寿命的计量单位,但是新墨西哥州用等效标准轴载作用次数来计量。

2)路面设计寿命(Pavement Design Life)

我国在《公路沥青路面设计规范》(JTG D50—2017)中将路面设计寿命称为路面设计使用年限,将其定义为:在正常设计、施工、使用和养护条件下,路面不需结构性维修的预定使用年限。而在《公路混凝土路面设计规范》(JTG D40—2011)中将路面设计寿命称为设计基准期限,将其定义为:在计算路面结构可靠度时,考虑各项基本度量与时间关系所取用的基准时间段。澳大利亚[10]对路面设计寿命的定义类似于我国,即路面在某个期限末达到设计过程中设定的破坏标准,该期限被定义为路面的设计寿命。

3)路面经济寿命(Pavement Economic Life)

路面经济寿命被定义为下列两种寿命期的较小者[10]:第一种是从初始建成或大修的状态至某特定的服务水平的寿命期,此时路面具有最小的全寿命周期费用(大中修费用和用户费用)。第二种是从初始建成或大修的状态至路面的病害已经发展到路面无法满足使用时的寿命期。

4)路面功能寿命(Pavement Functional Life)

路面功能寿命是指路面从初始建成或大修的状态至路面由于非路面病害原因(如路面使用功能上的变化)产生的改建或重修时的寿命期[10]。

通过对以上四种路面寿命定义的介绍,可以发现,不同路面寿命的称谓是与不同路面寿命的功用有关,路面设计寿命用于界定设计标准,路面经济寿命反映了路面的经济指标,路面功能寿命反映了路面的功能变化,而路面服务寿命是反映路面满足一定服务水平的能力表现。

就路面服务寿命而言,虽然存在不同的定义方法,但区别主要在于如何界定路面寿命的终点,即如何确定服务水平的限值,而服务水平通常是由路面性能指标来表征。因此,本书确定的路面服务寿命的定义为:从路面初始建成或大修至由相应路面性能指标所界定的下一路面服务能力终结点的寿命期。

1.2.2 全寿命周期费用分析方法

LCCA 方法分为两大类:确定型方法和概率型方法[12],主要区别在于对 LCCA 的一些计算输入参数(如费用、费用发生的时间和折现率等)的变异性和不确定性的表述不同。

确定型方法中,每个 LCCA 的参数输入值和分析结果均为固定的值,这是最传统的 LCCA 的分析方法,其优点在于直观明了、计算简单,缺点是它不能反映分析过程中的一些不确定因素。敏感性分析通过改变某一参数的输入值,固定其他参数输入值,来分析对应的输出结果的变化范围,它可以在一定程度上解决确定型分析方法的缺陷,但它仍不能考虑多个参数输入值同时变化对最终结果的影响,所以从本质上来说,敏感性分析仍然是确定型的方法。

概率型分析方法将每一个参数输入值定义为特定的概率分布函数,采用动态模拟方法,从所有参数输入值中随机抽取一组输入,计算出相应的结果。这种抽样的过程会反复进行多次,最终得到分析结果的概率分布,根据这一分布,可得出在任意风险水平下的最优经济决策。概率型的分析方法合理地考虑了分析过程中的变异性和不确定性,更符合实际,近年来渐渐成为路面养护管理领域研究和应用的重点和热点。

回顾 LCCA 方法的发展历程,早年大部分学者采用确定型的 LCCA 方法来评估路面资产的施工和大修方案以及路面资产的服务寿命[13-15]。21 世纪初,一些研究将概率型的 LCCA 方法应用于桥梁和桥梁管理系统[16-18]。1998 年,美国联邦公路局(Federal Highway Administration, FHWA)出版了《路面设计中的 LCCA 方法应用技术指南》[12],书中系统给出了确定型和概率型这两种方法的分析步骤,提出了基于风险的 LCCA 分析方法和工作区用户费用的详细计算步骤。2003 年,Salem[19]提出了基于风险理论的概率型 LCCA 模型,并将其用于公共资产(道路、桥梁、管线)的施工和大修方案的选择。Chen[20]将基于模糊逻辑方法融入风险分析来对概率型 LCCA 的方法进行改进,并结合实际案例进行了比较,认为提出的基于模糊逻辑方法的改进概率型 LCCA 可以更有效地分析措施的养护时机。Ozbay[21]将遗传算法融合进概率型 LCCA,将其作为优化的工具来对项目级路面的养护费用进行优化分析。

我国将 LCCA 方法应用于公路建设管理和养护的研究相对较晚,而且,由于我国长期以来更偏重于公路工程在建设期内的短期经济评估,导致全寿命周期费用分析的理念在我国的推广和发展相对较慢。

在路面结构设计和设计方案决策方面,同济大学孙立军教授[22,23]根据其建立的统一的沥青路面性能模型(包括新建、改建或罩面等沥青路面),运用全寿命周期费用分析理论,提出了一套基于路面使用性能的新的路面设计方法,并根据路面在整个分析期内的使用性能来设计路面的结构组合,给出最优的、唯一的路面结构厚度组合。李汝霞[2]采用蒙特卡洛方法,将概率型 LCCA 模型应用于高速公路方案决策之中,并将该方法应用于曲陆高速公路路面方案选择中。

国内一些学者采用全寿命周期费用分析方法评估了不同路面结构的经济性。如张超[24]对我国传统的半刚性基层沥青路面和两种长寿命沥青路面结构采用全寿命周期费用分析,结果发现:尽管长寿命沥青路面结构在初期建设费用上要高于传统沥青路面结构,但是在全寿命分析期内(50 年),其全寿命费用要显著优于传统沥青路面结构。李光明[25]采用全寿命周期费用分析方法对深圳南光高速公路拟定的 7 种沥青路面结构方案进行经济分析,最终选择了基层寿命较长、沥青面层较薄的强基薄面半刚性基层作为设计方案。

在公路建设的宏观政策方面，沈鸿雁[3]提出了基于全寿命的公路建设政策基本理论，包括政策制定环境、总体设计、基本体系、技术手段等主要内容，分析了政策参与主体与实施保障措施，建立了基于全寿命的公路建设政策理论框架，比较了传统的公路建设成本分析方法和全寿命成本分析之不同，明确了制定基于全寿命的公路建设政策的基本技术经济原理，并用沪宁高速公路改扩建、沈大高速公路建设决策和某跨海桥梁三个实际工程进行案例分析，说明了全寿命建设思路的优势。

在路面的养护管理方面，高昌[26]依托清连高速公路的实际情况，在现有模型的基础上建立路面使用性能衰变方程，并对路面使用性能进行衰变预测。在25年的分析期内，制订全寿命周期内预防性养护在各个时间范围内采取的措施，拟定出全寿命周期内清连高速公路可采取的日常养护与预防性养护策略，最后对路面养护资金进行动态规划，制订最佳养护策略的实施方案。东南大学俞竞伟、黄晓明等[27]对养护工作区全寿命周期用户费用进行了基础性研究，分析了养护工作区全寿命周期用户费用组成，提出了养护工作区全寿命周期用户费用分析流程及费用分析中所必需的燃油消耗和用户延误费用等计算模型，并结合实例进行了计算分析。

综上所述，概率型的LCCA方法主要是针对全寿命周期分析中种种不确定性而提出的一种分析方法，它将各影响因素的不确定性采用不同的概率分布函数来表达，通过Monte Carlo模拟对这些因素的不确定性综合分析，输出一个概率性的结果，尽管对结果的表述不如确定型方法简单、直观，但它能更全面地反映分析结果的不确定性，更为科学合理，因而也逐渐被路面的管理机构所认可。概率型的LCCA方法要求对各分析因素的不确定性有明确的认识，并能给出合理的概率分布，这样输出结果的精度才能有保障。因此，要想提高概率型LCCA方法的分析精度，必须首先要对LCCA中最基本的分析因素（例如本书即将讨论的路面服务寿命）的概率分布进行深入研究。

1.2.3 生存分析方法在路面养护分析中的应用

对路面的服务寿命存在两种表述，一种是确定型表述，另一种是概率型表述。确定型表述是对具有同一设计特征的多个路段服务寿命取平均值，用平均值来代表这一类路面的服务寿命特征。以前的研究绝大部分都是采取这种方法进行表述，如佐治亚州[8]在分析州内沥青混凝土路面的服务寿命时，按照不同的交通量（轻、中、重），不同的管理区段（7个区），不同的功能（农村、城市）对沥青混凝土路面进行划分，对每一类路面取平均值进行比较分析。佛罗里达州[7]选取了279个柔性路面路段，按照新建路面、大修路面和重新罩面对其分类，采用平均值计算其服务寿命，对每一类路面给出了服务寿命的最大值和最小值来表征每一类样本值的分布区间。

概率型表述对样本点采用一些特定的统计分析方法，反映样本的失效概率和分布特征。与确定型表述相比，概率型表述更能够准确表达每一类样本的数据分布特征和信息，而生存分析法（Survival Analysis）是概率型表述中较为常用的一种方法。

什么是生存分析？简单地说，生存分析就是对一个或多个非负随机变量进行统计分析，即根据观测到的数据对一个或多个非负随机变量进行统计推断。非负随机变量常用来表示自然界、人类社会或技术过程中某种状态的持续时间。一种最常见的情况是，用非负随机变量表示“寿命”（技术产品的寿命或生物、人的寿命），因而生存分析可看成是对寿命进行研究，是对寿命数据进行分析[74]。

在过去的研究中，生存分析方法较为广泛地用于路面性能模型的建立和病害的统计分析。20 世纪 30 年代，尽管当时对路面性能的预估大部分还是基于经验而非统计的方法，有些学者就尝试将生存分析方法用于建立路面性能模型[28]。世界银行的 HDM-Ⅲ模型就采用了生存分析方法来预估疲劳裂缝[29]。Prozzi and Madanat[30]采用生存分析法重新分析了 AASHO 试验路的数据，并预估了路面破坏的时间，得到的结果比原先提出的分析方法更为准确。Tsai[31]采用 Weibull 比例风险模型和 Weibull 加速破坏模型对室内疲劳试验的结果进行分析，来预估现场路面的疲劳性能。Wang[32]认为沥青混凝土路面的疲劳裂缝是一种加速破坏的发展形式，因此他采用了一种参数型生存分析模型——加速破坏模型来分析疲劳裂缝破坏的时间和其影响因素之间的关系。伊利诺伊州[9]采用一种 S 形的参数型生存分析模型来分析每一类路面达到事先设定的破坏标准的生存概率。Myungsik Do[33]对韩国不同功能分类（农村、城市等）的道路用正态、指数、Weibull 等 5 种参数风险模型来分析其服务寿命的分布特征，并采用寿命表这种非参数型方法来进行验证，发现不同功能路面的服务寿命对应的最佳分布函数并不相同。

总而言之，相比于传统的平均值的统计方法，生存分析方法有两个显著的优点：一是生存分析方法可以更全面地反映样本点的分布特征和分布信息；二是它可以将一些寿命尚未终结样本点的信息特征加入统计分析中去，这将大大提高分析结果的精度。尤其对于路面的服务寿命来说，其监测耗时非常之长，获得高质量的样本难度相对较大，如果能够将一些服务寿命尚未终结的路段服务寿命信息加以充分利用，对于加快研究进度和得到高质量的分析结果都具有积极的意义。在过去的相关研究中，尽管伊利诺伊州采用了生存分析方法来分析路段的服务寿命，但是有些问题依然没有得到很好的解决，如：其假定的 S 形参数型模型是否符合路面服务寿命的分布规律？因为不同类型路面的最佳分布函数不尽相同，采用统一的参数型模型来分析不同分类的路面并不合理[33]。Myungsik Do 虽然对不同分类的路面采用了不同的参数型模型进行分析，但是其对路面的分类过于粗略，针对不同设计特征对服务寿命的影响考虑不够。那么哪些设计特征对于路面服务寿命有显著的影响？对其分布特征有哪些影响？而且不同国家和地区对于路面的服务寿命的定义，分析采用的路况性能指标、大中修的方法等都不尽相同，这些因素都会影响到生存分析的结果。这些都是生存分析方法应用于路面服务寿命分析中亟待解决的问题。本书采用生存分析方法，系统地对佐治亚州的水泥混凝土路面的服务寿命进行分析和探讨，为今后该方法在路面服务寿命分析中的应用奠定基础。

1.3 本章小结

目前国内应用的全寿命周期费用分析方法大多是确定型 LCCA 分析方法，概率型 LCCA 方法应用得非常少，少数的研究也是集中于对概率型 LCCA 方法进行概念性的介绍[34]，真正在实际路面工程或养护管理中研究和应用概率型 LCCA 方法的文献很少，而采用生存分析方法对路面的服务(使用)寿命进行分析的文献也难得一见。究其原因可能是由于对路面的服务寿命进行概率型的分析讨论对路况数据的要求相对较高,而我国对建成的路面管理数据的收集历史较短,许多路段的路况数据欠缺严重,无法满足概率型 LCCA 方法的要求。但是,在未来路面养护管理中采用概率型 LCCA 方法已是必然的趋势,而生存分析方法既可全面反映样本信息,又可以充分利用寿命尚未终结样本点的信息,因而应用前景广泛。

本书采用美国佐治亚州收集的 40 多年 1000 多公里水泥混凝土路面实际路况数据(错台指数、平整度、断板数和综合评分等),采用生存分析方法探讨与水泥混凝土路面服务寿命相关的路面养护问题,得出的结论可为我国未来合理的运用概率型 LCCA 方法分析道路养护方面的问题提供一定的借鉴。

本书讨论的主要内容包括:

(1)水泥混凝土路面服务寿命数据的分类和质量评定方法和原则。

(2)路况数据监测频率对路面服务寿命预估的影响。

(3)路面设计特征对水泥混凝土路面服务寿命影响的量化评估。

(4)水泥混凝土路面服务寿命 Cox 比例风险模型。

(5)基于路面服务寿命生存模型的水泥混凝土路面最佳大修时机。

第2章　路况数据的分类和质量评估

2.1　引　　言

在讨论如何计算路面的服务寿命之前，我们面对的是数以万计的各种各样的路况数据，这些数据从不同的角度展现了路面结构在几十年外部荷载、环境等因素作用下的性能变化趋势，但是由于数据采集方式、设备不同，导致这些数据采集和记录存在较大的变异性。那么，如何最大限度地消除这种变异性，真实地反映路面性能的变化趋势，是准确确定路面服务寿命的重要前提。基于这样的研究目的，本章以美国佐治亚州为例，拟对路面服务寿命计算数据的合理分类提出一套质量评估方法，为准确计算路面服务寿命打下基础。本章拟解决的主要问题有：

(1)如何判断不同类型水泥混凝土路面服务寿命影响因素的重要性？

(2)如何分类不同的路面管理数据？

(3)如何评估路面管理数据的质量？

2.2　佐治亚州路面养护管理实践和大修标准

如前所述，路面服务寿命被定义为：从路面初始建成或大修至由相应路面性能指标所界定的下一路面服务能力终结点的寿命期。一般来说，路面初始建成或大修的时间点不会有大的误差产生，这只需要从数据库中提取相应的记录即可。但是判断路面服务能力的终结点往往争议较大，因为不同路面管理机构根据当地的工程经验或经济承受能力，可以选用不同的路况指标和标准值。所以，本节简要地介绍一下佐治亚州路面养护管理实践和大修标准变化的历程。

2.2.1　佐治亚州混凝土路面养护管理实践

佐治亚州位于美国东南部，东南临大西洋，面积约15.2万km^2，人口近1000万，气候条件属于副热带湿润气候，其首府亚特兰大市是美国南部最大的城市之一。该州的经济发展水平位于美国南部各州前列，由于该州位于美国南北交汇的区域，地理位置非常重要，是美国东南部的交通枢纽，其首府亚特兰大市机场的客运量和航班数量均为全世界第一，是世界上最繁忙的机场；多条州际公路，如 I-75、I-85、I-95、I-16、I-20 等贯穿该州。

佐治亚州交通局目前管理着 1245mile 的水泥混凝土路面（仅指州际公路，未包括其他等级的水泥混凝土路面），这些路段大部分在 20 世纪 60 年代中期建成并投入使用。早年对这些路面性能的检测和记录基本采用人工和纸本记录。1986—1997 年间，州交通厅建立了路面状况评估系统（Pavement Condition Evaluation System, PACES），并利用该系统每年对所管辖的道路进行评估管理[35]。1998 年，该系统升级为电子化路面状况评估系统（Computerized Pavement Condition Evaluation System, COPACES）[36,37]并沿用至今。水泥混凝土路面状况评估指标在这 40 多年中经历了由简单到复杂、由单一指标到综合指标的发展过程，这一过程可详见表 2.1。

佐治亚州水泥混凝土路面状况评估指标的演变　　表 2.1

年份（年）	描　述	车道数	错台指数	断板数	平整度	横向/纵向裂缝（一个级别）	横向/纵向裂缝（两个级别）	路肩病害	综合评分
1971—1976	只有单一错台指数	1	√	—	—	—	—	—	—
1977	增加了断板数指标	1	√	√	—	—	—	—	—
1978—1979	增加了平整度指标	1	√	√	√	—	—	—	—
1980	用 MAYS（一种早年测平整度的设备）测平整度 *	1	√	√	√（MAYS）	—	—	—	—
1981	—	1	√	√	√（MAYS）	—	—	—	—
1982—1994	调查 2 个车道	2	√	√	√（MAYS）	—	—	—	—
1995	取消断板数，改为横向/纵向裂缝表示	1	√	—	—	√	—	—	√
1996	横向/纵向裂缝有一个分级变成两个分级；增加路肩病害的评分；改为 LASER 设备测平整度	1	√	—	√（激光平整度仪）	—	√	√	√
1997	断板数（2 个分级）和综合评分	1	√	—	√（激光平整度仪）	—	√	√	√

注：* MAYS 是一种早年测平整度的设备，后被 LASER（激光平整度仪）所取代，因此造成两种设备测得的平整度之间存在转换关系，LASER = MAYS × 15.42 + 350。

2.2.2　佐治亚州路面大修标准

随着水泥混凝土路面状况评估指标的发展以及对路面大修时机长期的经验积累和相关问题的深入研究，佐治亚州对水泥混凝土路面大修标准的制定也经历了一个不断完善和变化的过程。从大的时间范围来说，可以分为两个阶段：

(1)第一阶段(1971—1995年):这一阶段主要是用错台指数(Faulting Index)作为判断水泥混凝土路面大修的标准。错台指数的定义详见附录F。后期逐渐增加了断板数和平整度指标,但是,除了在明显的软弱地基或排水不良路段会出现大量的断板,一般大修时路面的断板数都不会太多;平整度的指标在早年并没有被重视,虽然每年都有测得的数据,但是并不作为评判大修的标准。

(2)第二阶段(1995年至今):这一阶段主要是将错台指数和综合指标两者相结合来确定路面的大修。在1995年之后,对水泥混凝土路面的大修标准由错台指数逐渐过渡到综合指标,并同时考虑平整度和断板率,建立了包括错台指数、平整度、断板数、路肩病害在内的综合评分指标,该综合指标表征了水泥混凝土路面的主要病害。但是目前对于综合指标的大修标准尚无定论,因此,错台指数仍然是最为主要的判断指标。表2.2列出了佐治亚州和美国力学经验法设计指南(Mechanistic-Empirical Pavement Design Guide, MEPDG)中对水泥混凝土路面大修的判别指标和相应的标准。

佐治亚州和MEPDG对于水泥混凝土路面的大修标准 表2.2

性能指标	佐治亚州	MEPDG
错台	错台指数≥15	错台量≥1/8 inch(相当于错台指数≥20)
平整度	IRI≥2.68m/km(170 inch/mile)	IRI≥2.37m/km(150 inch/mile)
断板率	1mile长板总数的1/3	断板率≥15%
综合指标	综合评分≤70*	—
常用大修措施:金刚石打磨+封缝+换板+基础灌浆		

注:* 目前对这一大修标准尚无定论,这只是一些有养护经验的工程师的大致判断。

2.3 水泥混凝土路面的分类

2.3.1 路面的分类方法

准确确定路面服务寿命的另一个重要问题就是对路面进行合理的分类,不同的路面类型、交通量、结构厚度、基层类型、排水类型、地理位置等因素都会对路面的服务寿命产生影响,因此,了解这些因素并对路面类型进行合理的划分是非常有必要的。

美国马里兰州公路管理机构采用路面管理系统中的1950个数据点,将路面分为刚性路面和柔性路面,分别计算其服务寿命。密苏里州在计算路面服务寿命时,将路面分为全厚式沥青路面、传统沥青混凝土罩面路面、接缝素混凝土路面和无黏结的接缝混凝土罩面[38]。佛罗里达州采用真实的服务寿命数据来进行全寿命周期费用分析,计算中将柔性路面分为州内公路和州际公路两种,每种又划分为新建、重建及罩面三类,最终对每类路面服务寿命的结果按照平均值、最小值及最大值进行表述[7]。华盛顿州在分析时将路面分为柔性路面、水泥稳定基层沥青磨耗表层路面及刚性路面三大类,又根据地理位置、气候条件、结构厚度、骑乘指数、车辙深度对每大类路面进行细分[39]。美国混凝土路面协会(American Concrete Pavement Association,ACPA)于1994年公布了威斯康星州、明尼苏达州、肯塔基州、纽约州及科罗拉多州共五个州1971—1985年间实际的路面服务寿命、全寿命周期费用和大修费用等数据[41],其中威斯康星州和明尼苏达州分为沥青路面和水泥混凝土路面两种,每种路面又按照是否罩面和排水类型细分[42]。美国沥青路面联盟(Asphalt Pavement Alliance,APA)仅考虑了沥青路面的分类,将其面层按照厚度分为大于8in(20cm)和小于8in厚两种[43]。田纳西州将路面分为接缝素水泥混凝土和沥青混凝土两种路面进行分析。堪萨斯州交通局在研究州际公路的路面服务寿命时,首先将路面分为沥青路面和水泥混凝土路面两种,继而又分为有大修和重建的路面、有沥青罩面的路面及轻微养护的路面(封层、补丁等)三种[44]。佐治亚州在分析沥青路面服务寿命时,按照地域(7个区),交通量(AADT < 5000、5000 < AADT < 10000、AADT > 10000)及功能(干线公路、支线公路等五类)进行分类比较[8]。伊利诺伊州对州内的路面服务寿命进行分析时,按照地域(北部、南部),罩面厚度(薄、厚),路面类型(接缝素混凝土路面、配筋混凝土路面、沥青混凝土路面)三个因素进行考虑[9]。

(1)路面分类时应考虑的因素

这些因素常包括:路面类型;地理位置;养护程度(大修、罩面、轻微修补);路面结构厚度;排水情况;路面功能;交通量;基层类型等。

(2)选择影响因素的原则

值得注意的是,在考虑时往往并非包括所有的因素,因为如果都考虑进来,会将路面的类型分得过细,某些类型路面中的样本点就可能比较少甚至没有,计算的结果可信度差;而如果将路面类型分类过大,每一类路面中的样本点虽然较多,但最终的结果变异性可能会较大,导致分析结果失去参考意义。因此在选择影响因素时应考虑如下原则:

①主要的路面结构类型。应充分包括主要的路面结构类型,如沥青混凝土路面、设接缝的素混凝土路面等,它们是分析的主要对象,最终分析的结果也是要为今后这些路面结构的管理决策提供必要依据,因此要重点考虑。

②常用的路面结构设计特征。应充分包括常用的路面结构材料、结构厚度等设计特征,分析的结果也为今后分析这些设计特征对路面性能的影响提供依据。

③路面管理数据点的分布特征。不同功能的道路上路况采集的频率往往是不同的,如主干道交通量大,社会影响大,对其路面性能检测的频率往往会高于交通量相对较少的支线道路。这就导致了管理系统中记录的路况数据点分布不均,分类时也要充分考虑这种因素的影响。

④路面管理数据点的采集质量。管理系统中采集的数据有人工采集,也有设备采集,这就导致采集的数据质量良莠不齐。通常在分析之前,要对数据进行判别和舍弃,分类时要考虑数据舍弃后对该类结果的影响。

这些分类的原则将在后文中结合分析的过程详细阐述。

2.3.2 佐治亚州水泥混凝土路面的初步分类

本书除了对佐治亚州水泥混凝土路面的服务寿命进行分析外,还有一个重要的研究目的,就是量化评估路面结构特征和交通荷载等对佐治亚州水泥混凝土路面服务寿命的影响。因此，我们在对佐治亚州水泥混凝土路面进行分类时，应该明确哪些设计特征对水泥混凝土路面的性能会产生重要的影响。根据过去相关的研究[45]，有如下重要因素：

(1)路面基层和基层的弹性模量。

(2)排水系数。

(3)横向接缝处的传力杆(是否有？直径多大?)。

(4)初始施工后的平整度。

(5)是否采用宽板[比传统路面板加宽0.61m(2ft)]。

(6)交通荷载。

(7)混凝土板厚。

(8)年均降雨量。

(9)接缝间距。

(10)气候(湿度和温度)。

根据上文中总结的路面分类原则，虽然影响因素很多，但是首先要考虑州内常用的路面结构和常见的设计特征，因此，本次分析中初步考虑的路面分类的影响因素见表2.3。在初次划分路面分类时，可以将影响因素考虑得相对多一些，将路面类别划分得更详细，然后根据最终的服务寿命计算结果，合并差别不大的类别。

路面分类考虑的影响因素　　表2.3

影响因素	明　细
接缝间距	6.1m(20ft)
	9.1m(30ft)
	随机
接缝类型	垂直接缝(矩形)
	斜接缝(菱形)
路肩类型	无路肩
	沥青混凝土路肩(无边角支撑)
	水泥混凝土路肩(有边角支撑)
基层类型	碎(砾)石基层
	沥青稳定碎石基层
	水泥稳定土基层
传力杆	有
	无
水泥混凝土板厚	20.3cm(8in)
	22.9cm(9in)
	25.4cm(10in)
	27.9cm(11in)

2.4 路面管理数据质量评估

2.4.1 路面管理数据质量评估的必要性

高质量高可信度的路面管理数据是准确计算路面服务寿命的基础,然而,路面管理系统中记录的数以万计的数据存在着许多误差源,原因有许多,譬如:规范对于路面病害严重程度的定义存在含糊之处、不同检测人员对于路面状况评分系统的理解存在差异、检测设备的误差、交通或气候条件对检测人员观测的影响等,这些因素都会导致管理系统中记录的数据不能真实地反映路面状态。在计算路面服务寿命之前,有必要对这些管理数据进行判别和取舍,选取那些高质量的基础管理数据来进行计算,以提高路面服务寿命结果的可信度。

为了量化评估路面管理系统中数据的精度,假设检验等统计方法常被广泛使用[46-50],不同的路面性能指标也被广泛地用来评估路面状况数据的准确性。Ong 等[51]提出数据质量评估框架来评估路面状况数据库的完整性,但是该框架仅用来评估某一年份的数据的精度,并非用来评估在一个完整时间序列上路况数据的质量等级。在许多利用路面状况数据来建立路面性能预估模型的研究中[52-56],往往也会采取一些剔除奇异数据点[57]和反常趋势线[58]的办法,但是对基于一定时间序列上的数据点的质量评估方法仍缺乏成熟的研究。因此,本节研究目的就是提出相应的数据质量评估方法,用佐治亚州收集的大量路面管理数据来分析和验证提出的评估方法,从而为今后各路面管理机构和研究机构合理地选择和应用路面状况数据提供必要的依据。

2.4.2 路面管理数据的分类和等级评估原则

本书主要的研究目标之一就是合理确定水泥混凝土路面的服务寿命,继而研究与之相关的一些养护管理问题:如水泥混凝土路面的路况监测频率、水泥混凝土路面大修的最佳时机等。因而,在选择路面管理数据的时候就要有针对性。根据本书的研究目的,将数据分为基础数据和目标数据两大类,所有的基础数据都要进行质量评估,质量等级分为高(H,H-)、中(M)、低(L)、不完整(I)四级;目标数据则根据相应的研究目的确定,由基础数据计算得出,其质量等级由相关的基础数据的质量等级确定。

(1)基础数据包括:

①起始年(YS, Starting Year)。

②终止年(YE, Ending Year)。

③趋势线(TM, Trend in the Middle)。

④大修前、后的错台指数[FBR(FAR),Faulting Index Before(After) Rehabilitation]。

⑤大修前、后的平整度[IBR(IAI), IRI Before(After) Rehabilitation]。

⑥错台指数增加到 15 的年份(YF15, Year of Faulting Index 15)。

(2)目标数据包括:

①大修前后错台指数下降值(FD, Faulting Index Drop)。

②大修前后平整度下降值(ID, IRI Drop)。

③实际服务寿命(AL, Actual Life)。

④错台指数为 15 的服务寿命(TL,Theoretic Life)。

值得一提的是,由于每条路段可能存在多次大修,那么根据前文对路面服务寿命的定义,那么路段就可能存在多段服务寿命。本书将路段的服务寿命通过加上后缀(0,1,2…)予以区分,初始建成至第一次大修为 AL-0,第一次大修至下一次大修之间的服务寿命为 AL-1,以此类推。下文将结合图 2.1 对各种数据的定义进行详细的解释和说明。

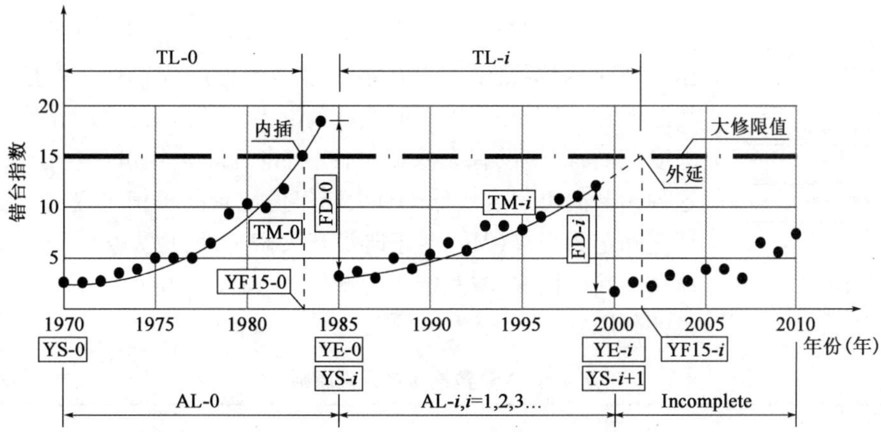

图 2.1　典型路段服务寿命计算示意图

1)基础数据

(1)起始年(YS)

在计算路面的服务寿命时需要计算两种类型的服务寿命,一种是路面初始建成至第一次大修的寿命,另一种是一次大修至下一次大修的寿命。因此,起始年的类型也相应包括两种:一种是指分析路段建成开放交通的年份,类型为 C(Construction);另一种是每次路面的大修开放交通后的年份,类型为 R(Rehabilitation)。

根据佐治亚州路面状况评估系统 PACES 中的记录,州内的水泥混凝土路面基本上建成于 20 世纪 50 年代末至 70 年代初,通常有较为详细的开始修建时间和建成开放交通的时间。因此,对于类型 C,这些有记录的起始年份数据质量均设定为高(H),但由于早年的路况资料记录有较大的缺陷,有不少路段虽然有建成时间,但建成后的几年内没有路面状况记录来佐证,此时起始年的数据可信度仍然较高,但是要低于有记录的情况,设定为 H-;对于类型 C,如果没有起始年份的记录,加上早年路况资料的缺乏,我们很难去判断路段的起始年,此时,该路段的起始年的数据可信度被设定为低(L);对于类型 C,并不存在中等(M)可信度的起始年数据。

对于类型为 R 的起始年数据,评判的原则类似于类型 C,有大修时间记录的起始年可信度均被设定为高,但有大修记录同时有路面状况资料佐证(路面的错台指数和平整度值都会有明显的降低)的起始年为 H,前后 2 年内没有路况资料佐证的可信度要次于前者,为 H-;有些路段的大修时间并没有记录,对于这种情况,可以通过对路面状况数据变化的观察来大致判断大修的时间。根据佐治亚州水泥混凝土路面大修的经验，通常采用大修流程见图 2.2，措施包括更换断板、路基灌浆，最后对路表面进行金刚石研磨（Diamond Grinding）、重新封缝等，如图 2.3所示。通常经过大修之后，路面的错台指数和平整度值都会有明显的降低，根据以前的研究，发现降低的值与大修前的路面状况存在明显的函数关系[59]，但不同的养护措施、施工工艺等都对具体的函数形式和系数有着不同的影响。本书选取路面管理系统中有大修记录且同时有高可信度的路面状况记录路段的大修前后路况变化值进行了统计分析，得出对于给定的大修前的错台指数（FBR）和平整度值（IBR），可以判断其下降值将落在一定的值域范围内（置信概率 80%）。后文 2.6 节将详细讨论如何确定该值域。根据该规律，观察路段如果在某一年其错台指数和平整度值都产生突然的下降，且下降值落入该值域范围内，下降前的路段错台指数和平整度较高，即使没有大修记录，我们也判断该年份产生了大修，但是这种判断的可信度要低于有大修年份记录的可信等级，因此，将该种情况确定为中级（M）；对于既没有大修记录，也无法通过路面变化规律来判断的情况，将其定义为低（L）。表 2.4 中列出了起始年数据质量评判原则。

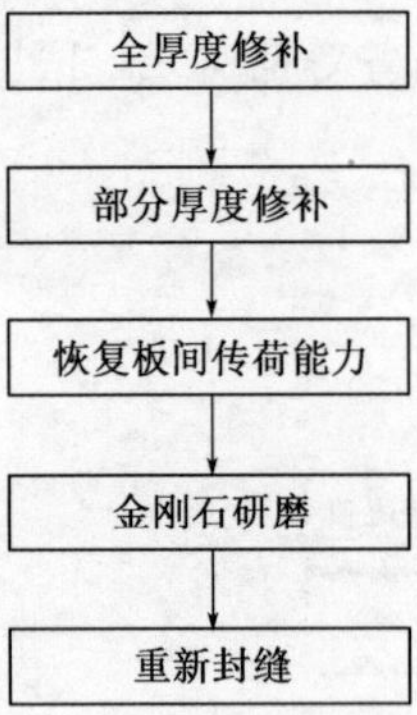

图 2.2　佐治亚州水泥混凝土路面大修（CPR）流程

起始年（YS）数据质量评判原则　　表 2.4

质量评判等级	类　型　C	类　型　R
高（H）	有记录，建成后 2 年内有资料，错台指数小于 7（80% 统计概率）	有记录，大修前后 2 年有资料，FD 趋势在 80% 概率线以内，否则为 H－
高（H－）	有记录，建设后 2 年内无资料	有记录，大修前后 2 年无资料
中（M）	—	无大修年份记录，但大修前 faulting index > 10（80% 的概率），FD、ID 同时在 80% 概率线内
低（L）	—	无大修年份记录，高、中评级栏中的其他情况

（2）终止年（YE）

与初始年相同，终止年的类型也分为两种：类型 C 和类型 R，其含义同初始年。对于有大修年份记录，而且大修前后 2 年有路况资料佐证的路段，数据的可信度设定为 H，其中所谓的有路况资料佐证意为路面状况（错台指数、平整度）在大修前后的变化符合相应的统计规律，落在 80% 置信概率的值域范围内。对于有大修年份记录，但是记录年份前后 2 年没有路况资料佐证的，数据的可信度稍差，设定为 H－。对于没有大修记录，通过人工判断某年份符合路面状况大修前后变化规律的情况，被设定为中（M）；既无大修记录，也无法通过路况变化来判断的路段数据，将其设定为低（L）。表 2.5 列出了终止年数据质量的评判原则。值得一提的是，如图 2.1 中 YE-i 和 YS-$i+1$，路段前一个服务寿命期的终止年就是下一个服务寿命期的起始年，它们所指的都是同一次大修，因此这两者的数值和数据质量等级是完全相同的，这一规律大大节省了用人工判断数据质量等级的工作量。

a)封缝

b)路基灌浆

c)更换传力杆

d)金刚石研磨

图 2.3　常见的水泥混凝土路面大修处理措施

终止年(YE)数据质量评判原则　　表 2.5

质量评判等级	类型 C 和类型 R
高(H)	有记录,大修前后 2 年有资料,FD 趋势在 80% 概率线以内,否则为 H -
高(H -)	有记录,大修前后 2 年无资料
中(M)	无大修年份记录,但大修前 faulting index > 10(80% 的概率),FD、ID 同时在 80% 概率线内
低(L)	无大修年份记录,高、中评级栏中的其他情况

(3)趋势线(TM)

趋势线反映了从起始年到终止年之间,路面状况(错台指数、平整度等)随着年份的增加而逐渐变化的趋势,反映了路面服务能力逐渐衰变的过程。趋势线是根据佐治亚州路面管理系统中提取的路段每年路况检测值拟合而成,如图2.1中的TM-0、TM-*i*所示。不同的路面状况指标拟合的曲线形式也有所不同,根据以往的相关研究,错台指数与年份之间的拟合曲线较符合指数形式[60],而平整度与年份之间更趋向于一种线性变化的关系[61]。因此本书在拟合趋势线时采用的函数形式如式(2.1)、式(2.2)所示。

$$\mathrm{FI} = A \cdot \exp(B \cdot X) \tag{2.1}$$

式中:FI——错台指数;

X——年份;

A、B——系数。

$$\mathrm{IRI} = A + B \cdot X \tag{2.2}$$

式中:IRI——平整度;

X——年份;

A、B——系数。

通常情况下,佐治亚州对路段的路面状况检测的频率为每年一次,但是由于种种原因,如路况数据缺失、前后年路况数据变异性大、路况变化趋势异常等都会造成拟合出来的趋势线可信度下降。本书对拟合出来的趋势线数据质量判断原则基于三个指标:趋势点数量占总年份的比例、趋势合理性及拟合曲线的R^2。趋势点数量占总年份的比例分为大于50%(H)、30%~50%(M)、小于30%(L)三种,趋势分为合理(H)与不合理(L)两种,R^2分为大于0.6(H)、0.3~0.6(M)、小于0.3(L)三种,评判原则见表2.6。在具体评判时,选取这三个指标中最差的一项作为整个趋势线数据的可信度。

趋势线(TM)数据质量评判原则 表2.6

质量评判等级	评判原则
高(H)	(1)数据点大于总年份的50%; (2)趋势合理; (3)$R^2>0.6$; (4)同时满足以上三个条件
中(M)	除高(H)和低(L)外的情形
低(L)	(1)数据点小于总年份的30%; (2)趋势不合理; (3)$R^2<0.3$; (4)以上三个条件中满足任一条
不完整(I)	有YS,无YE,路况发展未达到大修限值

例如,某路段于1970年初始建成,到1990年大修,20年间有13个年份有路况记录,趋势合理(错台指数曲线大致符合指数增加趋势,平整度大致符合线性增加趋势),拟合趋势线的R^2为0.56。那么趋势点数量占总年份的比例一项评判为高(H)(13/20=65%>50%),趋势

合理性评判为合理(H)，R^2评判为中(M)(0.3 <0.56 <0.6)，因此，该路段趋势线的数据质量即三个指标中的最低值M。

有些路段，从最后一次大修结束至今，路况一直较好，此时该路段存在起始年份，但无终止年，且最后一次路况记录值也未达到相应的大修限值，这种情况表明路面的服务寿命尚未终结，趋势线记录为“不完整”。

(4)大修前后的错台指数、平整度(FBR、FAR、IBR、IAR)

将大修前后的各种路面状况数据列为基础数据，目的是为了研究水泥混凝土大修的短期效益。这些路面状况数据主要包括：路段的综合评分、错台指数、平整度三项。由于佐治亚州对路段进行综合评分是在1995年之后，与错台指数和平整度这两项指标40多年的检测历史相比，设立的时间相对较短，数据并不丰富，而且1995年之后发生在水泥混凝土路段上的大修次数也较少，因此在研究大修短期效益时，没有将综合评分列入考虑范围，只对路段的错台指数和平整度在大修前后的值进行了提取和质量评判。

表2.7列出了该基础数据的质量评判原则。对于有大修记录，而且大修前后的路况数据均为大修之前一年和之后一年检测到的数据，此时的数据可信度被评判为高(H)；对于有大修记录年份，大修前后的路况数据并非是大修之前和之后一年内测到的数据，但却是大修前两年内和大修后两年内的路况数据，此时数据仍具有一定的可信度，但要稍差，被设定为中(M)；还有一种情况也属于中等(M)可信度，即虽然没有大修记录，但是通过对路况数据的判断得出大修年份，判断的标准同起始年(YS)和终止年(YE)中的大修判断标准，而且路况数据均为大修之前一年和之后一年检测得到的。除去高(H)级和中(M)级的情况，其余均被认为低(L)级。

大修前后的错台指数、平整度(FBR、FAR、IBR、IAR)质量评判原则　　表2.7

质量评判等级	评判原则
高(H)	有大修记录，路况数据均为大修之前(后)之后一年检测获得
中(M)	无大修记录，判断得出大修年份，路况数据均为大修之前(后)之后一年检测获得
低(L)	H和M外的其他情况

(5)错台指数增加到15的年份(YF15)

要讨论延误的大修对路面性能和全寿命周期费用的影响，这就需要从路面管理系统中获取与路段大修的延误程度相关的数据。根据前文表2.2列出的佐治亚州水泥混凝土路面的大修标准可知，目前佐治亚州判断水泥混凝土路面是否需要大修的标准主要有三个：错台指数是否大于15；平整度是否大于2.68m/km；1mile长的路面断板率是否大于1/3。然而从路面管理系统中得到的实际路况数据来看，大多数都是由于路面的错台指数超过大修的限值而导致的大修，因此，从更多地获取样本角度考虑，本书仅考虑那些错台指数达到大修限值的路段，而没有考虑平整度和断板率达到大修限值的路段，在基础数据中，也只统计错台指数增加到15的年份的数据值和质量。

如图2.1所示的YF15-0和YF15-*i*分别代表了获得该数据的两种方式：根据拟合的趋势线内插和外推得到。本书获得YF15时，如采用趋势线质量为高(H)的数据，内插得到的YF15数据质量也为高(H)。通常来说，趋势线外推预测的可信度要比内插要差，所以用趋势线质量为高(H)的数据外推得到的YF15数据质量设定为中(M)，而且最后一个实测值应大于10，小于15,因为外推越远,可信度越差。如果用趋势线质量为中(M)的数据,内插得到的YF15数据质量也为中(M)。除上面讨论的几种情况,其余情形下的数据质量均为低(L)。如表2.8所示总结了该基础数据的质量评判原则。

错台指数增加到15年份数据(YF15)质量评判原则 表2.8

质量评判等级	评判原则
高(H)	趋势线质量为高(H)内插得到
中(M)	(1)趋势线质量为高(H)外推得到,且最后一个实测值应大于10,小于15; (2)趋势线质量为中(M)内插得到
低(L)	H和M外的其他情况

2)目标数据

(1)大修前后错台指数、平整度下降值(FD、ID)

计算大修前后错台指数、平整度的下降值有两个目的:一是为了研究水泥混凝土路面大修措施的短期效益,二是为了建立大修前后错台指数、平整度的下降值与大修前路况指标之间的函数关系,来帮助判断没有大修记录路段的大修年份。它的值是根据基础数据中大修前后的错台指数、平整度值之间的差值得到的,如图2.1所示,计算见式(2.3)、式(2.4)。

$$FD = FBR - FAR \tag{2.3}$$

$$ID = IBR - IAR \tag{2.4}$$

式中:FD——大修前后错台指数的下降值;

ID——大修前后平整度的下降值;

FBR——大修之前的错台指数;

FAR——大修之后的错台指数;

IBR——大修之前的平整度;

IAR——大修之后的平整度。

大修前后错台指数、平整度下降值(FD、ID)的可信度是与其相应的两个基础数据(FBR和FAR,IBR和IAR)的可信度密切相关,见表2.9。如果其相应的两个基础数据均为高(H),那么计算得到的下降值就为高(H);如果相应的两个基础数据有一个或两者均为中(M),那么计算得到的下降值就为中(M);如果相应的两个基础数据有一个或两者均为低(L),那么计算得到的下降值就为低(L)。

大修前后错台指数、平整度下降值(FD、ID)质量评判原则 表2.9

质量评判等级	评判原则
高(H)	FBR和FAR(IBR和IAR)均为高(H)
中(M)	FBR和FAR(IBR和IAR)任有一个或两者均为中(M)
低(L)	FBR和FAR(IBR和IAR)任有一个或两者均为低(L)

(2)实际服务寿命(AL)

实际服务寿命(AL)定义为:路面初始建成或前一次实际大修到下一次实际大修之间的路面寿命。图2.1中列出了计算路面实际服务寿命的示意图,计算见式(2.5)。

$$AL = YE - YS \tag{2.5}$$

式中：AL——实际服务寿命；

YE——终止年；

YS——起始年。

判断实际服务寿命计算值的可信度并非如其计算一般简单，它除了与起始年和终止年的可信度相关外，还与起始年和终止年之间的趋势线（TM）的可信度密切相关。如图2.4所示的实例，该路段于1970年建成通车，1995年有一次大修记录，如果不考虑趋势线的可信度，那么由于YS-0和YE-0的可信度均为高（H），那么我们判断AL-0即为高（H）；但是观察趋势线发现，由于1980—1985年间数据点的缺失，不能排除在1983年存在一次大修的可能，因为如果存在这次大修，趋势线TM-0′和TM-1′也非常合理，这样原来的AL-0可能就会被分成两段：AL-0′和AL-1′。因此，趋势线中数据点的充分与否，可信度的高低也会直接影响AL的可信度，所以在判断AL的可信度时，除了要考虑YS和YE，趋势线（TM）也是一个重要的考虑因素。

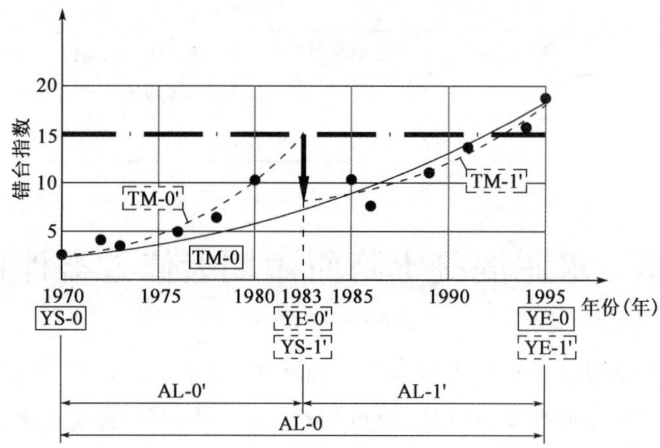

图2.4　趋势线可信度对实际服务寿命计算的影响

根据以上分析，对实际服务寿命的质量评判就包含三个因素：YS、YE及TM。就图2.4中例子所示，TM对实际服务寿命的可信度判断存在一定的影响，但是这种影响可以通过其他方式部分地消除，例如：可以观察平整度、断板率等在1980—1985年间的变化来判断期间是否存在大修。因此，在以上提及的三个因素中，其重要性也并非相同，TM要稍逊于YS和YE。在评判原则中，为了体现这种影响的差异性，将TM的可信度提高一级来与YE和YS同时考虑，此时，实际服务寿命（AL）的可信度为Min（YE，YS，提高一级后的TM），见表2.10。例如：YE和YS为高，TM为低，提高一级的TM为中，那么AL的可信度为Min（高，高，中）＝中。

实际服务寿命（AL）质量评判原则　　表2.10

质量评判原则	评判原则
高（H）	YE、YS和提高一级后的TM均为高（H）
中（M）	高、低一栏中其他的情况
低（L）	YE、YS和提高一级后的TM二者中任有一为低（L）

（3）错台指数为15的服务寿命（TL）

错台指数为15的服务寿命（TL）定义为：路面初始建成或前一次实际大修到下一次理论

上达到大修标准之间的路面寿命。将错台指数为15的服务寿命列为目标数据，是为了比较延误的大修和正常的大修对路面服务寿命的影响，其计算详见式(2.6)。

$$TL = YF15 - YS \tag{2.6}$$

式中：TL——错台指数为15的服务寿命；

YF15——错台指数增加到15的年份；

YS——起始年。

对错台指数为15的服务寿命的数据质量判断类似于实际服务寿命，包含三个影响因素：YS、YF15及TM，其中仍然将TM的可信度等级提高一级来与YS、YF15同时考虑。此时，错台指数为15的服务寿命(TL)的可信度为Min(YE,YS,提高一级后的TM)。表2.11列出了其质量评判原则。

错台指数为15的服务寿命(TL)质量评判原则 表2.11

质量评判原则	评 判 原 则
高(H)	YF15、YS和提高一级后的TM均为高(H)
中(M)	高、低一栏中其他的情况
低(L)	YF15、YS和提高一级后的TM三者中任有一为低(L)

2.5 水泥混凝土路面短期大修效益评估

在前文对路面大修起始年和终止年的数据判断中，除了可以通过路面管理系统中对大修年份的确切时间记录来进行判断，还可以通过观察某一年份前后路况数据的变化来判断。因为通常在大修前后，路面状况会存在较为明显且规律性的变化。以前的研究曾发现，降低的值与大修前的路面状况存在明显的函数关系，不同的养护措施、施工工艺、选择的路况指标等都对具体的函数形式和系数有着不同的影响[59]，所以如果能够选取路面管理系统中有大修记录且同时有高可信度的路面状况记录路段的大修前后路况变化值进行统计分析，得出大修前后路面状况的变化规律，继而根据该规律反推可能存在的大修年份，这对于充分利用有限的路面管理数据来实现相应的管理目的有重要的意义。过去的文献对路面大修前后路面性能变化的研究也称为路面短期大修效益评估，将路面短期效益评估和路面数据质量评估相结合的文献尚不多见，因此本节将两者相结合，对佐治亚州的大修时机进行合理的反推。前文提到佐治亚州的大修标准通常采用错台指数、平整度(IRI)及断板率三个指标来进行评估，在获得的路面管理数据中，由于断板率的数据记录相对不完整，因此本节的分析中仅涉及大修前后的错台指数和平整度这两个路况指标值。

2.5.1 大修对错台指数的影响

在研究大修对水泥混凝土路面错台指数的影响之前，需要对数据样本进行选择。本次分析中，选择了有确定大修记录的年份，而且在大修年份前一年和后一年两次错台指数均有明确记录的路段作为数据样本。根据这样的原则，共选择了114个样本点。将大修前的错台指数

(FBR)作为横坐标,大修前后的错台指数的下降值(FD)作为纵坐标,显示的函数关系如图2.5所示。

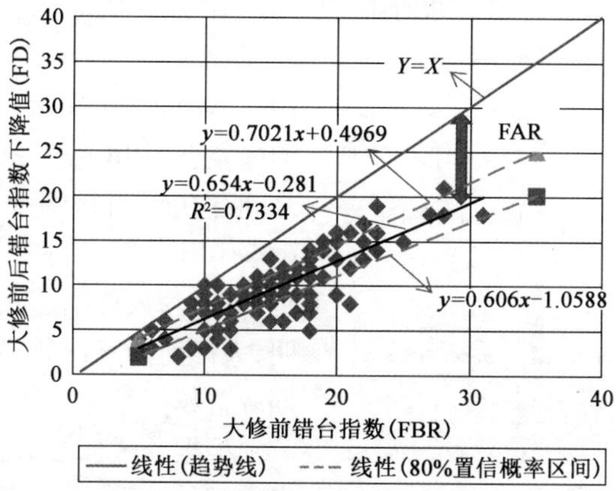

图2.5　FBR与FD函数关系及80%置信概率预测区间($N=114$)

从图2.5显示的关系可以看出,大修之前的错台指数(FBR)与大修前后错台指数下降值(FD)之间存在较明显的线性关系($R^2=0.7334$)。随着FBR增大(路况越差),FD也越大,如果将FD作为大修措施的短期效益,则这样的图示关系表明,大修前的路况越差,大修措施应用后的短期效益越好。

根据公式(2.3)显示的FBR、FAR及FD三者之间的关系,图中拟合的趋势线至纵横坐标等值线($y=x$)之间的距离即FAR值,可见,随着FBR越大(路况越差),FAR的值也随之增大。这说明,尽管大修前的路况越差,大修措施应用后的短期效益越好,但是大修后的错台指数FAR也越来越高。由图2.5可以看出,如果在错台指数为15时进行大修(正常大修标准),大修后的错台指数为5.5;而当大修前的错台指数为30时,根据趋势线关系,大修后的错台指数为10.7左右,已经较为接近大修标准15。显然,正常大修后的错台指数5.5发展到下次大修标准15的时间要比延误(FBR=30)的大修要长(错台指数10.7发展到15),由此可见,延误的大修会使得大修后的路段服务寿命降低。关于延误的大修对路面服务寿命的影响将在本书第7章详细讨论。

根据图中的样本点,除了可以得到FBR和FD之间的线性函数关系式,还可以得到置信概率为80%时的双侧预测区间,可详见图2.5中两条虚线之间所表示的区域。此区域的含义为当大修前的错台指数FBR一定时,大修前后错台指数的变化值FD与FBR两者形成的坐标点将有80%的概率落在两条虚线之间的区域。本书将这样的性质应用于对大修时机的判断,因为在管理系统中,由于种种原因,遗漏了许多大修时间的记录,此时,只有通过大修前后路况数据的变化来反推。如果发现某些年份前后相邻的错台指数下降值FD较大,且可能的“FBR”和“FD”之间形成的坐标点落在图2.5中两条虚线之间,则我们有较大的把握相信在该年份产生了大修。

2.5.2　大修对平整度的影响

与研究大修对水泥混凝土路面错台指数的影响相同,在考虑大修对平整度的影响时,本次分析仍然选择了有确定大修记录年份，而且在大修年份前一年和后一年两次平整度（IRI）有明确记录的路段作为数据样本。根据这样的原则，共选择了 57 个样本点。将大修前的平整度（IBR）作为横坐标，大修前后的平整度下降值（ID）作为纵坐标，显示的函数关系如图 2.6 所示。

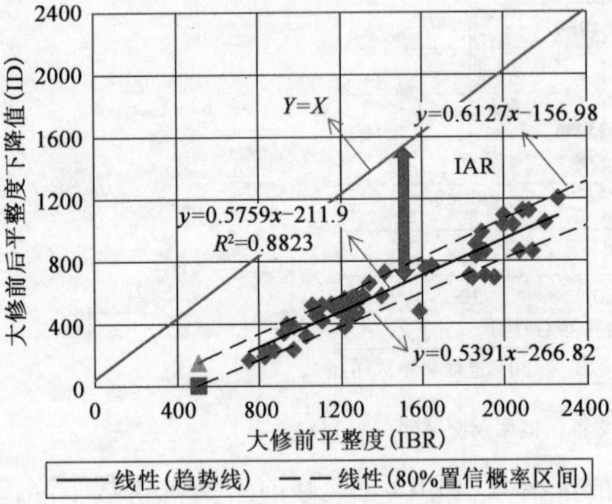

图 2.6　IBR 与 ID 函数关系及 80% 置信概率预测区间（$N=57$）

从图 2.6 显示的关系可以看出，大修之前的平整度（IBR）与大修前后平整度下降值 ID 之间存在较明显的线性关系（$R^2=0.8823$）。随着 IBR 值越高（路况越差），ID 也越大，如果将 ID 作为大修措施的短期效益，图示关系表明，大修前的路况越差，大修措施应用后的短期效益越好。

根据公式（2.4）显示的 IBR、IAR 和 ID 三者之间的关系，图中拟合的趋势线至纵横坐标等值线（$y=x$）之间的距离即 IAR 值。可见，随着大修前路况指数越大（路况越差），IAR 的值也随之增大。这说明，尽管大修前的路况越差，大修措施应用后的短期效益越好，但是大修后的平整度 IAR 也越来越高。这一点与大修对错台指数的影响趋势是相同的。

根据图中的样本点，除了可以得到 IBR 和 ID 之间的线性函数关系式，还可以得到置信概率为 80% 时的双侧预测区间，可见图 2.6 中两条虚线之间所表示的区域，此区域的含义为当大修前的错台指数 IBR 一定时，大修前后错台指数的变化值 ID 与 IBR 两者形成的坐标点将有 80% 的概率落在两条虚线之间的区域。与错台指数相同，本书将这样的性质同样应用于对大修时机的判断，即如果发现某些年份前后相邻的平整度下降值 ID 较大，且可能的“IBR”和“ID”之间形成的坐标点落在图 2.6 中两条虚线之间，则我们有较大的把握相信该年份产生的大修。

根据以上大修对平整度和错台指数的影响的分析，发现大修之前的路况与大修后路况值的降低呈较为明显的线性关系，根据该线性关系的 80% 置信概率的双侧预测区间，就可以来反推某年份是否产生过大修，在 2.5 节表 2.4 和表 2.5 中对起始年（YS）和终止年（YE）的数据质量评估中，由于大修会同时对错台指数和平整度产生影响，因此将这两个指标同时列为判断指标；但是当错台指数小于 10 时，由于误差原因，有可能使得大修前后的错台指数的变化满足本节中的 FBR 和 FD 之间的函数关系，但依据佐治亚州的工程经验，当路面错台指数小于 10 时进行大修的可能性非常之小，因此在表 2.4 和表 2.5 中规定了只有当路面的错台指数大于 10 时，才可以用 FBR 和 FD 之间的函数关系进行大修时间的反推。同时，尽管这种反推大修时间有相当高的概率，但是，与确定的大修记录相比，结果的可靠性仍要低许多，因此，即使满足 FBR（IBR）和 FD（ID）之间的函数关系，也只能被评为中级。通过以上的分析和研究，本书不但将路面短期效益评估和对路面数据质量评估很好地结合起来，也更充分地利用了路面管理数据来达到相应的研究目的。

2.6 本章小结

准确地确定路面服务寿命是解决相关路面养护管理问题的基础，也是本书主要的研究目的，在利用大量的数据来确定路面服务寿命之前，首先需要做好一些基础性的研究工作，为后面数据的处理和计算做好准备。本章正是基于该目的进行了如下的工作：

（1）考虑不同的设计特征对水泥混凝土路面性能影响对佐治亚州水泥混凝土路面进行了初步的分类，考虑的影响因素包括接缝间距、接缝类型、路肩类型、基层类型、传力杆、排水类型和水泥混凝土板厚，共6大类17个子项。

（2）回顾和总结了佐治亚州40多年水泥混凝土路面养护管理的实践和相应的水泥混凝土路面大修标准，确立了与路面服务寿命的终点相关的3个路面性能指标：错台指数、平整度及断板率。

（3）根据相应的研究目的，将路面管理系统中获得的路况数据划为8类基础数据和4类目标数据，并给出了目标数据和基础数据之间的对应关系；同时还将这12类数据可信度划分为高（H,H－）、中（M）、低（L）三级，并给出了每类数据的质量评估原则。

（4）以错台指数和平整度为路况分析指标对大修进行了短期效益评估，发现大修之前的路况与大修后路况值的降低呈较为明显的线性关系。依据这种性质，对无大修记录的路段，可以利用大修前后路况变化的规律来判断可能的大修时间。

第3章 路况采集频率对服务寿命计算的影响

3.1 引 言

在路况数据的采集中,时间和空间上的变化、测量的误差、样本的统计和抽样等因素都会导致测到的路况数据产生误差[62-64],继而影响到对路况性能达到大修标准时间点的准确判断,影响到路面服务寿命分析的精度。除了以上这些因素,路面状况数据的采集频率也会对路面服务寿命的分析精度产生显著的影响,过去的研究多集中于路面状况数据的采集方法(人工、半自动和自动)的影响[65-69],但是对于路况数据的检测频率对路面服务寿命影响的研究相对较少。McGhee, K. H.[70]统计了美国一些路面管理机构对路面病害的监测频率,发现大都分布在1~3年;我国的规范中对病害调查的频率规定也为1~2年/次[71];Haider[72]利用LTPP中SPS-1(Specific Pavement Study-1)和SPS-2(Specific Pavement Study-2)中的疲劳裂缝和平整度的数据,评估了不同平均路况数据收集频率(平均1年、2年、3年)对刚性路面和柔性路面路面性能预估的影响,发现路况收集频率对路面性能的预估有着显著的影响,特别对变异性较大的结构性病害的预估,这点在刚性路面中表现得尤其明显。

许多路面管理机构,往往管理着上万公里庞大的路网,每年对其管辖的路网进行各种路况的监测,需要投入大量的人力、物力和资金,国内的规范和管理机构的通常做法都是每1~3年对路况监测一次,但是从特定的养护管理的目的出发,在满足一定精度的前提下,如果可以适当地减少监测频率,对于节约人力物力资源都有着积极的意义。

本次研究利用佐治亚州水泥混凝土路面中近40年的路况数据,从准确确定路面服务寿命这样一个养护管理目的出发,来探讨路况监测频率对服务寿命计算精度的影响以及对现有路况监测方案进行优化的可能性。本章针对路况指标的选择、路况数据的选取、路况监测频率的确定、监测频率的评估等问题进行了研究,最终提出了推荐的监测频率,该评估方法也可以用于其他养护管理目的的路况检测频率的选择。

3.2　分析前的准备

3.2.1　路况指标、大修标准和性能模型的选择

本书第2章总结了佐治亚州40多年水泥混凝土路面养护管理的实践和相应的水泥混凝土路面大修标准,确立了与路面服务寿命终点相关的3个路面性能指标:错台指数、平整度及断板率。但是根据实际获得路况数据发现,路段的错台指数的数据记录较为详细完整,而对平整度、断板率的数据记录遗漏较多。这主要是由于在佐治亚州,从20世纪60～70年代开始,错台指数一直被认为是评估水泥混凝土路面性能最重要的指标,而平整度和断板率指标是后来增加的,它们在很长时间内仅作为评估的参考指标,因此,对这两个指标的监测和记录就不够详细,时间间隔也较长。而且从获取的路况数据来看,绝大多数水泥混凝土路面的大修是由于错台指数达到大修标准而进行的,而平整度和断板率达到大修标准而进行大修的路段非常少。基于以上的考虑,本书取错台指数作为分析的路况指标,且以路段错台指数达到15作为大修标准。

在确定路面服务寿命时,需要根据历年监测的路况数据,采用一定的性能曲线来拟合路况数据点,内插或外推曲线来得到路面性能衰变到大修标准时的具体时间,从而计算路面服务寿命。因此针对不同的路况指标,合理选择性能曲线的形式就显得非常重要。从上一章分析得到的结果,对于错台指数,采用的是指数型的性能曲线,性能曲线的形式见式(3.1)。

$$\mathrm{FI} = A \cdot \exp(B \cdot X) \tag{3.1}$$

式中:FI——错台指数;

X——年份,初始建成或大修完成后第一次有路况记录的年份为起始年,计为0;

A、B——系数。

3.2.2　路段样本数据的选择

对路段样本数据的选择要根据相应的研究目的来确定,本次研究的目的是要讨论路况监测的频率对合理确定路面达到大修标准的服务寿命的影响。事实上对服务寿命的影响因素有许多,它们的影响互相交织,因此在考虑路况监测频率的影响时,还需要兼顾考虑其他因素。以前的研究认为,影响对服务寿命预估的精度的因素主要有:路况监测数据的变异性、路况数据收集频率、路段服务寿命的长短、模型的形式[72]。

根据上一节的讨论,本次分析仅采用统一的指数型模型形式来进行,因此模型的影响已经确定;路况数据收集频率的影响可以通过对选择路段的时间序列点采用抽点法形成不同的监测频率来进行讨论。佐治亚州对错台指数监测的频率一般为1年1次,尽管大部分路段无法达到这样的监测频率,但是在选择路段时,应该尽量选择原始记录频率较高的路段,这样才能便于采用抽点法形成不同监测频率的分析样本。路况检测数据的变异性和路段服务寿命的长短对服务寿命的影响一般是同时考虑的,因为路段服务寿命越短,记录的数据点就越少,而此

时,如果路况监测数据的变异性较大,对路段服务寿命终点的影响就越大。反之,如果路段服务寿命较长,记录的数据点相对较多,即使某些年份的数据点的变异性较大,但占总数据点的数量较少,对服务寿命的影响也相对较小,因此在选择路段样本时应该包括这两个影响因素的不同情况(变异性大和小、服务寿命长和短)。

除了以上要考虑的四个因素外,另一个可能的影响因素就是外推段的长短。本书在获取不同监测频率的路况数据后,根据事先确定的经验模型对数据点进行拟合,如果最后一次监测的路况数据没有达到大修标准,此时确定服务寿命终点就采用趋势外推法,如图 3.1a)、b)所示;有的路段由于种种原因,在路况达到大修标准之后,仍然没有进行大修,此时判断路况达到大修标准的时间点就采用趋势内插法,如图 3.1c)所示。一般来说,当外推段越长,最终得到的服务寿命的终点的精度就越差,反之,无外推段的精度就相对较高。因此,在本次路段的选取中,也应该充分考虑外推段对服务寿命精度的影响,要包括外推段较长、外推段较短及无外推段三种情况。

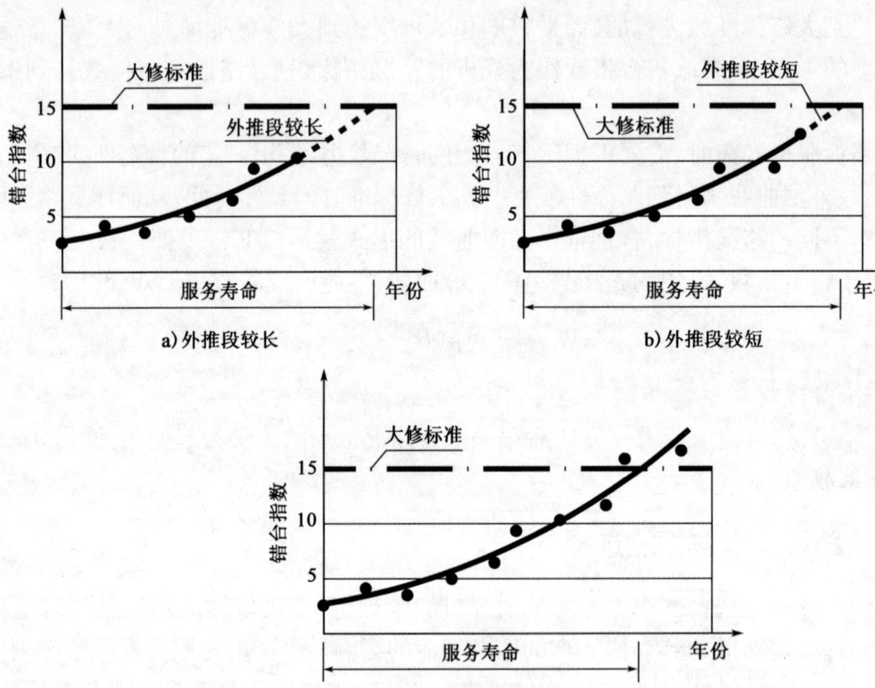

图 3.1　趋势外推段长短对服务寿命的影响

综上所述,本次分析在选择路段时应该遵循以下的原则:

(1)尽量选择原始路况记录频率较高的路段。

(2)路段样本应包括路况数据记录变异性大和小、服务寿命长和短的情况。

(3)路段样本应包括外推段较长、外推段较短和无外推段三种情况。

(4)路况时间序列的起点应为明确的建成时间或大修时间记录,终点也应有明确的大修时间记录。

3.2.3　路况监测频率的选择

本次分析要从确定路况性能达到大修标准的服务寿命这样一个目的出发，来探讨减少路况监测频率的可能性。因此，初步选择几种路况监测频率作为比较对象就显得尤为重要。美国大多数管理机构对路况监测的频率为 1 ~ 3 年/次，国内的规范规定也为 1 ~ 2 年/次。从经验来看，监测频率过低不利于及时全面了解路况的变化，而频率过高又可能产生较高的监测费用，如果能够在保证一定精度的前提下减少检测的频率，则对于节约路面管理资金具有积极的意义。

尽管有些年份缺少路况记录，但是佐治亚州对错台指数的监测频率基本保持为 1 年/次。上文在选择路段的原则中就指出，应该选择监测频率较高的路段作为分析样本，这样的样本选定后，该路段的路况监测频率就可以作为控制频率。如果要比较不同监测频率对路面服务寿命的影响，则可以采用抽点法来得出监测频率相对较低的样本。根据佐治亚州的实际工程经验和相关文献，当错台指数的监测频率大于 3 年/次的话，对于及时全面地掌握水泥混凝土路面的路况变化是不利的，因此，最终选择进行对比的平均的路况监测频率为 2 年/次和 3 年/次。此处所说的平均路况监测频率是指在一定分析期内平均的监测时间间隔，如在分析期 15 年内，有监测记录的数据点有 13 个，则平均的路况监测频率为 15/(13 - 1) = 1.25(年/次)。

平均路况监测频率仅能反映路况记录点的总体分布状况，在同样的路况检测频率下，路况记录点还存在均匀分布和不均匀分布两种情况。所谓的均匀分布，就是路况记录的点与点之间的间隔是不变的，而不均匀分布则指点与点之间的间隔是变化的。过去基本上都是按照均匀分布的路况监测频率来进行研究和分析，但是尚未发现不均匀分布的监测频率对服务寿命精度影响的研究。因此，本书在研究路况监测频率时，试图来对比平均监测频率相同时，均匀分布和不均匀分布两种分布对服务寿命精度的影响。

在不均匀分布的监测频率中，点与点之间的间隔设置方案有许多种，那么如何来选择这种不均匀的监测时间间隔呢？这种选择的原则是首先要能有效地保证服务寿命的计算精度。其次要能符合相应的工程实践。从对路面的实际养护管理角度出发，对于路面从初始建成(大修)到大修这样一个完整的路面寿命循环，养护工程师对整个寿命期的路况的关注度前后并非一致。对于路面刚建成或刚大修完成后的几年里，路况一般来说较好，此时路面需要进行养护维修的可能性非常小，养护工程师则对这一阶段的路况的关注度相对较低；而当路况病害发展到一定程度后，在快接近大修标准前的几年中，此时路面的各种病害较为严重，养护工程师对于路况的关注度相对较高。根据佐治亚州的工程经验，错台指数的大修标准为 15，当路面的错台指数发展到 10 以后，养护工程师对路况的变化有较高的关注度，因为此时，很有可能在一年或更短的时间内，错台指数会加速发展，水泥混凝土路面性能急速下降，很快就达到错台指数为 15 的大修标准。

基于这样的分析，我们发现养护工程师对路况关注度前后变化是非常符合实际路面养护管理规律的一种行为，从这种角度来看，路面早期一些监测到的路况信息对于实际的路面养护管理的价值要显著低于快接近于大修标准时监测到的路况信息。考虑到这种不同时期路况信息价值的不同，我们可以考虑采用降低路面早期的路况监测频率。增加后期路面监测频率的方法来提高整体路况监测记录的效率和价值。

具体到不均匀分布的监测频率的选择，我们对错台指数第一次达到 10 以后的路况记录保持 1 年/次的监测频率不变，同时适当降低前期的路况记录的监测频率。为了可以与均匀分布的情况相对比，可以调整前期路况监测频率，以保证不均匀分布与均匀分布两者在分析期内的平均监测频率基本均为 2 年/次。最终，控制频率（1 年/次）、对比频率（2 年/次，均匀分布和不均匀分布）和对比频率为 3 年/次（均匀分布）共四种频率被选择，如图 3.2 所示。值得一提的是，由于路段的分析期往往并不是 2 年或 3 年的整数倍，在抽点之后，有时并不能正好得到 2 年/次或 3 年/次的平均频率，如图 3.2d）所示的就并非正好为 3 年/次，而为 2.67 年/次，但是在抽点时尽量接近于目标频率即可。

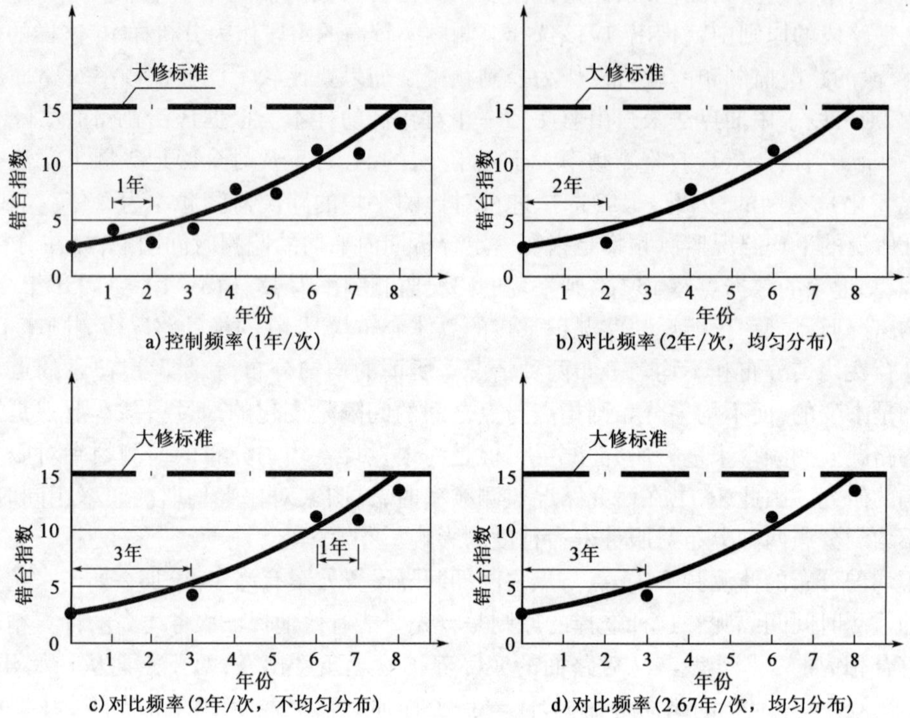

图 3.2　路况监测频率的选择

3.2.4　评估指标的定义

为了比较三种不同路况监测频率对水泥混凝土路面服务寿命精度的影响，并兼顾考虑其他影响因素，在分析之前需要对这些影响因素和最终的精度评价标准采用适当的指标来量化。例如，对于不同监测频率的影响，本次分析就采用了平均路况监测频率这一指标表征，上文已有解释和定义，此处就不再列出，而对于其他影响因素的量化指标，下文将一一列出详述。

1）拟合模型的标准差 SE（Standard Error）

在反映路况监测数据的变异性大小时，除了可以采用 R^2 来反映数据与模型之间的拟合精度，还可以采用拟合模型的标准差来量化评估。回归模型的标准差可以采用公式（3.2）来计算。

$$SE=\sqrt{\sum_{i=1}^{n}\frac{(y_i-\hat{y}_i)^2}{n-2}} \tag{3.2}$$

式中：SE——回归模型的标准差；

y_i——第 i 年实际记录的错台指数；

$\hat{y}_i$——拟合模型估计的第 i 年的错台指数。

由公式(3.1)可以看出，本书采用的错台指数的性能模型曲线为指数形式，因此，式(3.2)又可以改写为式(3.3)，式中符号的含义同前。

$$SE=\sqrt{\sum_{i=1}^{n}\frac{[y_i-(A\cdot e^{B\cdot X})]^2}{n-2}} \tag{3.3}$$

2)达到大修标准的服务寿命 TL(Theoretic Life)

在本次分析中，根据不同的路况监测频率得到的数据拟合成性能模型曲线，以错台指数发展到15为大修标准和公式(3.1)可以反推模型曲线发展到15时的寿命年，此寿命年即为路段在不同监测频率下达到大修标准的服务寿命TL。由于在公式(3.1)中，初始建成或大修完成的当年为起始年，计为0，此时TL的计算公式如式(3.4)所示，式中的符号含义同公式(3.1)。

$$TL=\frac{1}{B}\ln\left(\frac{15}{A}\right) \tag{3.4}$$

由上文可知，路段服务寿命长短也会影响到服务寿命计算的精度。在本书的分析中，路段服务寿命的长度是以控制频率(而非对比频率)的TL作为评估的依据的。

3)对比频率与控制频率之间的TL的绝对误差(AE)和相对误差(RE)

在本次分析中，将控制频率得到的TL作为服务寿命的“真值”，以它作为基准服务寿命，不同对比频率(均匀分布和不均匀分布)得到的TL与基准服务寿命对比，可反映不同频率下得到的服务寿命与“真值”之间的差距，这样才可以比较不同频率对服务寿命精度的影响。这种差距在本书中以绝对误差AE(Absolute Error)和相对误差RE(Relative Error)两种形式来表达，计算公式如式(3.5)和式(3.6)所示。

$$AE=|TL-TL_0| \tag{3.5}$$

$$RE=\frac{|TL-TL_0|}{TL_0} \tag{3.6}$$

式中：TL——对比频率下的TL；

TL_0——控制频率下的TL。

3.3　不同路况监测频率下评估指标的计算结果

根据上文中确定的路段数据样本选择的原则和计算指标，本次分析从Ⅰ-16州际公路上选取了18个路段，每个路段的长度为1.609km(1mile)，路段按照3种不同的监测频率对不同的评估指标进行了计算，结果详见表3.1。其中编号为1～8为无外推段路段[如图3.1c)所示]，即分析期内最后一次监测的错台指数大于15，确定寿命终点的方法是趋势内插法。编号为 9～18 的为有外推路段[如图 3.1a)、b)所示],确定寿命终点的方法是趋势外推法。表 3.1 中列出了路段最后一次监测值,该值距 15 越近,则外推段越短;反之,则外推段越长。

不同监测频率的评估指标计算结果　　表 3.1

编号	路段	频率代码①	总数据点	平均监测间隔(年/次)	R^2	SE	TL(年)	AE(年)	RE(%)	最后一次监测值
1	N17-18	C	19	1.28	0.68	1.66	21.1			>15
		T2	12	2.09	0.67	2.00	20.8	0.3	1.42	
		T2 +	12	2.09	0.79	1.71	21.2	0.1	0.47	
		T3	8	3.29	0.67	2.5	20.9	0.2	0.95	
2	N20-21	C	19	1.28	0.72	2.15	21.6			>15
		T2	13	1.92	0.70	2.28	21.9	0.3	1.39	
		T2 +	13	1.92	0.82	2.46	21.5	0.1	0.46	
		T3	8	3.29	0.82	2.35	22.1	0.5	2.31	
3	N26-27	C	19	1.28	0.60	2.38	21.8			>15
		T2	13	1.92	0.58	2.27	21.9	0.1	0.46	
		T2 +	13	1.92	0.76	2.79	21.6	0.2	0.92	
		T3	8	3.29	0.73	2.42	21.2	0.6	2.75	
4	N27-28	C	19	1.28	0.47	2.13	23.3			>15
		T2	12	2.09	0.43	2.56	23.2	0.1	0.43	
		T2 +	12	2.09	0.67	2.35	22.2	1.1	4.72	
		T3	8	3.29	0.58	2.79	22.4	0.9	3.86	
5	P28-29	C	18	1.35	0.76	2.14	17.7			>15
		T2	13	1.92	0.74	1.81	17.8	0.1	0.56	
		T2 +	13	1.92	0.75	2.60	17.7	0	0.00	
		T3	8	3.29	0.83	2.51	17.8	0.1	0.56	
6	P30-31	C	18	1.35	0.66	2.81	17.6			>15
		T2	13	1.92	0.64	3.31	17.0	0.6	3.41	
		T2 +	13	1.92	0.78	4.12	18.0	0.4	2.27	
		T3	8	3.29	0.73	4.56	17.5	0.1	0.57	
7	P69-70	C	22	1.33	0.83	2.19	25.3			>15
		T2	13	2.33	0.81	2.66	25.7	0.4	1.58	
		T2 +	13	2.33	0.81	2.63	25.6	0.3	1.19	
		T3	10	3.11	0.86	1.76	27.7	2.4	9.49	
8	N150-151	C	14	1.15	0.33	2.65	21.6			>15
		T2	9	1.88	0.47	2.64	17.2	4.4	20.37	
		T2 +	9	1.88	0.65	2.54	17.2	4.4	20.37	
		T3	6	3	0.64	2.68	16.3	5.3	24.54	

续上表

编号	路段	频率代码[①]	总数据点	平均监测间隔(年/次)	R^2	SE	TL(年)	AE(年)	RE(%)	最后一次监测值
9	P48-49	C	13	1.08	0.55	1.87	19.6			12
		T2	7	2.17	0.81	1.27	18.4	1.2	6.12	
		T2 +	7	2.17	0.63	1.90	17.9	1.7	8.67	
		T3	5	3.25	0.62	1.84	21.2	1.6	8.16	
10	P50-51	C	12	1.09	0.76	0.80	20.6			11
		T2	7	2	0.70	0.96	21.5	0.9	4.37	
		T2 +	7	2	0.77	0.87	20.0	0.6	2.91	
		T3	5	3	0.95	0.47	18.2	2.4	11.65	
11	P52-53	C	10	1.11	0.88	1.13	10.4			14
		T2	6	2	0.91	1.31	9.8	0.6	5.77	
		T2 +	6	2	0.90	1.27	10.6	0.2	1.92	
		T3	4	3.33	0.9	1.31	10.6	0.2	1.92	
12	N42-43	C	10	1.22	0.94	0.71	13.7			12
		T2	6	2.2	0.91	0.95	14.3	0.6	4.38	
		T2 +	6	2.2	0.99	0.40	13.4	0.3	2.19	
		T3	4	3.67	0.99	0.33	13.4	0.3	2.19	
13	N40-41	C	10	1.22	0.67	1.69	14.1			11
		T2	6	2.2	0.58	2.35	14.5	0.4	2.84	
		T2 +	6	2.2	0.73	1.90	15.9	1.8	12.77	
		T3	4	3.67	0.89	0.92	16.7	2.6	18.44	
14	N149-150	C	12	1.18	0.71	1.51	16.0			13
		T2	7	2.17	0.84	1.31	16.6	0.6	3.75	
		T2 +	7	2.17	0.74	1.82	15.7	0.3	1.88	
		T3	5	3.25	0.81	1.65	16.4	0.4	2.50	
15	N152-153	C	13	1.08	0.46	2.40	14.3			14
		T2	8	1.86	0.61	2.69	12.4	1.9	13.29	
		T2 +	8	1.86	0.73	2.88	12.8	1.5	10.49	
		T3	5	3.25	0.62	2.92	13.8	0.5	3.50	
16	P151-152	C	10	1.22	0.47	1.92	16.9			12
		T2	6	2.2	0.72	1.83	13.2	3.7	21.89	
		T2 +	6	2.2	0.50	2.53	15.9	1.0	5.92	
		T3	4	3.25	0.99	0.3	14.1	2.8	16.57	

续上表

编号	路段	频率代码[①]	总数据点	平均监测间隔(年/次)	R^2	SE	TL(年)	AE(年)	RE(%)	最后一次监测值
17	P157-158	C	8	1	0.60	2.99	8.8			14
		T2	5	1.75	0.74	2.50	8.5	0.3	3.41	
		T2 +	5	1.75	0.66	4.05	8.3	0.5	5.68	
		T3	3	3.5	0.9	5.03	6.5	2.3	26.14	
18	P159-160	C	9	1	0.88	1.71	8.0			15
		T2	5	2	0.94	1.66	7.3	0.7	8.75	
		T2 +	5	2	0.90	2.30	8.0	0	0	
		T3	4	2.67	0.91	2.4	7.6	0.4	5.00	

注:[①]表示频率代码一栏中:C 表示控制频率;T2 表示对比频率(2 年/次,均匀分布);T2 + 表示对比频率(2 年/次,不均匀分布);T3 表示对比频率(3 年/次,均匀分布)。

3.4 计算结果的分析

3.4.1 监测频率和对比频率的总体状况

从选取的 18 条路段的控制频率来看,由于有些年份的错台指数的记录数据缺失,仅有 2 个路段的监测频率达到 1 年/次,大部分路段达不到 1 年/次,18 条路段控制频率的平均值为 1.19 年/次。就对比频率为 2 年/次而言,是在控制频率的基础上抽点获得相应的对比频率,对于不均匀分布的情况,错台指数第一次大于 10 以后的点是完整保留的,仅抽取前半部分的点,如果后半部分的点过多,就会导致能够抽取的点数过少,使得总体对比频率达不到 2 年/次的目标。本节中目标对比频率为 2 年/次的 18 条路段的平均值为 2.03 年/次,对比频率中均匀分布和不均分布的平均监测频率是完全相同的。对于对比频率为 3 年/次的均匀分布而言,由于分析期有时并非是 3 年的倍数,因此有些路段的平均监测频率与 3 年/次的目标频率有些出入,最终,18 条路段的平均值为 3.26 年/次。表 3.2 列出了所选路段的平均监测频率,其中频率代码的含义同表 3.1。

所选路段的平均监测频率　　表 3.2

频率代码	C	T2	T2 +	T3
路段平均监测频率	1.19 年/次	2.03 年/次		3.26 年/次

3.4.2 监测频率变化对 R^2 和 SE 的影响

1) R^2 和 SE 两者之间的相关性

R^2 和 SE 均在一定程度上反映了路况时间序列数据与经验模型拟合曲线之间变异性,那么这两个指标之间是一种什么关系?监测频率变化对这种关系存在什么影响呢?从表 3.1 中

观察各条路段 R^2 和 SE 两者之间的关系，似乎当 R^2 逐渐增加的时候，SE 呈略降低的趋势。本书计算了四种频率下两者的相关系数，详见表 3.3。

不同监测频率下 R^2 和 SE 的相关系数　　表 3.3

频率代码	C(1 年/次)	T2(2 年/次)	T2 +(2 年/次)	T3(3 年/次)
相关系数	-0.60	-0.64	-0.43	-0.47

从表中反映的两者的关系大致可以看出，R^2 和 SE 之间大致呈负相关的关系，监测频率较高的控制频率 C 和分布较为均匀的对比频率(2 年/次，均匀分布)T2 状况下的负相关性要显著地高于监测频率较低的控制频率 T3 和分布不均匀的对比频率(2 年/次，不均匀分布)T2 +。通常路面管理机构对路况监测的频率均为 1 ~2 年/次，且分布都较为均匀，在此种情况下，按照本次分析的结果，两者的相关系数应为 -0.6 以上，这种负相关的趋势还是较为显著的。

2)监测频率对拟合曲线的 R^2 的影响

为了探讨监测频率的变化对拟合曲线 R^2 和 SE 的影响，本次分析计算了 18 个路段在不同频率下拟合曲线的 R^2 和 SE 的平均值。表 3.4 列出了详细的计算值，图 3.3 显示了其在不同频率下的变化趋势。

不同监测频率下 R^2 和 SE 的平均值　　表 3.4

频率代码	C(1 年/次)	T2(2 年/次)	T2 +(2 年/次)	T3(3 年/次)
R^2	0.67	0.71	0.75	0.80
SE	1.94	2.02	2.28	2.15

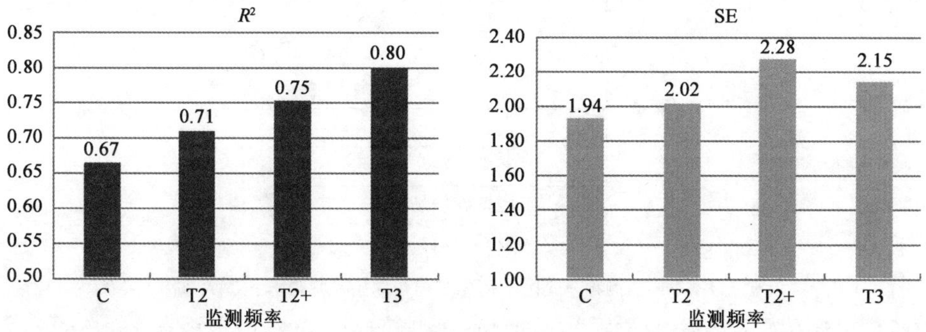

图 3.3　不同监测频率下 R^2 和 SE 的变化趋势

从图 3.3 中可以看出，在均匀分布的三种监测频率 C、T2、T3 下，R^2 随着监测频率的降低呈逐渐增加的趋势。这说明在监测频率降低的前提下，拟合曲线的数据点将会逐渐减少，相对较少的数据点拟合出的路况性能曲线的精度会增加，但是这种精度的增加只是反映了数据与指数型模型曲线之间的吻合程度的增加，至于这种精度的增加对服务寿命终点的确定产生何种影响，将在后文进行讨论。就 T2 和 T2 + 这两种监测频率相同(均为 2 年/次)，但分布不同的情况来看，似乎不均匀分布的 T2 + 对 R^2 的提高程度要高于均匀分布。

在本次分析选择的 18 条路段中，观察发现有些路段在控制频率 C 下的曲线 R^2 较低时，降低路况的监测频率，R^2 会有非常明显的提高，而那些控制频率下曲线 R^2 较高的路段，在同样降低路况监测频率状况下，R^2 提高得相对较小，或者没有什么变化。为了观察 R^2 与原始控制频

率下 R^2 的关系，本次分析列出了 18 条路段在由 C→T2、T2→T3、C→T3、C→T2＋、T2→T2＋共 5 种监测频率变化下，R^2 的增加值与原始控制频率下 R^2 之间的关系，如图 3.4 所示。

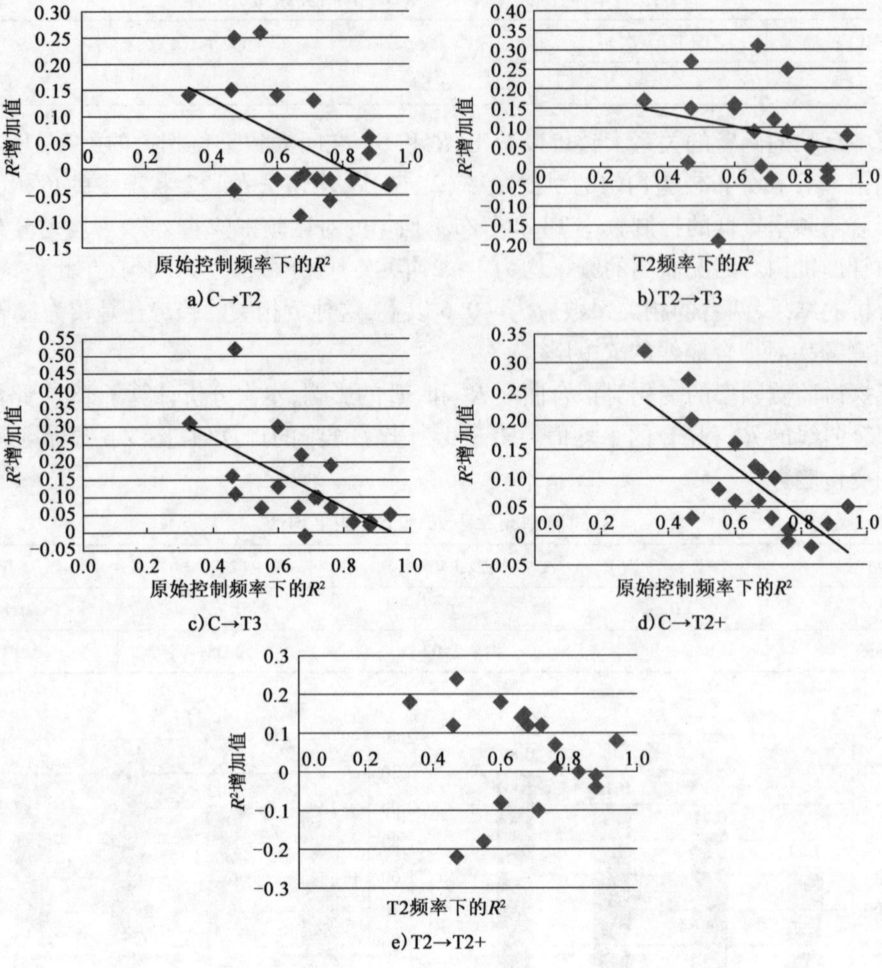

图 3.4　不同监测频率变化下 R^2 增加值与原始控制频率下 R^2 关系图

从图 3.4 中前四个图可以看到，当监控频率降低时（C→T2、T2→T3、C→T3、C→T2＋），绝大多数的点均为正值，这说明随着监控频率降低，R^2 是呈增加的趋势。图中横坐标为原始控制频率 R^2，随着控制频率 R^2 的增加，在监测频率降低时，R^2 的增加值呈下降的趋势。这说明，监控频率降低造成的 R^2 的增加效应对于原始监控频率 R^2 较低的情况较为明显，而对于原始监控频率 R^2 较高的情况，增加效应并不显著。

如果将 R^2 的变化值在 0.05 以上认为变化显著的话，我们可以得到在不同监控频率变化下 R^2 显著增加的路段占总路段的比例，如表 3.5 所示。当监控频率由 1 年/次降低到 2 年/次（C→T2）时，R^2 显著增加的路段占总路段的比例为 38.9%；而当监控频率由 2 年/次降低到 3 年/次（T2→T3）时，R^2 显著增加的路段占总路段的比例增加为 66.7%。可见，随着监控频率的降低，R^2 显著增加的路段呈加速增加的趋势，而观察两次监控频率降低造成的累积效应时，即 C→T3，R^2 显著增加的路段占总路段的比例已经增加到 77.8%，接近 80%。

不同监控频率变化下 R^2 显著增加的路段总体统计　　表 3.5

频率变化	C→T2	T2→T3	C→T3	C→T2 +
R^2 显著增加的路段数量	7	12	14	11
R^2 显著增加的路段占总路段的比例(%)	38.9	66.7	77.8	61.1

监控频率由 1 年/次降低到 2 年/次时，对比均匀分布路段和不均匀分布路段 R^2 显著增加的路段数量的差别，发现不均匀路段 R^2 显著增加的路段数量要显著高于均匀路段(61.1% 对比 38.9%)，这一点与表 3.4 中得出的结论类似，即在监测频率降低到相同程度下(C→T2 或 T2 +)，不均匀分布 T2 + 对 R^2 增加值的提高程度要比均匀分布的 T2 明显(0.67→0.75 对比 0.67→0.71)。但图 3.4 中第 5 张图显示了一个比较有趣的现象，该图显示的是当监测频率相同，均匀分布的 T2 变化为不均匀分布的 T2 + 时，R^2 增加值与原始控制频率下的 R^2 的关系，图中点的分布呈“ > ”形状，其含义是：当原始控制频率下的 R^2 较低时，由均匀分布变化为不均匀分布导致的 R^2 的增加值变异性要显著地高于原始控制频率下 R^2 较高的情况。图中还可见，无论原始控制频率下 R^2 是高或低，R^2 的增加值均有正有负，似乎增加值为正值的点略多于负值，这点从表 3.4 中得到验证——T2 + 的 R^2 均值 0.75 要略高于 T2 的 0.71。

通过上面的分析，就监测频率的变化对拟合曲线 R^2 的影响可以得出如下的结论：

(1)随着路况监测频率的降低(1 年/次→2 年/次→3 年/次)，拟合曲线的 R^2 呈加速增加的趋势。

(2)在总体路况监测频率降低程度相同时，不均匀分布监控频率 T2 + 下 R^2 的增加值要高于均匀分布监控频率 T2。

(3)在监控频率相同，由均匀分布变化为不均匀分布时，R^2 值的变异性随着原始控制频率下 R^2 增加而逐渐减小。

3)监测频率对拟合曲线 SE 的影响

就模型曲线的标准差 SE 而言，在均匀分布的三种监测频率 C、T2、T3 下，SE 也随着监测频率的降低呈略微增加的趋势，相比于 R^2，增加的趋势较缓。就 T2 和 T2 + 这两种监测频率相同(均为 2 年/次)，但分布不同的情况来看，不均匀分布的 T2 + 的 SE 也高于相同监测频率的 T2，这说明不均匀分布的路况时间序列会增加数据的变异性。

从不同的监测频率变化导致的 SE 值平均增加的程度来看，如表 3.6 所示，当监测频率变化趋势为 1 年/次→2 年/次→3 年/次，SE 值平均增加了 0.08 和 0.13。可见，随着监测频率的降低，SE 的增加幅度是呈加速的状态。在相同监测频率下，对比均匀分布和不均匀分布下 SE 值增加的幅度，发现不均匀分布下 SE 值增加的幅度 0.34 远高于均匀分布下的 0.08，这一增加的幅度甚至超过了监测频率由 1 年/次降低到 3 年/次而产生的 SE 总增加值 0.21。这一结果说明，不均匀分布对 SE 增加的影响要高于监测频率降低这一影响因素。

不同的监测频率变化引起的 SE 值增加的平均值　　表 3.6

频率变化	C→T2	T2→T3	C→T3	C→T2 +	T2→T2 +
SE 值增加的平均值	0.08	0.13	0.21	0.34	0.26

为了观察在不同监测频率变化的情况下 SE 的增加值与原始控制频率下 SE 的关系，本次分析列出了 18 条路段在由 C→T2、T2→T3、C→T3、C→T2 +、T2→T2 + 共 5 种监测频率变化

下,SE 的增加值与控制频率下 SE 之间的关系,如图 3.5 所示。前四张图中显示的点大都位于 0 线以上,说明在监测频率降低的情况下,大部分路段的 SE 增加值为正,即呈增加的趋势。

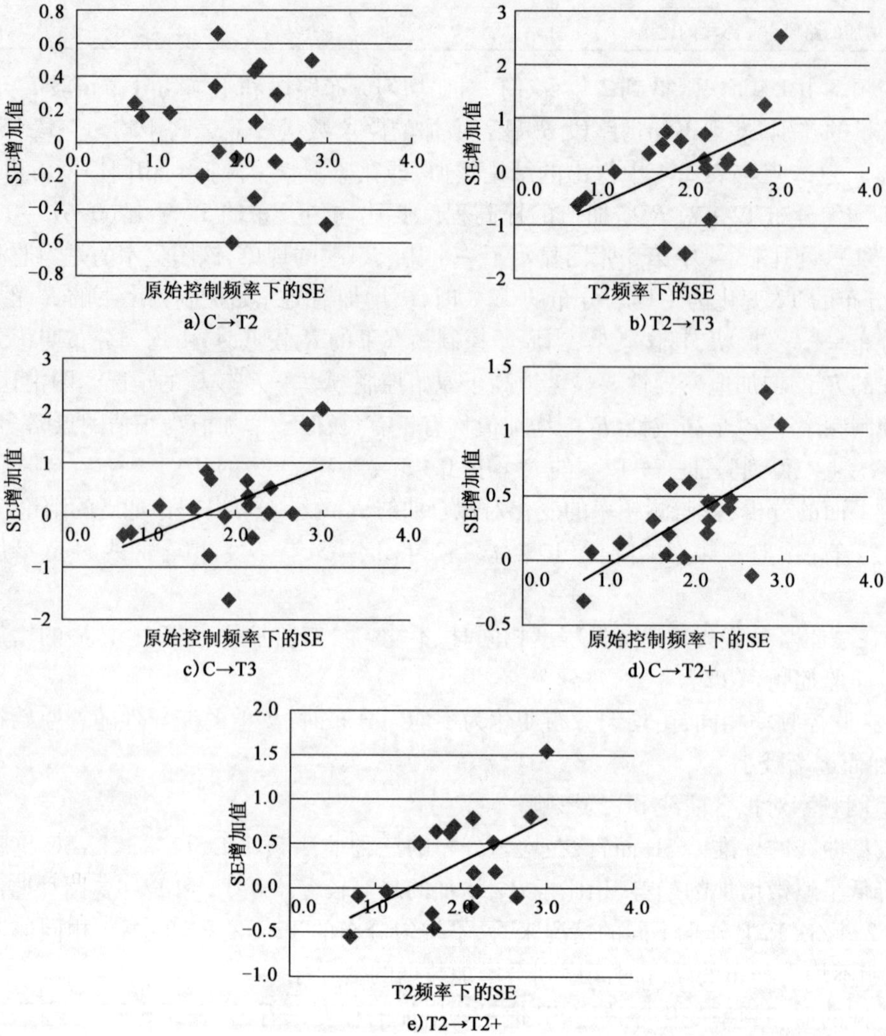

图 3.5　不同监测频率变化下 SE 增加值与控制频率下 SE 关系图

从 SE 增加值与原始控制频率下 SE 的关系来看,当 C→T2 时,SE 的增加值与原始控制频率下 SE 似乎并无明显的关系,但是在其余三种情况下(T2→T3、C→T3、C→T2 +),SE 的增加值均随着原始控制频率下 SE 的增加呈逐渐增加的趋势。

在相同监测频率下,对比均匀分布与不均匀分布对 SE 的变化的影响可见图 3.5e)。由前文的分析可知,不均匀分布产生的 SE 值增加是显著高于均匀分布的,而图中可见,在原始监测频率下 SE 值较低时(如图中横坐标为 1.0 附近处),这种不均匀分布对均匀分布产生的 SE 值增加效应非常不明显,两者几乎相等,但随着原始监测频率下 SE 值的增加,这种增加效应呈逐渐增加的趋势,差距越来越明显。

综上所述,就监测频率的变化对拟合曲线 SE 的影响可以得出如下的结论:

(1)随着路况监测频率的降低(1 年/次→2 年/次→3 年/次),拟合曲线的 SE 呈加速增加的趋势。

(2)在总体路况监测频率降低程度相同时,不均匀分布监控频率 T2 + 下 SE 的增加值要显著高于均匀分布监控频率 T2,这种不均匀分布对 SE 增加的影响要高于监测频率降低产生的影响。

(3)在监控频率相同,由均匀分布变化为不均匀分布时,不均匀分布对均匀分布产生的 SE 值增加效应随着原始控制频率下 SE 的增加而增加。

3.4.3 监测频率变化对服务寿命 TL 的影响

1)监测频率变化对 AE 和 RE 总体影响的初步分析

本次分析最重要的目的就是探讨监测频率的变化对确定服务寿命 TL 精度的影响,在上文定义了 AE 和 RE 两个评估指标后,表 3.7 列出了 18 条路段在不同监测频率下的 AE 和 RE 的平均值,同时还列出了对精度可能会产生影响的因素:原始控制频率下的 R^2 和 SE、最后一次路况监测值。

监测频率变化对 AE 和 RE 总体影响分析表

表 3.7

路段	方法类别	AE(年)			RE(%)			R^2	SE	最后一次路况监测值
		T2	T2 +	T3	T2	T2 +	T3			
N17-18	内插	0.3	0.1	0.2	1.42	0.47	0.95	0.68	1.66	>15
N20-21	内插	0.3	0.1	0.5	1.39	0.46	2.31	0.72	2.15	>15
N26-27	内插	0.1	0.2	0.6	0.46	0.92	2.75	0.6	2.38	>15
N27-28	内插	0.1	1.1	0.9	0.43	4.72	3.86	0.47	2.13	>15
P28-29	内插	0.1	0	0.1	0.56	0.00	0.56	0.76	2.14	>15
P30-31	内插	0.6	0.4	0.1	3.41	2.27	0.57	0.66	2.81	>15
P69-70	内插	0.4	0.3	2.4	1.58	1.19	9.49	0.83	2.19	>15
N150-151	内插	4.4	4.4	5.3	20.37	20.37	24.54	0.33	2.65	>15
P48-49	外推	1.2	1.7	1.6	6.12	8.67	8.16	0.55	1.87	12
P50-51	外推	0.9	0.6	2.4	4.37	2.91	11.65	0.76	0.8	11
P52-53	外推	0.6	0.2	0.2	5.77	1.92	1.92	0.88	1.13	14
N42-43	外推	0.6	0.3	0.3	4.38	2.19	2.19	0.94	0.71	12
N40-41	外推	0.4	1.8	2.6	2.84	12.77	18.44	0.67	1.69	11
N149-150	外推	0.6	0.3	0.4	3.75	1.88	2.50	0.71	1.51	13
N152-153	外推	1.9	1.5	0.5	13.29	10.49	3.50	0.46	2.4	14
P151-152	外推	3.7	1.0	2.8	21.89	5.92	16.57	0.47	1.92	12
P157-158	外推	0.3	0.5	2.3	3.41	5.68	26.14	0.6	2.99	14
P159-160	外推	0.7	0	0.4	8.75	0.00	5.00	0.88	1.71	15
平均值	内插	0.79	0.83	1.26	3.70	3.80	5.63	0.63	2.26	>15
	外推	1.09	0.79	1.35	7.46	5.24	9.61	0.69	1.67	12.8
	总体	0.96	0.81	1.31	5.79	4.60	7.84	0.67	1.94	—

根据表3.7和图3.6显示的计算结果，总体来说，当监测频率由控制频率1年/次降低到对比频率2年/次（C→T2）和3年/次（C→T3）时，服务寿命的绝对误差AE分别达到0.96年和1.31年，相对误差RE分别达到5.79%和7.84%。这说明随着监测频率的降低，对服务寿命TL的预测精度是逐渐下降的。然而在相同监测频率下，不均匀分布（T2+）的AE和RE分别为0.81年和4.60%，要低于均匀分布的0.96年和5.79%，这说明，在相同的监测频率下，采用不均匀分布方法监测路况有助于提高对服务寿命的预测精度。就本次所选取的18个样本的RE而言，不均匀分布（T2+）的预测精度比均匀分布（T2）平均提高了20.6%［5.79% VS.4.60%，(5.79% -4.60%)/5.79% =20.6%］。

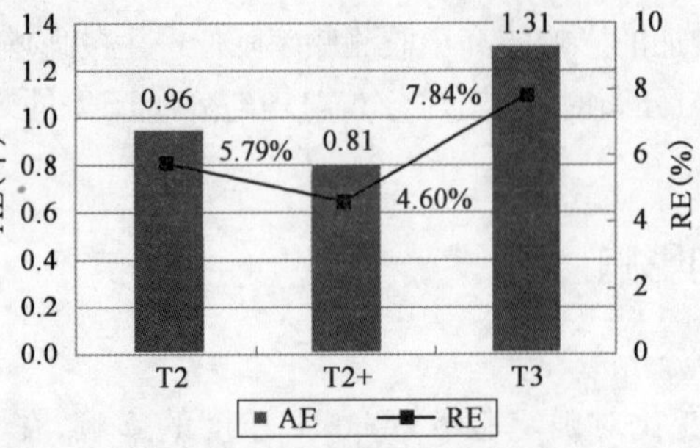

图3.6　三种对比频率的AE和RE

从上文中路况监测频率与模型曲线R^2和SE的关系来看，随着监测频率的降低（1年/次→2年/次→3年/次），拟合曲线的R^2和SE均呈增加的趋势。但从本节对服务寿命预测的精度来看，尽管R^2增加了，但是预测的精度却是逐渐下降的，这说明寿命监测频率的降低对拟合曲线R^2的增加无助于提高服务寿命预测的精度。

就SE而言，监测频率降低导致了SE的增加，在一定程度上说明，随着监测频率的降低，路况数据的变异性也呈增加的趋势，而变异性的增大会使得对服务寿命的预测精度降低，这样的推理似乎显得更为合理。但是SE的变化趋势在不均匀分布（T2+）和均匀分布（T2）的情况下得到的结论又显得自相矛盾，因为不均匀分布（T2+）的SE是要高于均匀分布（T2）的，说明T2+的数据变异性要高于T2，但是本节中显示的结果是：不均匀分布（T2+）的预测精度高于均匀分布（T2）。从以上的分析可以看出，监测频率导致的模型R^2和SE的变化也与最终服务寿命预测精度无明显的关系。

就采用趋势内插法和趋势外推法两种方法比较而言，如图3.7所示，总体来说，除T2+的AE外，外推法在不同监测频率下的AE和RE均要显著高于内插法，即使T2+的AE是个特例，但是从相对误差RE来说，在T2+的情况下，外推法也是要高于内插法的。

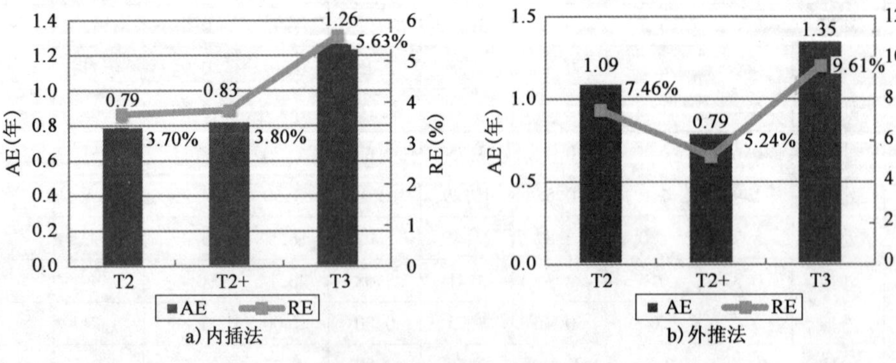

图3.7　不同监测频率下内插法和外推法的AE和RE

值得一提的是，趋势内插法和趋势外推法在预估服务寿命精度上的差别，并非是方法本身的问题，而是这两种方法针对的数据时间序列的不同造成的，趋势外推法适用的是最后一次路况监测值没有达到 15,需要通过趋势外推至错台指数的大修标准 15,从本次选择的 10 个外推法路段最后一次监测的平均值为 12.8 看出,外推法需要继续外推 2.2 年才能得到服务寿命的终点。从路况时间序列所确定的模型曲线趋势对确定大修标准为 15 的服务寿命终点的约束性来看,趋势外推法仅从小于 15 的一侧方向上确定了路况时间序列逼近 15 的趋势约束,而趋势内插法则从 15 的双侧方向上进行了趋势约束,增加的趋势约束使得趋势内插法确定的服务寿命终点的变异性和误差相对来说要小于趋势外推法。

分别就两种方法来看:对内插法,监测频率降低会明显导致 AE 和 RE 的增加,T2 的 AE 和 RE 由 0.79 年和 3.70% 增加到 T3 的 1.26 年和 5.63% 。而就不均匀分布 T2 + 和均匀分布 T2 而言,AE 和 RE 相差不大(0.79 年对比 0.83 年,3.70% 对比 3.80%)。对外推法,监测频率降低同样会明显导致 AE 和 RE 的增加, T2 的 AE 和 RE 由 1.09 年和 7.46% 增加到 T3 的 1.35 年和 9.61% ;而不均匀分布 T2 + 也同样比均匀分布 T2 的误差小(0.79 年对比 1.09 年,5.24% 对比 7.46%),这与内插法得出的结果有所不同。

通过以上的分析,从监测频率对服务寿命的 AE 和 RE 的总体影响来说,可以得到以下的结论:

(1)监测频率的降低会导致服务寿命的 AE 和 RE 的增加。

(2)在相同监测频率下,不均匀分布的 AE 和 RE 要明显低于均匀分布。服务寿命的预测精度平均提高了 20.6% 。

(3)监测频率导致的模型 R^2 和 SE 的变化与最终服务寿命预测精度无明显的关系。

(4)对不同的监测频率下,趋势外推法路段的 AE 和 RE 均要显著地高于趋势内插法。其原因并非方法本身,而是由于趋势内插法对服务寿命终点的趋势约束高于趋势外推法所致。

2)控制频率下 R^2 和 SE 对 AE 和 RE 影响

根据上小节监测频率对服务寿命 AE 和 RE 的总体影响的分布,发现监测频率的降低显著影响着服务寿命预估的精度,当监测频率从 2 年/次的 T2 降低到 3 年/次的 T3,或者当从不均匀分布的 T2 + 变化到均匀分布的 T2,AE 和 RE 的值总体来说是明显增加的。但是我们发现,在个别路段上,AE 和 RE 的值却是呈下降的趋势,那究竟是什么原因导致这种反常的现象出现呢? 或许我们可以通过对这些路段的分析,找出影响服务寿命预估精度的其他因素。在考虑其他可能的影响因素时,我们首先考虑是否是数据的变异性较大导致了这种反常的现象呢? 基于这样的推测,我们将 $RE_{T3}-RE_{T2}$、$RE_{T2+}-RE_{T2}$分别与控制频率下的 R^2 和 SE 建立关系,如图 3.8 所示。

从前文分析的结果来看,RE_{T3}应大于 RE_{T2},RE_{T2+}应小于 RE_{T2},因此 $RE_{T3}-RE_{T2}$应为正值,而 $RE_{T2+}-RE_{T2}$应为负值,在图 3.8a)、图 3.8b)中,数据点应均位于 0 线以上,而图 3.8b)、图 3.8d)中应均位于 0 线以下。而图中显示的结果是:仍有小部分的点出现反常。

就 RE 与 R^2之间的关系图 3.8a)和图 3.8b)来看,发现在原始控制频率 R^2 大于 0.7 的区域内的点的变异性要明显低于 R^2小于 0.7 的区域内的点,这说明当原始控制频率下拟合曲线的 R^2较小(<0.7)时,降低监测频率产生的服务寿命结果的变异性较大,容易产生奇异点,图 3.8a)和 3.8b)中箭头表示的 9 个变异性较大的反常点中,有 7 个点是位于 R^2 小于 0.7 的区域;而当 R^2 较大(>0.7)时,监测频率降低产生的预测结果较为稳定。与 R^2 有明显的变异性变化的区域不同,在图 3.8c)和图 3.8d)中反映的 RE 与 SE 的关系,似乎并没有发现 RE 的变异性与 SE 的区域有明确的关系。

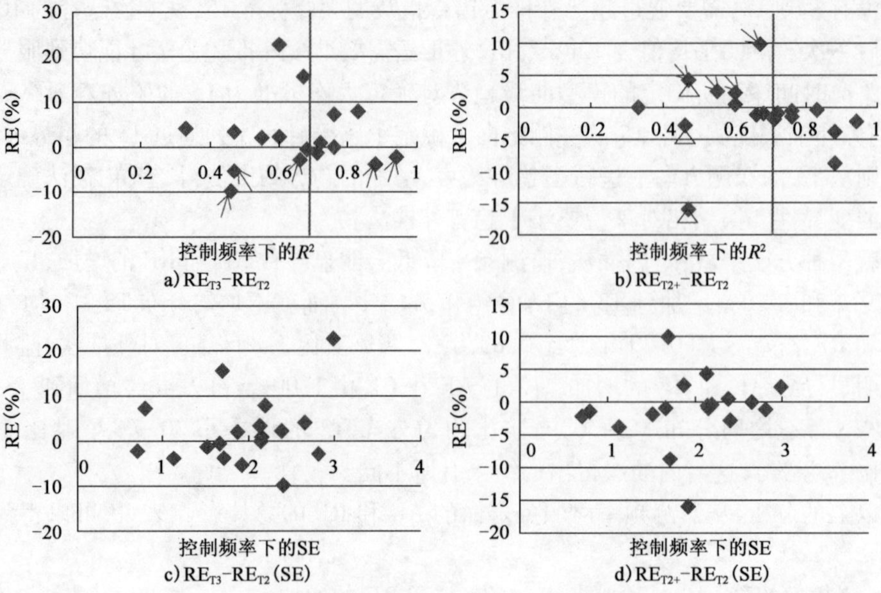

图 3.8　不同监测频率变化下 RE 与 R^2 和 SE 之间的关系

下文将对图中出现的一些奇异点的情况分类进行研究，来探讨影响服务寿命预测精度的因素。

(1) R^2 较高(> 0.7)，RE 值异常

我们来观察关系图(1)中 R^2 位于 0.8 和 1.0 之间的两个用箭头指示的点，这两个点是上文提及的 9 个变异性较大的反常点中 2 个不属于 R^2 较小区域的点，这 2 个点的 R^2 分别为 0.88 和 0.94，路段编号为 P52-53、N42-43。具体观察这 2 个点，发现它们存在两个共性——均属于趋势外推法的路段，且服务寿命均较短。根据前文的分析，趋势外推法得到的服务寿命的变异性要高于趋势内插法路段，显然这一规律在此处得到了验证。就服务寿命而言，两条路段分别为 10.4 年和 13.7 年，而 18 条路段的平均服务寿命是 17.4 年，这两个路段服务寿命明显偏短，路段服务寿命较短就意味着在原始控制频率下的路况数据序列也比较短，在抽点时生成对比频率 T3 时，这个分析期内也就只有 4 个点左右，这 4 个点中即使有 1 个点"失真"，对于整个服务寿命的预测影响都非常大，从而使得预测结果变异性增加。这在 N42-43 路段上有较明显的体现，图 3.9 显示了这种影响。

具体就 N42-43 路段而言，在控制频率 C 下，11 年的分析期内有 10 个路况序列点，平均的监测频率是 1.22 年/次，抽点后形成的 T2，共有 6 个点，平均的监测频率是 2.2 年/次，而抽点后形成的 T3 只有 4 个点，平均监测频率是 3.67 年/次。从图 3.9 的 C 和 T2 中可以看到，对整个拟合曲线的 R^2 和 SE 影响最大的点是箭头所示的点，而这个点在 T3 中被抽去，使得 T3 的拟合曲线的 R^2 有显著的提高(0.94→0.91→0.99)，SE 有明显的降低(0.71→0.95→0.33)。这就导致了 T3 拟合曲线与原控制频率下的数据时间序列相比严重"失真"，也最终导致了 RE_{T3-T2} 值的反常。

路段的服务寿命短造成预测精度下降的例子还在本次分析中 P48-49、P50-51 和 P52-53 三个路段的比较中有明显的体现。如表 3.7 所示，这三个路段中 P52-53 的 RE_{T3-T2} 值为负值，

属于反常点，而P52-53的R^2在三者中是最高的（0.88对比0.76和0.55），三者均属于趋势外推法路段，且P52-53最后一次监测值为14，也是三者中最高的路段（14对比11和12）。这些均属于对提高预测精度有利的因素，唯一不利的因素就是P52-53的服务寿命明显低于另外两条路段（10.4年对比19.6年和20.6年），显然这一不利因素最终导致了P52-53预测变异性最大，使得RE_{T3-T2}值成为反常值。

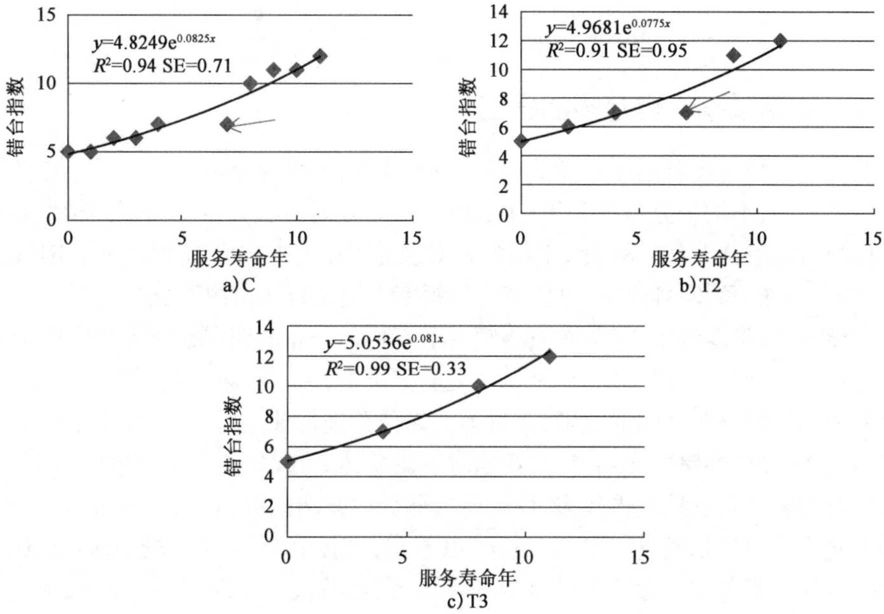

图3.9　N42-43路段抽点法对拟合曲线变异性的影响

（2）R^2相同（＜0.7），但有的RE值异常高（低）

在本次分析中存在一些路段，其R^2基本相同，但有个别路段的RE值异常高或低，如图3.8中用"△"标出的3个路段。这三个路段的编号为N27-28、N152-153和N151-152，这三者的R^2基本相同（0.46、0.47、0.47），都比较低。对于R^2较低的路段，预测存在一定的变异性属于正常，N27-28、N152-153的RE_{T2+-T2}值分别为4.29%和－2.8%，均小于5%，基本属于正常范围，但是N151-152的RE_{T2+-T2}值达到了－15.98%，明显高于另两条路段，究竟是什么原因导致其出现如此异常呢？

仔细分析其影响因素，三者的SE相差不多，N151-152为1.92，另两者为2.4和2.13，N151-152还略小，N151-152的服务寿命长度为16.9年，另两者为23.3年和14.3年，N151-152的服务寿命并不短，所以这些影响因素并不是导致N151-152产生异常的主要因素，唯一区别较大的就是：N27-28属于趋势内插法路段，N152-153属于趋势外推法路段，最后一次监测值为14，非常接近大修标准15，而N151-152也属于趋势外推法路段，但最后一次监测值为12，距离大修标准相对较远。显然，这唯一不利的影响因素导致了N151-152变异性显著增加，使得N151-152的RE_{T2+-T2}值出现明显的异常。

通过以上的分析，从对服务寿命的AE和RE的影响因素来说，可以得到以下结论：

①当原始控制频率下拟合曲线的R^2较小（＜0.7）时，降低监测频率产生的服务寿命结果

的变异性较大；而当 R^2 较大时（> 0.7）时，监测频率降低产生的预测结果较为稳定。

②路段的服务寿命较短会造成预测的变异性增大，预测精度下降。

③在趋势外推法路段中，最后一次监测值距离大修标准越远，预测的变异性越大。

3.5 路况监测频率的优化

3.5.1 监测频率优化方案的提出

根据上文对三种对比监测频率[2 年/次（均匀分布、不均匀分布）、3 年/次]的服务寿命预测精度的研究发现，不均匀分布下 2 年/次的路况监测方案对服务寿命的预测精度最高，18 条路段的平均绝对误差 AE 为 0.81 年，平均的相对误差 RE 为 4.6%，其相对误差 RE 比 3 年/次监测频率（均匀分布）降低 41.3%，也比同监测频率下均匀分布情况下低 20.6%。

但是，是否可以将本例中 2 年/次监测频率下不均匀分布的路况监测方式应用于实际管理呢？答案是否定的，原因有以下两点：一是以上的分析中，为了比较在相同监测频率（2 年/次）下均匀分布和不均匀分布之间的差别，在对不均匀分布进行抽点时，由于要完整保留第一次路况监测值达到 10 以后的路况序列点，又要同时满足总体 2 年/次的监测频率的要求，有些路段的前半部分的路况序列点抽取得较多，导致前半部分的监测间隔过大（> 3 年/次），这在实际管理中是不允许的。二是通过以上的分析可以看到，当控制频率的 R^2 较小时（< 0.7），降低监测频率会导致对服务寿命预测的精度变异性增大，如路段 N150-151，在采用 2 年/次监测频率不均匀分布的情况下，服务寿命的相对误差达到了20.37%，尽管如此之大的相对误差属个别现象，但是作为路面管理者来说，在降低监测频率、减少每年的监测费用的同时，也同时希望能保证一定的精度和减小预测的变异性。从实际应用来说，预测结果变异性大的方法也不是一种理想的方法。基于这两点原因，我们需要对本书的不均匀方法进行优化，使之更具有实用性和可操作性。

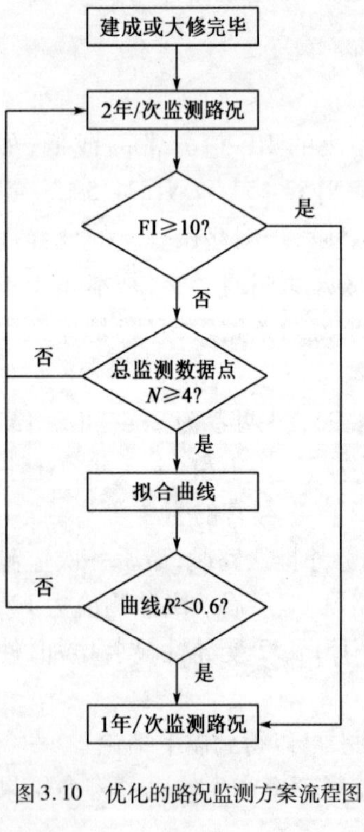

图 3.10 优化的路况监测方案流程图

根据前面的分析，不均匀方法主要问题之一是前半部分的监测频率较低，不利于准确地掌握早年的路况变化。本次采用的针对性解决方法是，对于前半部分，我们仍然采用 2 年/次均匀分布的监测方法，当路况值第一次达到 10 时，随后的监测即采用 1 年/次的频率进行路况监测。前半部分采用 2 年/次的监测频率是考虑到目前佐治亚州对路况的监测频率一般都在 1 ~ 2 年/次，取这一范围的下限，既没有超过实际工程实践所认为的合理范围，也可以降低监测频率，节省监测费用。

不均匀方法的另一问题是，对于控制频率下 R^2 较小的路段，服务寿命预测的变异性较大。针对这一问题，拟提出的优化方法如图 3.10 所示，即在道路建成或大修之后，以 2 年/次的频率进行路况监测，在监测到第 4 个记录点之后（包括第 4 个点），将得到的所有记录点进行模型曲线拟合，以后每新增加一个记录点，随即拟合一次，如果某次拟合的 R^2 小于 0.6，这意味着整个路况记录的模型 R^2 可能较低，如果依然采用 2 年/次的监测频率记录，可能会产生较大的预测误差，从此时起，即采用 1 年/次的频率进行监测。存在的一个特殊情况就是，有可能在第 4 个记录点之前，错台指数就已经达到 10，此时，从第一个达到 10 的时间点开始，随后的监测即采用 1 年/次的频率进行路况监测。这种做法的原理就是在路况监测的过程中要密切关注整个路况时间序列的变异性，一旦出现变异性较大的可能，即刻提高监测频率，恢复至 1 年/次的频率，以减小预测的变异性。

优化监测频率方案中有两点需要解释，一是为何选取监测到第 4 个记录点后开始进行模型拟合。这是因为：首先，在对路况数据点进行指数型模型曲线拟合时，至少需要 3 个点，而采用 3 个点进行拟合时，误差往往较大，很可能一开始的 3 个点就不满足 $R^2 < 0.6$ 的要求，为了减小拟合的变异性，增加 1 个点进行拟合，所以取 4 个点。另一个问题是为何 R^2 取 0.6，而前文的研究是当 $R^2 < 0.7$ 时，预测的变异性才较大。这是因为，前文研究得到的 $R^2 < 0.7$ 的区域是针对整个控制频率下的路况时间序列得到的结果，而此方案中对记录点的拟合主要是指路况时间序列的前半部分，这部分的点数相对较少，拟合的误差相对较大，以 $R^2 < 0.7$ 作为 1 年/次的监测频率的起始点过于严格，这样的结果有可能使得早期 2 年/次的监测时间段过短，对于有效地降低监测次数不利，所以本次取 0.6 作为 1 年/次的监测频率的起始点。

3.5.2　监测频率优化方案的验证

本节根据前一小节提出的优化方案 T1，依然采用 18 条路段的实际路况数据来进行计算和验证，计算结果详见表 3.8 和图 3.11。为了便于比较，表中同时列出了前文分析的监测频率。

优化监测频率方案的路段 AE 和 RE 值　　表 3.8

路　段	AE（年）				RE（%）				R^2
	T1	T2	T2 +	T3	T1	T2	T2 +	T3	
N17-18	0.1	0.3	0.1	0.2	0.47	1.42	0.47	0.95	0.68
N20-21	0.3	0.3	0.1	0.5	1.39	1.39	0.46	2.31	0.72
N26-27	0	0.1	0.2	0.6	0.00	0.46	0.92	2.75	0.6
N27-28	0.7	0.1	1.1	0.9	3.00	0.43	4.72	3.86	0.47
P28-29	0.4	0.1	0	0.1	2.26	0.56	0.00	0.56	0.76
P30-31	0.1	0.6	0.4	0.1	0.57	3.41	2.27	0.57	0.66
P69-70	0	0.4	0.3	2.4	0.00	1.58	1.19	9.49	0.83
N150-151	2.4	4.4	4.4	5.3	11.11	20.37	20.37	24.54	0.33
P48-49	1.1	1.2	1.7	1.6	5.61	6.12	8.67	8.16	0.55
P50-51	0.8	0.9	0.6	2.4	3.88	4.37	2.91	11.65	0.76
P52-53	0	0.6	0.2	0.2	0.00	5.77	1.92	1.92	0.88
N42-43	0.2	0.6	0.3	0.3	1.46	4.38	2.19	2.19	0.94

续上表

路段	AE(年)				RE(%)				R^2
	T1	T2	T2 +	T3	T1	T2	T2 +	T3	
N40-41	0.1	0.4	1.8	2.6	0.71	2.84	12.77	18.44	0.67
N149-150	0.5	0.6	0.3	0.4	3.13	3.75	1.88	2.50	0.71
N152-153	0.9	1.9	1.5	0.5	6.29	13.29	10.49	3.50	0.46
P151-152	0.5	3.7	1.0	2.8	2.96	21.89	5.92	16.57	0.47
P157-158	0.5	0.3	0.5	2.3	5.68	3.41	5.68	26.14	0.6
P159-160	0.1	0.7	0.0	0.4	1.25	8.75	0.00	5.00	0.88
总平均值	0.48	0.96	0.81	1.31	2.77	5.79	4.60	7.84	—
总方差	0.34	1.47	1.14	1.96	8.45	41.52	29.41	68.67	—

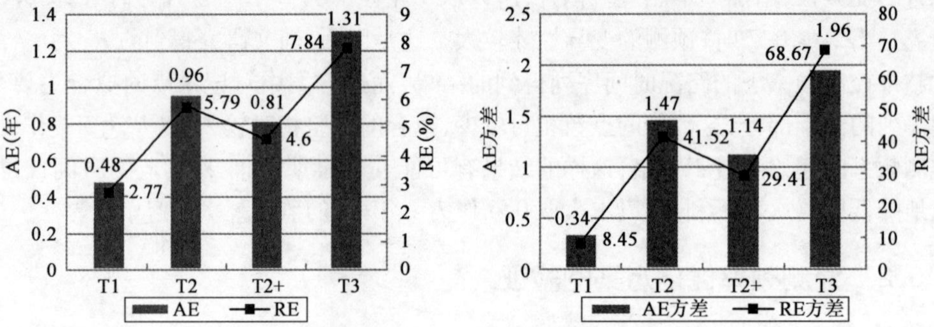

图 3.11 优化监测频率 AE 和 RE 均值及方差比较

对监测方案优化后,得到最终的优化监测频率 T1 的平均监测间隔为 1.57 年/次,高于控制频率 C 的 1.19 年/次,低于 T2 和 T2 + 的 2.03 年/次、T3 的 3.26 年/次。从优化的监测频率(T1)与其余三种监测频率(T2、T2 + 、T3)的 AE 和 RE 均值比较来看,T1 的服务寿命预测绝对误差 AE 为 0.48 年,要明显低于其余三种监测频率(0.96 年、0.81 年、1.31 年),降低的百分比分别为 50%、40.7%、63.4%。就相对误差 RE 来说,T1 的 RE 为 2.77%,也明显低于其余三种监测频率(5.79%、4.6%、7.84%),降低的百分比分别为 52.2%、39.8%、64.7%。

为了比较优化的监测频率在降低服务寿命预测的变异性上的效果,本次分析中计算了不同监测频率下 AE 和 RE 的方差,T1 的 AE 方差为 0.34,要明显低于其余三种监测频率(1.47、1.14、1.96),降低的百分比分别为 76.9%、70.2%、82.7%。就相对误差 RE 的方差来说,T1 为 8.45,也明显低于其余三种监测频率(41.52、29.41、68.67),降低的百分比分别为 79.6%、71.3%、87.7%。从以上的数据来看,与误差均值的明显降低相比,误差的变异性(方差)的降低更为显著。

3.5.3 不同监测频率方案的评估

通过上一节对优化监测频率方案与其余三种对比频率方案的 AE 和 RE 比较发现,优化的监测频率大幅度地降低了服务寿命预测的 AE 和 RE,但是与其余三种监测频率方案的监测间隔相比,优化的监测频率方案的监测频率要低(1.57 年/次对比 1.92 年/次、3.26 年/次),也就是说其对于监测次数的降低幅度要小于其余三种监测方案，即监测费用上的降低幅度要低于其余三种监测频率。为了对不同监测方案的“成本—效益”进行评估，本次分析提出了如下的评估指标 CE(Cost-Effectiveness)，详见式(3.7)。

$$CE = \frac{与控制频率相比之下总监测次数的降低百分率}{RE} \times 10 \tag{3.7}$$

在该式中，总监测次数的降低百分率相当于监测方案获得的“效益”，监测次数降低得越多，“效益”越高。RE 则是与控制频率下服务寿命预测值相比较得到的不同监测方案下相对误差，该值则被认为是“成本”，该值越小，则表示预测精度越高。整个比值乘以 10，是为了将该比值转化为人们更为熟悉的百分制评分，最终计算得到的 CE 值越高越优。四种监测方案的 CE 计算详见表 3.9。

不同监测方案的 CE　　表 3.9

监测方案	T1	T2	T2 +	T3
不同监测频率下 18 条路段的总监测次数	201	161	161	107
监测次数占控制频率下总监测次数的百分比(%)	78.8	63.1	63.1	42.0
与控制频率相比之下总监测次数的降低百分率(%)	21.2	36.9	36.9	58.0
RE(%)	2.77	5.79	4.60	7.84
CE	76.6	63.7	80.1	74.0

注：18 条路段在控制频率下的总监测次数为 255 次。

从表 3.9 可以看出 T1 的 CE 值 76.6 分要显著高于 T2 的 63.7 分，略高于 T3 的 74.0 分，但是低于 T2 + 的 80.1 分。似乎在四种监测方案中，T1 并不是最优的方案，而实际上 T2 + 这种监测方案只是为了分析服务寿命预测的影响因素而刻意设计出来的一种监测方案，它对整个路况时间序列前半部分的时间间隔设置过大，而且该方案对于拟合曲线的 R^2 较小的情况预测的变异性较大。这两个缺点在 CE 指标中是无法体现的，所以尽管从 CE 来看，T2 + 比 T1 更优，而根据前文的分析，T1 很好地解决了 T2 + 中存在的问题，在实践中更具有实用性和可操作性，因此，从综合的评估结果来看，T1 无疑是这几种监测方案中最优的。

3.6　本章小结

本章探讨了监测频率对服务寿命预估精度的影响，并兼顾考虑了其他一些影响因素：包括数据的变异性、R^2、SE、服务寿命的长短等，随后，根据这些影响因素的分析结果，提出了路况监测频率优化的方案，并采用了 18 条实际路况数据进行了评估和验证。根据全章的分析和讨论，得出了如下的主要结论：

(1)随着路况监测频率的降低(1 年/次→2 年/次→3 年/次)，拟合曲线的 R^2 呈加速增加的趋势。在总体路况监测频率降低程度相同时，不均匀分布监控频率 T2 + 下 R^2 的增加值要高于均匀分布 T2。在监控频率相同，由均匀分布 T2 变化为不均匀分布 T2 + 时，R^2 值的变异性随着原始控制频率下 R^2 增加而逐渐减小。

(2)监测频率的降低会导致服务寿命的AE和RE的增加。在相同监测频率下,不均匀分布的AE和RE要明显低于均匀分布。服务寿命的预测精度平均提高了20.6%。监测频率变化导致的模型R^2和SE的变化与最终服务寿命预测精度并无明显的关系。

(3)对不同的监测频率下,趋势外推法路段的AE和RE均要显著地高于趋势内插法。其原因并非方法本身,而是由于趋势内插法对服务寿命终点的趋势约束高于趋势外推法所致。

(4)当原始控制频率下拟合曲线的R^2较小(<0.7)时,降低监测频率产生的服务寿命结果的变异性较大,而当R^2较大(>0.7)时,监测频率降低产生的预测结果较为稳定。路段的服务寿命较短会造成预测的变异性增大,预测精度下降。在趋势外推法路段中,最后一次监测值距大修标准越远,预测的变异性越大。

(5)基于研究结果提出优化的路况监测方法——在道路建成或大修之后,以2年/次的频率进行路况监测,在监测到第4个记录点之后(包括第4个点),将得到的所有记录点进行模型曲线拟合,以后每新增加一个记录点,随即拟合一次,如果某次拟合的R^2小于0.6,随后即采用1年/次的频率进行监测。在此过程中,如果某次监测的错台指数达到10,随后的监测也即采用1年/次的频率进行路况监测。

(6)实际数据的验证表明:优化的路况监测方法不但可以大幅度提高服务寿命预测的精度,还可以降低服务寿命预测的变异性,在实践中具有较强的实用性和可操作性。

本书主要是针对佐治亚州以错台指数为主要病害的水泥混凝土路面服务寿命的预测精度进行分析和研究,在未来的工作中尚有许多进一步深入研究的地方。首先,分析中以错台指数和指数型性能模型作为分析指标和模型形式,而在分析沥青混凝土路面或以其他病害为主的路面的服务寿命预测精度时,可能需要采用不同的指标和模型形式。其次,本次分析中还第一次讨论了不均匀分布的监测方案对服务寿命预测精度的影响,而不均匀分布的监测方案可以有很多种,本书只是研究了其中较为简单的一种,未来可以对其他不均匀分布的方案进行研究。最后,不同的分析指标、病害类型和模型形式可能会产生不同的较优的监测方案,而如何将这些不同的较优监测方案综合起来,形成最优的路况监测方案,也是一个很有价值的课题。

第4章 路面服务寿命的计算和总体分析

4.1 基础数据和目标数据质量统计概况

4.1.1 佐治亚州水泥混凝土路面概况

目前佐治亚州路面管理机构管辖着共12条州际水泥混凝土公路(Interstate Highway),各条公路的长度、初始建成时间等信息详见表4.1。从表中可以看出,这些州际公路水泥混凝土路面的建成时间大部分始于20世纪50、60年代,至70年代末,路网基本建成,建设的高峰期为20~30年。美国的州际公路类似于我国"五纵七横"的国家高等级公路,像Ⅰ-75、Ⅰ-78、Ⅰ-95、Ⅰ-16、Ⅰ-20都是贯穿美国大陆的高等级公路,其中,奇数为南北走向,偶数为东西走向,这些公路的交通量往往都比较大。由表4.1中可见,在这些繁忙的州际公路中,水泥混凝土路面的总长度约为586.67mile,占州际公路总长度的47.1%,比例非常高,这还不包括早期是水泥混凝土路面、后来经过罩面改建成沥青混凝土路面的路段,这与我国目前高等级公路中清一色采用沥青混凝土路面形成较大的反差。

佐治亚州州际公路中水泥混凝土路面概况 表4.1

公路名称	建成通车时间(年)	2009年最繁忙路段的AADT(辆)	总长度(mile)	水泥混凝土路面长度(mile)①
Ⅰ-75	1951—1977	319620	355	118
Ⅰ-20	1961—1980	197680	202.74	129
Ⅰ-85	1951—1980	261950	179.37	63
Ⅰ-16	1966—1980	81410	166.67	166.67
Ⅰ-95	1968—1980	69890	112	21
Ⅰ-59	1966—1970	56750	19	0
Ⅰ-285	1962—1970	249460	62.77	28
Ⅰ-475	1966—1967	59430	15	0
Ⅰ-24	1966	61740	4	0
Ⅰ-185	—	67530	49	6

续上表

公路名称	建成通车时间（年）	2009 年最繁忙路段的 AADT（辆）	总长度（mile）	水泥混凝土路面长度（mile）①
Ⅰ-675	—	74510	9	9
Ⅰ-520	1965—1974	78510	10	6
Ⅰ-575	—	95480	30	10
Ⅰ-985	—	57190	25	25
Ⅰ-516	—	56750	6.58	5
总计	—	—	1246.13	586.67（47.1%）

注：①此处水泥混凝土路面的长度不包括早年为水泥混凝土路面、后来用沥青混凝土罩面的路段。

4.1.2 基础数据及质量概况分析

表 4.1 中列出的数据显示，目前佐治亚州州际公路中有 586.67mile 的水泥混凝土路面段，由于有些沥青混凝土路段是早期的水泥混凝土路段经过沥青混凝土罩面后改造而成，为了增加服务寿命统计分析的样本数量，这些路段在改造之前的路况和大修数据，也被列入本次统计分析。佐治亚州对路面状况的记录是按照 1mile 为一个基本记录单元，此次统计从路面管理系统中共提取了 1076 个有效记录路段（同一里程桩号的两个行车方向被认为 2 个记录路段），这些记录路段集中在I-75、I-16、I-20、I-85 和I-475 这 5 条州际公路上，表 4.2 显示了这些路段的组成。

统计路段的组成　　表 4.2

公路名称	行车方向	记录路段数量	小计	占总记录路段比例（%）
Ⅰ-16	向西	149	300	27.9
	向东	151		
I-75	向南	117	316	29.4
	向北	199		
I-20	向西	97	193	17.9
	向东	96		
I-85	向南	119	237	22.0
	向北	118		
I-475	向南	15	30	2.8
	向北	15		
总计	—	1076	—	—

根据第 2 章对基础数据的分类，基础数据包括起始年（YS）、终止年（YE）、趋势线（TM）、大修前、后的错台指数（FBR，FAR）、大修前、后的平整度（IBR，IAI）、错台指数增加到 15 的年份（YF15）共 8 类。附录 A 中列出了 5 条州际公路各质量等级的基础数据分布，而表 4.3 显示了其概况，由于后文的统计中不会用到质量等级为低（L）的数据，此处不再列出。本书将新建和每次大修之后的路面服务寿命分开统计，表 4.3 中 AL-0 ~ AL-4 的定义详见第 2 章 2.4.2 节，目的是根据不同阶段的路面服务寿命来分别统计基础数据的质量等级。

各质量等级基础数据分布简表　　表 4.3

基础数据名称	质量等级	AL-0	AL-1	AL-2	AL-3	AL-4	小计
起始年(YS)	高(H,H-)	1076	714	241	100	0	2131
	中(M)	0	320	147	92	24	583
终止年(YE)	高(H,H-)	714	241	100	0	0	1055
	中(M)	320	147	93	24	0	584
趋势线(TM)	高(H,H-)	320	393	243	79	2	1037
	中(M)	126	191	26	13	0	356
大修前的错台指数(FBR)	高(H,H-)	0	150	71	6	5	232
	中(M)	0	125	37	5	4	171
大修后的错台指数(FAR)	高(H,H-)	0	138	43	2	5	188
	中(M)	0	122	37	5	4	168
大修前的平整度(IBI)	高(H,H-)	0	108	32	0	0	140
	中(M)	0	100	20	0	22	142
大修后的平整度(IAI)	高(H,H-)	0	108	32	0	0	140
	中(M)	0	100	20	0	22	142
错台指数增加到 15 的年份(YF15)	高(H,H-)	122	236	196	52	0	606
	中(M)	115	146	53	7	0	321
总计		2793	3339	1391	385	88	7996

表 4.3 显示,本次研究从路面管理系统中 1076 个有效记录路段中共获取了 7996 个质量为中等以上的基础数据。其中,高等级质量基础数据 5529 个,占总数据量 69.1%;中等级质量的基础数据 2467 个,占总数据量的 30.9%。

根据表 4.3 中 5 条州际公路上起始年和终止年在 AL-0 ~ AL-4 各个阶段的分布情况,可以统计出所有记录路段的大修次数,表 4.4 对每条州际公路上所选择路段的大修次数进行平均,除 I-475 由于路段的样本量较少,其大修次数为 3 次,其余 4 条公路的大修次数多在 1 ~ 2 次。从表 4.4 可以看出,交通量相对较大的I-75 上的大修次数要明显高于交通量相对较低的I-85、I-20 和I-16。交通量和大修次数及服务寿命的关系将在后文中详细讨论。

5 条州际水泥混凝土公路上平均大修次数比较　　表 4.4

公路名称	I-75	I-20	I-85	I-16	I-475
未经过大修	0	0	0	42	0
经过 1 次大修	146	145	206	149	0
经过 2 次大修	72	10	19	95	0
经过 3 次大修	74	38	12	14	30
经过 4 次大修	24	—	—	—	—
平均大修次数	1.92	1.45	1.18	1.27	3.00
2009 年全路段平均 AADT	71716	55002	61923	22688	56319
2009 年全路段平均货车百分率(%)	18.9	21.6	19.8	21.8	21.0
2009 年全路段平均 ESAL(10^6次)[①]	2.46	2.15	2.22	0.89	2.13

注:[①]ESAL 的计算见公式(4.12)。

4.1.3 目标数据及质量概况分析

根据第2章对目标数据的分类,目标数据包括大修前后错台指数下降值(FD)、大修前后平整度下降值(ID)、实际服务寿命(AL)和错台指数增加到15的服务寿命(TL)共4类。附录B中列出了各质量等级目标数据分布详表,表中列出了4类目标数据在5条州际公路上各阶段(AL-0~AL-4)高、中两个等级的数据量分布。表4.5是其简表,从表4.5中可看出,共对5条州际水泥混凝土路面上3219个目标数据进行了质量分级(仅包括高、中2级),其中AL(1646个)和TL(935个)的数据量要明显高于FD(356个)和ID(282个)的数据量。

各质量等级目标数据分布简表 表4.5

基础数据名称	质量等级	AL-0	AL-1	AL-2	AL-3	AL-4	小计	比例(%)
实际服务寿命(AL)	高(H,H-)	501	151	33	0	0	685	41.6
	中(M)	533	239	165	24	0	961	58.4
错台指数增加到15的服务寿命(TL)	高(H,H-)	116	191	134	32	0	473	50.6
	中(M)	133	188	116	25	0	462	49.4
大修前后的错台指数下降值(FD)	高(H,H-)	0	138	43	2	5	188	52.8
	中(M)	0	122	37	5	4	168	47.2
大修前后的平整度下降值(ID)	高(H,H-)	0	108	32	0	0	140	49.6
	中(M)	0	100	20	0	22	142	50.4
总计		1283	1237	580	88	31	3219	—

图4.1显示了4种目标数据(AL、TL、FD、ID)的数据样本中高和中等质量数据分布的比例,可看出除服务寿命(AL),其余三种目标数据的高和中等质量数据基本各占50%,而服务寿命中,中等质量数据(58.4%)要明显高于高等级质量的数据(41.6%)。

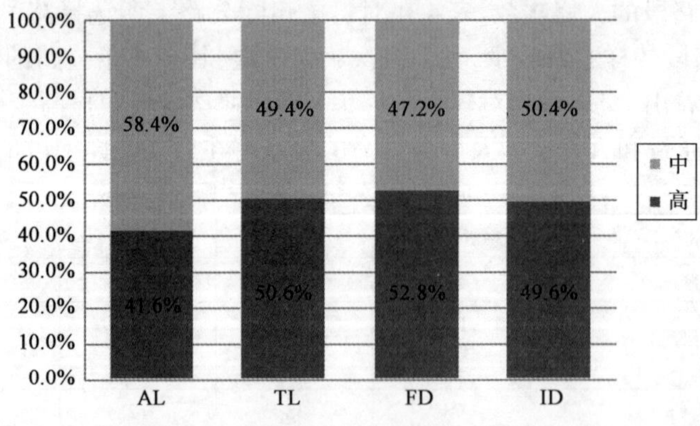

图4.1 4种目标数据质量等级分布比例

通过分类整理,获取了数以万计的高质量的路况数据,这些数据为采用生存分析方法系统分析佐治亚州水泥混凝土路面服务寿命奠定了坚实的基础。此次对水泥混凝土路面服务寿命的生存分析主要包括两部分:一部分从总体上分析佐治亚州水泥混凝土路面的服务寿命分布,包括不同阶段(AL-0~AL-4)上的总体寿命分布(直方图、均值、方差、中位点、生存曲线、分布函数等);另一部分是研究和比较总体路面服务寿命的各种设计特征,从而分析不同水泥混凝土路面设计特征对路面服务寿命的影响。下节将主要表述第一部分内容,第二部分内容将在第5、第6章中展开研究。鉴于生存分析等相关内容的重要性,本节首先对其进行简要的介绍。

4.2　路面服务寿命的总体生存分析

4.2.1　生存分析方法简介

1)生存分析中的基本概念

(1)生存时间[73]

生存时间可以广泛地定义为一给定的事件出现的时间。这个事件可以是疾病的发生、一种处理(治疗)的反应、病情复发或死亡。生存数据可以包括生存时间,对治疗的反应以及与反应、生存及疾病发生有关的病人特征。过去生存分析只对生物医学中的生存数据进行研究,但如今这些方法已经广泛地应用于工业可靠性、社会科学和商业。譬如:电子设备(元件或系统)的寿命(可靠性工程),重罪犯人的假释时间(犯罪学),首次婚姻的持续时间(社会学),报纸或杂志的篇幅和订费(市场学),工人们的补偿索赔(保险业)和他们的各种影响风险或预后因素。

(2)可靠度和可靠性[74]

产品在规定的条件下和规定的时间内完成规定功能的概率叫作产品的可靠度。如果将上面定义中“概率”改为抽象的能力,该定义就叫作产品的可靠性。

从定义看出,产品的可靠度与时间因素有关,因而与产品的寿命有关。当然,产品的寿命也是相对于一定的使用条件而言的,是指在一定的使用条件下产品具有规定功能的“持续时间”。若用 T 表示产品在规定条件下的寿命,t_0是给定的正数,若我们希望产品在时间区间$[0, t_0]$上具有规定的功能,则概率 $P(T>t_0)$ 便是产品的可靠度,t_0就是所谓的“任务时间”——完成任务所需要的时间。

(3)生存函数[74]

T 表示任何个体的寿命,把 T 看成随机变量,T 值依赖于个体。用分布函数 $F(t) = P(T \leqslant t)$ 来描述非负随机变量 T 的特征,那么生存函数则定义为式(4.1)。

$$S(t) = P(T > t) \quad 或 \quad S(t) = 1 - F(t) \tag{4.1}$$

显然,根据定义,若 t_0是任务时间,则 $S(t_0)$ 就是可靠度,而 $F(t_0)$ 通常被称为累计破坏概率或寿终概率。

(4)确切寿命数据、右删失数据、左删失数据、区间数据[74]

在进行观测或调查时,对于个体的确切寿命不知道,只知道寿命大于 L,则称该个体的寿命在 L 是右删失的,并说 L 是右删失数据;若个体的确切寿命不知道,只知寿命小于 L,则称该个体的寿命在 L 是左删失的,并说 L 是左删失数据。右删失的情形在寿命观测中极为常见,左删失的情形出现得很少。在工程上和医学上,还有一种情形是事先规定试验或观测的截止时间 L,有的个体在试验或观测截止时寿命并未终结,这时称该个体的寿命在 L 被截尾,这种情况也归于“右删失”。

实际工作中，常常是不知道个体的确切寿命 t，只知其在 $t^{(1)}$ 与 $t^{(2)}$ 之间（即 $t^{(1)} \leqslant t \leqslant t^{(2)}$，这时称 $[t^{(1)}, t^{(2)}]$ 是个体寿命的区间型数据。实际工作中凡是不能连续监测的情况，通常只能得到这种类型的数据。区间型数据 $[t^{(1)}, t^{(2)}]$ 的含义是：真实寿命属于 $[t^{(1)}, t^{(2)}]$，通常假定 $0 < t^{(1)} < t^{(2)} < \infty$。

(5)协变量[74]

实际工作中，研究寿命对其他因素或变量的依赖关系十分重要，那些对个体寿命起影响的变量被称为协变量。

2)生存分析方法[74]

和普通统计学一样，生存分析的方法也主要分为两大类。当对寿命总体知之甚少或毫无所知时，采用非参数方法。当总体的分布类型已知，只是若干个（有限个）参数未知时，采用参数方法。此外，还有半参数模型及相应的半参数方法。

一般说来，参数方法可用于较小的样本，使用非参数方法则必须有较大的样本（即要较多的数据）。但应注意的是，对于参数方法而言，小样本情形的方法和理论比较完善（当然样本量越大越好），而对于非参数方法来说，有效的方法和理论主要基于大样本。

在应用生存分析方法时指导思想一般为：如果被研究的总体能纳入参数模型，又有成熟的参数方法进行处理，那是最佳情况；如果总体不能纳入参数模型，但可纳入半参数模型，又有比较成熟的半参数方法可供使用，则为次佳情况；如果总体很难纳入参数或半参数模型（或者勉强纳入了，但无成熟的方法进行统计分析），则采用非参数方法。下面对常见的参数和非参数方法进行简要的介绍。

(1)参数方法（常见的几种寿命分布）

①威布尔（Weibull）分布

如果随机变量 T 的分布函数 $F(t)$ 为：

$$F(t) = \begin{cases} 0, & t \leqslant 0 \\ 1 - \exp\left[-\left(\dfrac{t}{\eta}\right)^m\right], & t > 0 \end{cases} \tag{4.2}$$

则称随机变量 T 服从威布尔（Weibull）分布，其中 $m > 0$，$\eta > 0$，m 叫作形状参数，η 叫作刻度参数。

②对数正态分布

设 T 为随机变量，若 $X = \ln(T)$ 服从正态分布 $N(\mu, \sigma^2)$，则称随机变量 T 服从对数正态分布。对数正态分布中需要确定的参数有两个：μ 和 σ。

$$F(t) = \begin{cases} 0, & t \leqslant 0 \\ \displaystyle\int_0^t \frac{1}{\sqrt{2\pi}\sigma u} \exp\left[-\frac{1}{2\sigma^2}(\ln\mu - \mu)^2\right], & t > 0 \end{cases} \tag{4.3}$$

③广义 Γ 分布

设 T 为随机变量，若其分布密度函数 $f(t)$ 为：

$$f(t) = \begin{cases} 0, & t \leqslant 0 \\ \dfrac{b}{\Gamma(k)} a^{-bk} t^{bk-1} \exp\left[-\left(\dfrac{t}{a}\right)^b\right], & t > 0 \end{cases} \tag{4.4}$$

则称 T 服从广义 Γ 分布,其中三个参数 $a > 0$, $b > 0$, $k > 0$。广义 Γ 分布的范围很广,当 $b = 1$ 时便得到通常的 Γ 分布,$k = 1$ 时就得到威布尔分布,$k = b = 1$ 时便得到指数分布。

④对数罗杰斯提克(*log-logistic*)分布

设 T 为随机变量,若 $X = \mathrm{Ln}(T)$ 的分布函数为:

$$G(x) = \frac{1}{1 + \exp\left(-\frac{x-\mu}{\sigma}\right)^2} \tag{4.5}$$

则称 T 服从对数罗杰斯提克(Log-logistic)分布,其中参数 $\mu\in(-\infty, \infty)$,$\sigma\in(0, \infty)$。

(2)非参数方法

对于估计完全未知的生存函数 $S(t)$,针对不同类型的数据有不同的方法,本书只简介其中较为常用的寿命表法(Life Table Method)和乘积限估计(PL 估计或 K-M 估计)。

①寿命表法 (Life Table Method)

把区间$(0, \infty)$分成 $k+1$ 个小区间,每个小区间可表示为 $I_j = (a_{j-1}, a_j]$,$j = 1,2,\cdots, k+1$,这里 $a_0 = 0 < a_1 < a_2 < \cdots < a_k < a_{k+1} = \infty$ $(k \geqslant 1)$。假设对一些个体(共 n 个)的寿命进行了观测,只知道各个体在哪个区间中寿终或右删失(不必知道准确的寿终时刻或有删失时刻),可用下列方式登记和归纳观测结果。

对 $j = 1,2,\cdots, k+1$,令:

N_j = 在时刻 a_{j-1} 仍"活着",且未在 a_{j-1} 之前右删失的个体个数(N_j 称为历险数);

D_j = 在 I_j 中寿终的个体的个数;

W_j = 在$[a_{j-1}, a_j)$ 中右删失的个体的个数。

显然,$N_1 = n$,$N_{j+1} = N_j - D_j - W_j$;设 $S(t)$ 是生存函数,令:

$P_j = S(a_j)$,$p_j = P_j/P_{j-1}$,$q_j = 1 - p_j$;$(j = 1,2,\cdots, k+1, P_0 = 1)$,

于是 $P_j = p_1, p_2, \cdots, p_j (j = 1,2,\cdots, k+1)$;分别采用式(4.6)、式(4.7)估计 q_j 和 p_j:

$$\hat{q}_j = \frac{D_j}{N_j - \frac{1}{2}W_j} \tag{4.6}$$

$$\hat{p}_j = 1 - \hat{q}_j \tag{4.7}$$

用下列公式估计 P_j:

$$\hat{P}_j = \prod_{i=1}^{j} \hat{p}_j \tag{4.8}$$

最后对任 $t > 0$,选 j 满足 $a_j \leqslant t < a_j + 1$,对 $S(t)$ 的选择见式(4.9):

$$\hat{S}(t) = \hat{P}_j \tag{4.9}$$

式(4.6)~式(4.9)给出了 $S(t)$ 估计值的方法就是标准的寿命表法。

②乘积限估计法(PL 估计)

该分析方法需要确切知道全部寿终数据和右删失数据(即不能是"区间型"的)。对总体 T 的 n 个个体的寿命进行观测,得到 $t_1, t_2, \cdots, t_n$(其中可能有右删失数据,但无左删失数据),当 t_i

是寿终数据时，令 $\delta_i = 1$；当 t_i 是右删失数据时，令 $\delta_i = 0$；将观测数据 t_i 从小到大重排（当一个删失数据和一个寿终数据相等，则将寿终数据排在删失数据前），得到：$t_{(1)} \leqslant t_{(2)} \cdots \leqslant t(n)$。于是 $S(t)$ 的乘积限估计定义为：

$$\hat{S}(t) = \begin{cases} 1, & t \in [0, t_{(1)}); \\ \prod_{i=1}^{j} \left(\dfrac{n-i}{n-i+1} \right)^{\delta i}, & t \in [t_{(j)}, t_{(j+1)}), j = 1, 2, \cdots, n-1; \\ 0, & t \in [t_{(n)}, \infty) \end{cases} \tag{4.10}$$

上述估计简称 PL 估计，是 Kaplan 和 Meier 于 1958 年首先提出，又称为 K-M 估计。

在以上对生存分析方法的简单介绍和了解之后，下文将采用这些方法和模型从总体上对佐治亚州的水泥混凝土路面的服务寿命进行分析。

4.2.2 路面服务寿命不同寿命期路段百分率

在本次分析所选取的路段寿命数据中，没有选择寿命未完成的数据（删失数据）；与中等质量的目标数据量相比，高等质量的目标数据相对较少，剔除中等质量的目标数据虽能保证一定的数据质量，但将大大降低样本数量，这也会降低统计结果的可信度，因此，中等质量的目标数据也包含在本次统计中。表 4.6 和图 4.2 显示了路面服务寿命在不同寿命期的路段里程分布比例。

佐治亚州水泥混凝土路面不同寿命期路段分布（个） 表 4.6

寿命阶段	0 ~ 5 年	5 ~ 10 年	10 ~ 15 年	15 ~ 20 年	20 ~ 25 年	25 ~ 30 年	总计
AL-0	20	102	444	179	135	149	1029
AL-1	—	182	144	64	—	—	390
AL-2	—	128	30	35	—	—	193
AL-3	—	24	—	—	—	—	24

从表 4.6 中可以看出，AL-0 的样本数量最多，每次大修之后的样本数逐渐减少，AL-3 的样本数量最少，说明绝大部分水泥混凝土路面从 20 世纪 60 ~ 70 年代建成到 2010 年前不超过 2 次大修，这也与前文 4.2.2 节中得到的结论相似。根据图 4.2 显示的不同寿命期的路段数量分布，路面服务寿命为 10 ~ 15 年的路段最多，占总数的 43%，15 ~ 20 年的次之，占 17%，二者共占总比例的 60%，说明在水泥混凝土路面初始建成到第一次大修之间的寿命大部分为 10 ~ 20年。从 AL-1 的图中可以看到，从第一次大修到第二次大修之间的路面寿命处于 5 ~ 10 年的最多，占 47%，10 ~ 15 年的次之，占 37%，二者总共占 84%；这说明在第一次大修到第二次大修之间，路面的服务寿命大都为 5 ~ 15 年，这与初始建成到第一次大修之间的服务寿命大都为 10 ~ 20 年相比，路面的服务寿命有明显的降低。从图 AL-2 看到，尽管路面服务寿命为 5 ~ 15年之间的路段比例为 82%（66% + 16%），与 AL-1 中的 84% 相比相差不多，但路面服务寿命为 5 ~ 10 年的路段比例达到了 66%，明显高于 AL-1 中的 47%，说明在第二次大修到第三次大修之间的服务寿命要明显的比 AL-0 和 AL-1 差。由于 AL-3 的样本数量较少，且路面服务寿命都集中于 5 ~ 10 年，因此本文没有列出相应的比例图，仅从这少量的样本来看，第三次大修之后的路面服务寿命已经没有超过 10 年的路段了，都为 5 ~ 10 年，这说明，第三次大修之后

的路面服务寿命又明显差于前几次大修。根据以上不同的大修之后的路面服务寿命分析发现，每一次大修之后的路面服务寿命都要比前几次大修后的路面服务寿命要短。其中，初始建成后至第一次大修的路面服务寿命最长，每次大修之后，服务寿命逐渐变短。

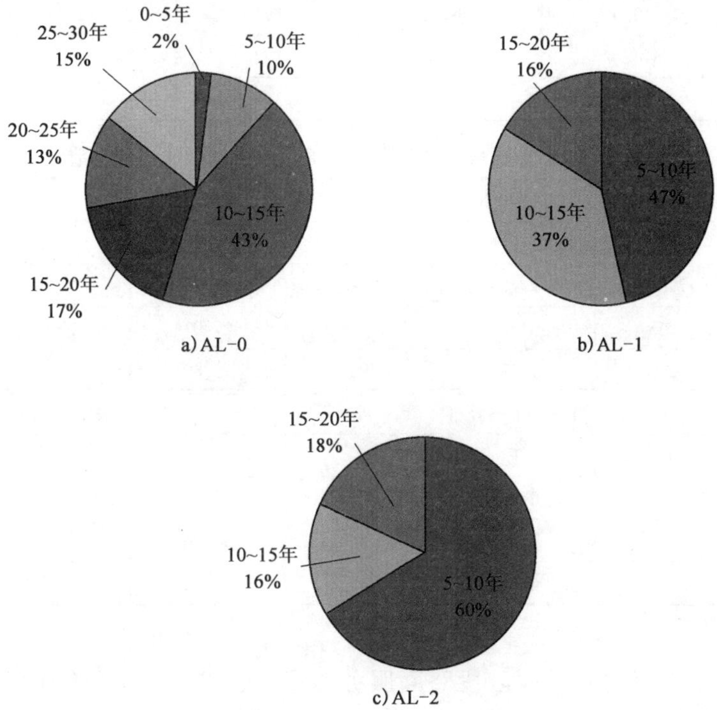

图4.2　佐治亚州水泥混凝土路面不同寿命期路段分布

其实，这样的分析结果是符合路面结构的衰变规律的。在路面刚刚建成之后，路面的整体结构完好，承受车载、环境变化等外界影响的能力最强，其服务能力自然是最好，服务寿命当然也最长。而在路面状况恶化，达到大修标准进行大修时，路面的整体结构能力、抗变形能力、承载能力等已大大降低，路面结构内部的某些位置在车载、环境的作用下，产生了许多不可修复的损伤，虽然灌浆、断板的修复、封缝、金刚石刻槽等大修措施可以部分恢复整体路面结构的结构能力，但那些无法修复的结构性损伤直接导致路面结构在大修后的服务能力下降的速度要快于初始建成期，这也就导致大修之后的路面服务寿命比初始建成后要短。同理，第二次大修、第三次大修也都只能部分恢复路面的整体结构能力，不可恢复的结构性损伤越积越多，最终也导致每次大修之后路面的服务寿命也在一次次变短。当然，从表4.6和图4.2不同寿命期的路段分布规律中看到的这样的规律是比较粗略的，下文将通过统计分析提取更多有价值的信息。

4.2.3　路面服务寿命的基本统计特征

1）路面服务寿命的概率密度分布

在确定佐治亚州水泥混凝土路面服务寿命的概率密度分布时，采用的数据和上小节中计算不同寿命期路段百分率的数据相同，取中等质量和高等级质量的目标数据进行计算，此次计算中还使用了删失数据，总数据数量分布详见表4.7、表4.8。计算中采用商业软件Matlab统计分析工具箱中的“dfittool”命令，该命令可以将删失数据纳入统计分析中来计算概率分布密度、累积分布函数、生存函数等。

不同阶段路面服务寿命样本数据数量　　表 4.7

寿命阶段	AL-0	AL-1	AL-2	AL-3	AL-4
寿命数据	1029	390	193	24	0
删失数据	42	639	197	169	24
总样本量	1071	1029	390	193	24

不同阶段路面服务寿命概率分布函数及生存函数拟合参数　　表 4.8

寿命阶段	正态分布			对数分布		
	μ	σ	C	μ	σ	C
AL-0	17.64	7.18	-3551.8	17.00	4.06	-3543.5
AL-1	27.53	16.05	-1991.5	27.03	10.07	-2022.5
AL-2	16.02	7.29	-790.2	15.80	4.53	-800.9

寿命阶段	对数—正态分布			威布尔分布		
	μ	σ	C	m	μ	C
AL-0	2.79	0.43	-3480.9	19.91	2.59	-3518.2
AL-1	3.32	0.96	-1807.8	37.70	1.36	-1864.8
AL-2	2.75	0.61	-748.8	19.20	2.12	-768.9

注:C 为对数似然值。

根据目标数据计算得到不同阶段路面服务寿命(AL-0 ~ AL-2)的概率密度分布情况。图 4.3绘出了四种分布函数的拟合曲线图,从图中可以看出,对于 AL-0,路面的服务寿命分布类似于正态分布,在服务寿命为 15 年附近有着最大的分布概率,而对于 AL-1,最大的服务寿命分布概率位于10 年附近,基本上集中在 5 ~ 15 年,显然对比 AL-0,其服务寿命有着较为明显的退化,而对于 AL-2,除在服务寿命为 17 年处较高的分布,大部分的服务寿命的分布都是小于 10 年。由于 AL-3 和 AL-4 中的路段较少,无法形成类型的概率分布图,因此没有给出那样的图示,但是这些路段的服务寿命均为 8 年(小于 10 年)。这样的概率分布图更加清晰地表明了水泥混凝土路面的服务寿命在初始建成后和大修之后服务寿命的变化规律呈逐渐衰减的状态,这也验证了 4.3.1 节得到的结论。

通过图 4.3 的概率密度分布图,我们试图通过拟合来观察路面的服务寿命是否符合一定的概率分布函数。观察三张图,发现 AL-0 类似于正态分布,而 AL-1 和 AL-2 的分布趋势不明显,用常见的四种概率分布函数(正态分布、Logistic 分布、对数正态分布和威布尔分布)对这些数据来进行拟合,并采用最大似然法对概率分布函数的参数进行估计。估计的参数值列在表 4.8 中,拟合的分布曲线标在图 4.3 上。从拟合的分布曲线来看,除 AL-0 中的拟合曲线与概率分布图略相似外,AL-1 和 AL-2 的拟合曲线与实际的概率分布相差较大,即使对于相似程度相对较好的 AL-0 来说,这四种分布曲线也都无法涵盖服务寿命分布率在 15 年处明显偏高这一典型特征。根据表 4.7 中的数据量情况,在不包括删失数据情况下,AL-0、AL-1 和 AL-2 的寿命数据都分别达到了 1029 个、390 个和 193 个,数量并不少,因而也基本排除样本数量造成拟合不佳的原因。所以通过本例的研究说明,由于路面的服务寿命受路面的设计特征、气候、环境和车载作用等因素的影响较大,试图用某一确定的概率分布函数来准确地描述其概率分布特征并不可行,而设计特征对路面服务寿命分布的影响将在后面章节进行详细的讨论。

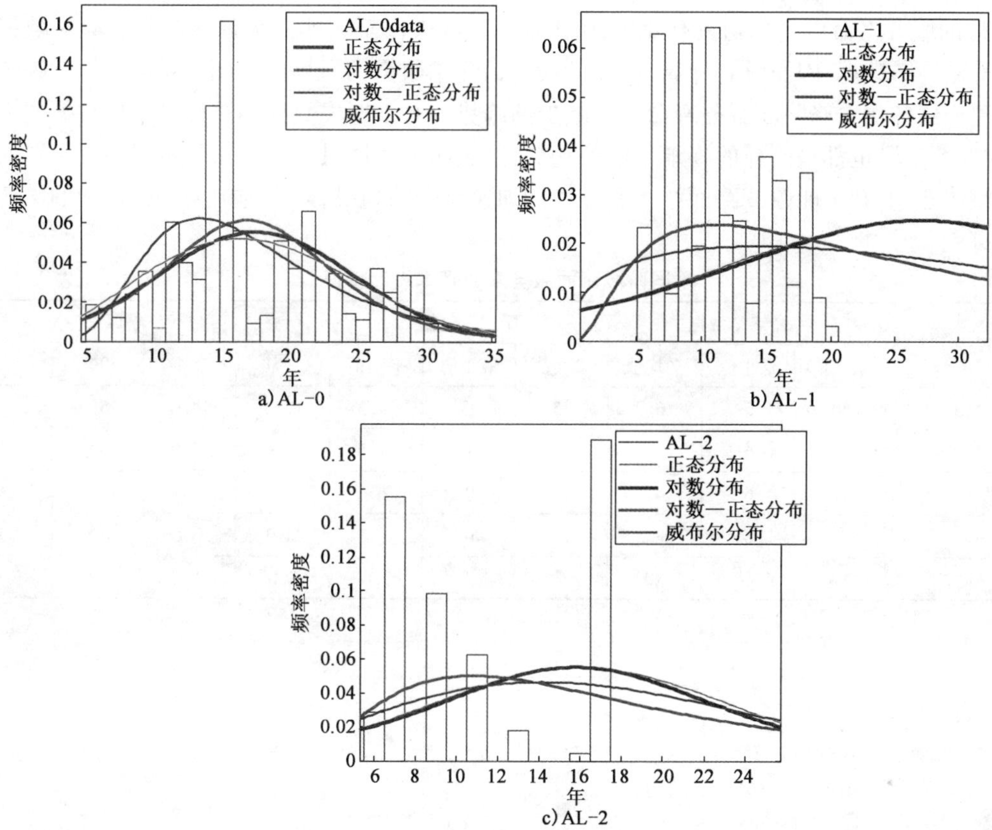

图4.3 不同阶段路面服务寿命概率密度分布直方图

2)路面服务寿命的生存曲线

在本小节中,将结合对不同阶段路面服务寿命(AL-0 ~ AL-4)的生存曲线的研究,全面讨论佐治亚州水泥混凝土路面服务寿命的总体分布特征,这包括服务寿命的均值、方差、寿命范围、不同分位值等,所采用的数据同上一小节中讨论服务寿命概率分布密度时采用的数据,为了更充分地利用已获得的路段寿命信息,寿命未终结路段的寿命信息作为删失数据也加入分析。而生存分析理论中有较为成熟的方法来对这些删失数据进行分析,从而保证了分析结果的可靠性。对于本书所采用的路面寿命数据,主要包括确定的寿命终结数据和右删失数据,根据生存分析的理论,非参数型分析方法中的乘积限估计法(K-M 法)可以用来对这种类型的数据进行生存分析,而非参数型分析方法主要适用于大样本[74],对于路面服务寿命这种检测时间较长、样本数据较难获得的情况,许多学者还是试图对服务寿命的生存分析函数分布进行研究[74,75],以便可以用参数型的方法来对样本数较难获得的小样本进行生存分析,但是并未得出统一的结论。因此本书试图对获得的数据用 K-M 方法研究水泥混凝土路面的服务寿命的生存函数。

表4.9列出了不同阶段路面服务寿命的基本统计特征,表中将寿命终结数据和删失数据分开统计,由寿命终结数据的平均值可以看出,从路面初始建成到第一次大修之间(AL-0)的平均服务寿命为16.9年,而第一次大修至第二次大修之间(AL-1)、第一次大修至第二次大修之间(AL-2)的路面平均服务寿命就降为11.2年和10.1年,而第二次大修至第三次大修之间(AL-3)的服务寿命更是降到只有8年,由于在第三次大修至第四次大修之间只有删失数据而没有寿命终结数据,因而没有计算AL-4阶段寿命终结数据的平均值。图4.4清晰地反映了从初始建成到各次大修路面服务寿命逐渐减少的趋势。对于删失数据和总样本平均数据的平均值,在各个阶段也都呈同样的逐渐下降的趋势,这表明了大修只能部分恢复水泥混凝土路面结构的整体性能,并不能改变路面结构服务性能加速衰变的趋势,这也与前文分析得到的结论完全相符。

不同阶段路面服务寿命基本统计特征 表4.9

寿命阶段	寿命终结数据			删 失 数 据			总样本平均值	破 坏 概 率		
	最大值	最小值	平均值	最大值	最小值	平均值		25%	50%	75%
AL-0	30	5	16.9	35	33	34.3	17.4	14.0	15.0	21.0
AL-1	20	6	11.2	33	1	21.6	17.6	12.0	NA	NA
AL-2	17	6	10.1	25	9	16.0	13.0	9.0	17.0	NA
AL-3	8	8	8.0	17	6	11.5	11.1	NA	NA	NA
AL-4	NA	NA	NA	7	7	7.0	7.0	NA	NA	NA

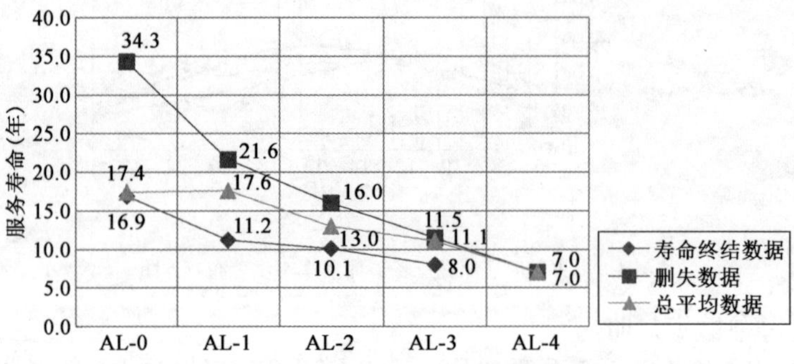

图4.4 不同阶段路面服务寿命均值变化趋势

从表4.9和图4.4中还可以看出路面的删失数据的平均寿命都是高于路面寿命终结数据的平均值,删失数据的含义是:截至统计分析期末,路面仍未进行下一次大修,于是取上一大修年份(初始建成)至分析期末之间的寿命作为删失数据。这说明删失数据的路段的服务寿命在该阶段均尚未终结,如果这些服务寿命尚未终结的路段达到下一次大修时,其终结寿命还将会高于该删失数据的寿命,如果在统计分析中不把这些服务性能相对较好、服务寿命相对较长的路段(因为图4.4中显示删失数据的平均寿命都是高于路面寿命终结数据的平均值)纳入统计样本,那统计分析的结果将会大大低估路段的服务寿命。对比表4.9中的总平均样本数据(包括删失数据)和寿命终结数据的平均值也可以看到,对于AL-0~AL-3,总平均数据的寿命均值要分别高于寿命终结数据均值3.0%、57.1%、28.7%、38.8%,这还没有考虑删失数据路段的服务寿命继续增长的因素。由此分析可以看出,采用考虑删失数据的生存分析方法要明显地优于传统的均值和方差的统计方法。

图4.5显示了对AL-0～AL-3进行生存分析后的路面服务寿命累积破坏曲线，由于采用的是非参数型方法进行分析，所以最后得到的累积破坏曲线呈一种阶梯形上升的形状。表4.9列出了在三种不同破坏概率下对应的不同阶段的服务寿命，由于加入了对删失数据的分析，从图4.5可以看到，累积破坏曲线的增长趋势在破坏概率分别为0.95、0.44、0.61、0.15处中断，这种"意外"的中断并非是拟合错误，而是说明有许多路段的服务寿命是大于在中断处的破坏概率对应的服务寿命，且这些路段的数据类型是删失数据，其准确的服务寿命并不可知，只是知道其不会小于某寿命值。中断点的位置与总样本中寿命终结数据和删失数据的数量比例、删失数据点的服务寿命值等有关。由于这种中断点的产生导致了几个关键破坏概率分位点的服务寿命并不完整，如表4.9所示。但是从相对较完整的25%的破坏概率分位点处的不同阶段的服务寿命(AL-0～AL-2)来看，其值分别为14年、12年、9年，也是呈逐渐降低的趋势，这也同样说明了水泥混凝土路面在大修后服务能力仍然呈逐渐衰变的趋势。

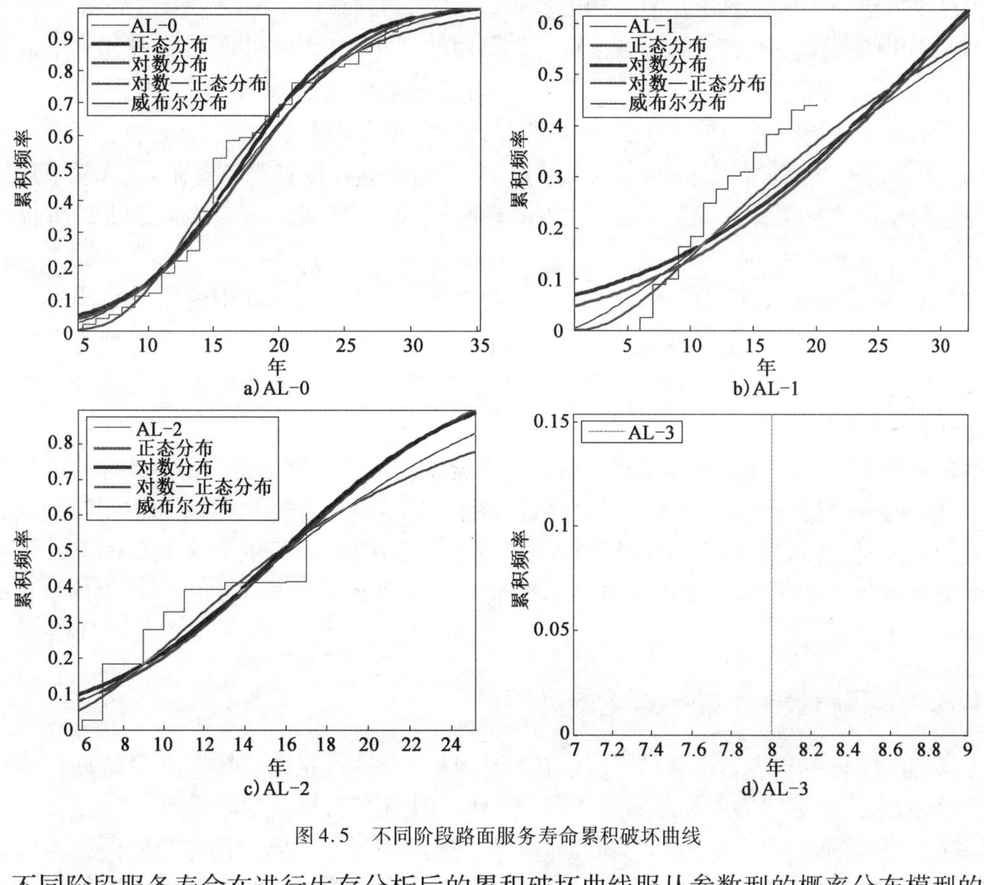

图4.5　不同阶段路面服务寿命累积破坏曲线

不同阶段服务寿命在进行生存分析后的累积破坏曲线服从参数型的概率分布模型的情况如何呢？从图4.5的四种分布函数曲线与阶梯状的累积破坏曲线的吻合程度来看，AL-0中的相似程度最好，AL-2次之，而AL-1中的相似程度最差。四种分布函数(正态、Logistic、对数正态、Weibull)之间的区别相差不大，这从表4.8中的四种分布的对数似然值之间的差别可以看出。一般来说，对数似然值越大，与实际数据的近似程度越好，而表4.8中显示的四组对数似然值都极为相近,对数正态分布的对数似然值略大,但也非常有限,这就说明这几种分布函数之间并无显著的差别。从以前的研究历史来看,并未得出明确的结论,伊利诺伊州在分析州内水泥混凝土路面的服务寿命时,对不同板厚的路面的破坏分布点进行拟合,采用的拟合方程如式(4.11)所示[9],这种拟合只是用来计算破坏概率和寿命(或 ESAL)之间的函数关系,而并非说明路面的服务寿命就是服从某种分布模型。

$$破坏概率 = \frac{a}{1+e^{b(\mathrm{Age}-c)}} + d \tag{4.11}$$

Myungsik Do[76]对韩国的三类道路:城市道路、农村道路和休闲类道路的平均寿命和破坏率,用五种概率分布函数(正态、对数正态、Weibull、指数、Logistic)进行了估计,三类道路的主要区分是交通量的差别。研究发现,对数正态分布适合于城市道路,Weibull 分布适合于休闲类道路,对于农村道路,五种分布都不适合,只可采用非参数型的模型来描述。从其采用的样本来看,作者选取了 1999—2008 年共 10 年的数据,30 个城市道路段、103 个农村路段和 47 个休闲类路段来进行分析。对于作者采用的数据,个人认为存在以下问题:

(1)10 年的数据并不能有效地覆盖每一类路面的寿命。从以往的研究文献和本书的研究可以发现,通常水泥混凝土路面和沥青路面的服务寿命至少也在 10 年以上,服务寿命 10 年以上的路段被排除在统计分析外,这也会大大低估路面的服务寿命。

(2)如果说有些路段的服务寿命可以利用 10 年的数据外推其服务寿命终点,其采用的模型和外推的精度将是关键的问题,其对结果的影响巨大,但作者的研究中似乎也没有提及这一点。

(3)虽然作者按照交通量的区别将道路分为 3 类,但是每类路面中的路面结构类型并没有区分,以前的研究表明,水泥混凝土路面和沥青路面在同样的交通量作用下,其寿命的差别也是非常明显的。而路面设计特征和环境等因素也都会对路面的服务寿命及其分布产生影响,遗憾的是作者并没有去细分。

通过对相关文献的分析和本书对佐治亚州水泥混凝土路面服务寿命的总体样本的生存分析发现,影响路面服务寿命的因素非常之多,试图找出某种特定的分布来表征是不可能的,而且不同的地区对路面服务寿命或大修的标准定义也不尽相同,可行的方法就是选取一些主要的影响因素对路面进行分类,继而对每一小类路面分析其服务寿命的分布,这样也许更有可能获得较为满意的结果。

4.2.4 实际服务寿命与理论服务寿命

上文的 4.3.2 节和 4.3.3 节对不同阶段(AL-0 ~ AL-4)的路面总体服务寿命进行了分析和比较,其间采用的数据为实际路面服务寿命(AL),其含义为路面初始建成(或前一次大修)至下一次大修,寿命的终点采用实际的大修时间。选用实际的大修时间作为路面服务寿命的终点存在的问题是:有些路段路面性能已经达到了大修的标准,由于资金短缺等种种原因,大修往往被延误,实际上在路面达到大修标准之后,路面的性能已经无法保证一定的服务水平和能力,因此采用实际的大修时间作为服务寿命的终点往往高估了路面的服务寿命。本节选择了 365 个路段,这些路段同时具有实际服务寿命(AL)和错台指数增加到 15 的服务寿命(TL),并且排除了那些由于平整度或断板率等其他达到大修标准的路段,只选择那些由于错台指数较高而进行大修的路段进行分析。

表4.10列出了AL与TL的基本统计值,其中AL均值为17.4年,TL为14.3年,两者相差3.1年,这意味着佐治亚州水泥混凝土路面的大修平均比理论大修时间延误3.1年。从不同阶段的AL与TL之间的差值,即延误时间来看,AL-0阶段延误最少,要优于后面的阶段AL-1～AL-3,通常AL-0阶段的大修时间发生在20世纪80～90年代,而AL-2和AL-3通常是在近10年左右,从延误的分布图(图4.6)可以看出,延误的时间也呈增长的趋势,早年的路面大修的延误情况要好于近些年。就TL在不同阶段的分布来看,反映的规律也是每一次大修之后的路面服务寿命都要比前几次大修后的路面服务寿命要短,这与前文得到的结论是相符的。

实际服务寿命与理论服务寿命基本统计特征　　表4.10

服务寿命阶段	AL-0	AL-1	AL-2	AL-3	平均值
实际服务寿命(AL)	23.1	16.0	13.4	9.9	17.4
错台指数增加到15的服务寿命(TL)	21.3	12.9	8.5	5.9	14.3
延误时间	1.8	3.1	4.9	4.0	3.1

图4.6还清晰反映了统计路段中各延误时间的比例,其中没有延误的路段为21.4%,只占约1/5,而延误3年及3年以上的路段是比例最大的一部分,为56.4%。由此可见,佐治亚州的水泥混凝土路面大修延误的情况还是较为严重的,当然,这些大修标准为近些年制定的标准,早年也有可能并没有明确或严格执行,从而造成延误较为严重的情况。那么究竟路面大修的延误对于路面性能及全寿命周期费用存在哪些影响?这一问题将在后面的章节中做详细的分析。

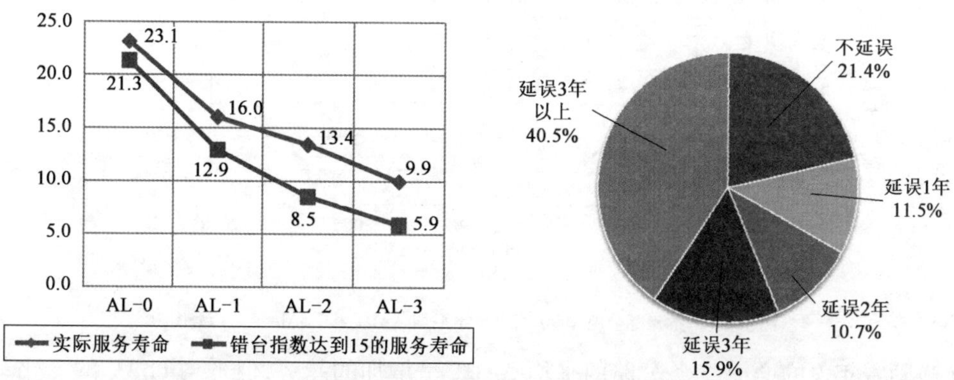

图4.6　路段大修延误时间比例分布

4.2.5　ESAL表示的路面服务寿命

前面几节讨论了用“年”表示的路面服务寿命的总体分布规律,并且得到了重要的结论:初始建成后至第一次大修的路面服务寿命最长,每次大修之后,服务寿命逐渐变短。但是用“年”来分析得到的路面服务寿命存在如下一些问题:

(1)某两条路的服务寿命相同,但是两条路段在相同的服务寿命期内承受的交通量是不同的,因此,不能认为两条路段的整体结构能力是相同的,承受交通量大的路段结构能力应相对较好。

(2)同一条路段,如果初始建成至第一次大修(AL-0)的服务寿命要略长于第一次大修至第二次大修(AL-1),但早年的交通量较低,后逐渐增长,因此 AL-0 期间承受的累积等效标准轴载(ESAL)还可能会小于 AL-1 期间的 ESAL,此时,也同样不能认为路面的结构能力在每次大修之后是逐渐降低的。

附录 C 中列出了本文主要分析的 5 条州际公路(路面为水泥混凝土路面的路段)在 1990—2009 年间的平均 AADT、平均 ESAL 和货车百分率。图 4.7 显示了 5 条州际公路在 1990—2009 年间的平均 AADT 和平均 ESAL 的变化趋势。图 4.7 表明:

(1)5 条公路的平均 AADT 和 ESAL 相差较大,如:I-16 和I-75 之间的平均 AADT 可能相差 5 ~ 6 倍,此时,如果两个路段的服务寿命相同,但寿命期内承受的 AADT 和 ESAL 可能是完全不同的。

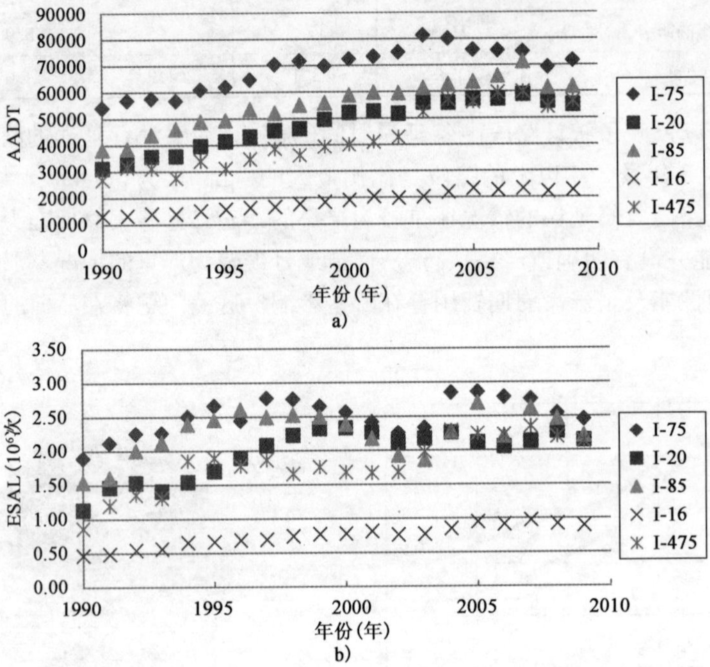

图 4.7　5 条州际公路 1990—2009 年平均 AADT 和 ESAL 变化趋势图

(2)随着年份的增加,5 条公路的平均 AADT 呈增加的趋势,但平均 ESAL 的变化却并非始终呈增加的趋势,其原因是:在 1997—2003 年间,各公路的卡车百分率有较明显的减小,导致了 AADT 虽然增加但 ESAL 却呈减小的趋势。这说明了对于同一条州际公路上的同一路段,在几十年的服务期内,前一服务寿命周期内和后一服务寿命周期内承受的交通量(AADT 和 ESAL)的变化也较大,不能简单地认为前一寿命周期比后一寿命周期长,就可判定路面的结构能力在每次大修之后是逐渐降低的,因为很有可能后一服务寿命周期内承受的交通量(AADT 和 ESAL)要高于前一服务寿命周期。

所以,综上所述,前文提及的两个问题可能会影响到前文得到的重要结论,因此有必要以 ESAL 来分析路面服务寿命的总体分布以及服务寿命在不同阶段(AL-0 ~ AL-4)的变化情况。

1)交通量数据和ESAL的计算

在佐治亚州的路面管理系统中记录了本书讨论的5条州际公路上1990—2009年共20年的交通量数据,交通量观测点根据公路通过的郡县管理辖区、公路上的交叉口等因素,每几英里设置一个,数据包括AADT和货车百分率(Truck Percentage)。在本书中,年度和累积的ESAL的计算采用如下的公式[8]:

$$ESAL = \sum_{i=1}^{n} ESAL_i = \sum_{i=1}^{n} \frac{AADT_i \cdot TP \cdot 365 \cdot F_d \cdot F_l \cdot F_t}{1000000} \tag{4.12}$$

式中:ESAL—— 累积的等效标准单轴轴载(18000磅),百万ESAL;

$ESAL_i$——第i年的等效标准单轴轴载,百万ESAL;

$AADT_i$——第i年的年均日交通量;

TP——货车百分率;

F_d——交通量方向分布系数,取两个方向相同,取0.5;

F_l——交通量车道分布系数,对双向四车道取0.45,双向六车道取0.40;

F_t——货车转换成ESAL的转换因子,取2.2;

n——累积的年份。

2)ESAL表示的路面生存函数

由于管理系统中只有1990—2009年的交通量数据,那么在1990年之前的数据无法获得,而且5条州际公路上许多路段都是在20世纪60~70年代初始建成的,如果要计算这些路段从建成至今的累计ESAL,必须要对1990年之前的交通量进行预测,但是根据20年的交通量数据外推前20多年的交通量误差会较大,也影响分析结果的可靠性,因此,本书只对那些服务寿命周期分布在1990—2009年间的路段进行分析,以保证其ESAL的数据均为真实的数据,得出的结论更为可信。表4.11列出了以ESAL表示的不同阶段路面服务寿命的基本统计特征,由于受交通量数据的限制,获得的样本数要大大少于用年份表示的路面服务寿命路段。在仅有AL-1~AL-3三个阶段的样本中,样本数分别为50个、161个、59个,其中AL-1中仅有删失数据的样本,无寿命终结数据。

不同阶段路面服务寿命(ESAL)基本统计特征　　表4.11

寿命阶段	ESAL(10^6)				AGE(年)				平均每年承受的ESAL(10^6次/年)
	寿命终结数据均值	删失数据均值	实际寿命平均值	错台指数达到15的累积ESAL	寿命终结数据均值	删失数据均值	实际寿命平均值	错台指数达到15的life	
AL-0	NA	NA	NA	NA	NA	NA	NA	NA	NA
AL-1	NA	34.9(50)	34.9(0)	31.8	NA	15.4	15.4	13.3	2.3
AL-2	24.0	27.5(124)	26.7(37)	18.4	8.9	15.7	14.2	9.2	1.9
AL-3	26.1	36.6(37)	32.7(22)	19	8.0	11.1	9.9	5.9	3.3
AL-4	NA	NA	NA	NA	NA	NA	NA	NA	NA

注:括号内的数据为数据样本数量。

图4.8a)是以年份为单位统计不同阶段路面服务寿命的均值变化趋势。无论是路面实际寿命AL的平均值还是错台指数达到大修标准15的TL平均值,都是呈逐渐降低的趋势,对于

AL-1 ~ AL-3,实际服务寿命的平均值为 15.4 年、14.2 年、9.9 年,与前文图 4.5 中计算得到的值 17.6 年、13.0 年、11.1 年相比较存在一定的误差,这是由于本次计算中所采用的样本只是前文图 4.5 中所采用的总体样本中抽取的子样本,所以存在一定的差别,但是其反映的不同阶段路面服务寿命的变化趋势是相同的。图中还可以看出实际寿命 AL 的平均值要高于错台指数达到大修标准的服务寿命 TL 平均值,对于 AL-1 ~ AL-3,服务寿命要分别高 2.1 年、5 年、4 年,这说明实际路面的大修时间有较为明显的延误,且早年的大修延误状况要好于近些年的大修,这与前文 4.3.4 节分析得到的结论是相似的。

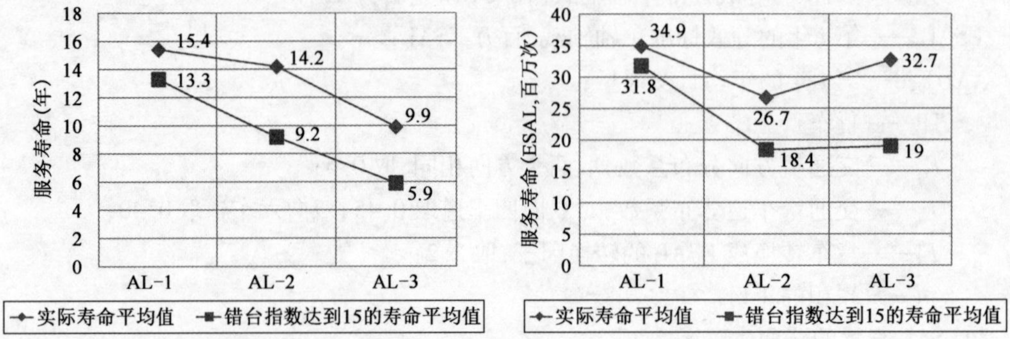

a)　　　　　　　　　　b)

图 4.8　不同阶段路段服务寿命变化趋势

图 4.8b)是用 ESAL 为单位,显示了不同阶段路面服务寿命的变化趋势,从中可以看出 AL-1 阶段所承受的 ESAL 仍是高于 AL-2 和 AL-3,其趋势不如用年份表示的路面服务寿命下降的明显,特别是对实际路面服务寿命而言。对比 AL-2 和 AL-3 用年份表示的路面服务寿命,AL-2 的 14.2 年要明显高于 AL-3 的 9.9 年,但是在 ESAL 表示的路面服务寿命中,AL-2 的 26.7×10^6次却低于 AL-3 的 32.7×10^6次,这说明虽然 AL-3 的服务年份要短于 AL-2,但其承受的 ESAL 要高于 AL-2,造成这种现象的主要原因是近些年来交通量的迅速增长。从表 4.11 中路段平均每年承受的 ESAL 值可看出,对于 AL-1 ~ AL-3,分别为 2.3×10^6 次/年、1.9×10^6 次/年、3.3×10^6 次/年,可见 AL-3 阶段的交通量要明显大于 AL-1 和 AL-2,这个数据充分说明:尽管 AL-3 阶段以年计的服务寿命虽然短于 AL-2,但由于交通量增长迅速,以 ESAL 计的服务寿命 AL-3 却高于 AL-2。

采用错台指数达到大修标准的服务寿命 TL 来分析可以部分消除路面大修延误期间所承受的交通量也被计入路段的服务寿命的影响,从图 4.8b)中可以看出 AL-2 和 AL-3 的服务寿命分别为 18.4×10^6 次和 19.0×10^6 次,这两者相差无几,这与实际服务寿命变化趋势中 AL-2 要明显低于 AL-3(26.7×10^6次对比 32.7×10^6次)的情况而言,说明大修延误期间的交通量被计入路段服务寿命对分析结果有相当大的影响。就总的趋势而言,AL-1 承受的 ESAL——31.8×10^6次仍然明显高于 AL-2 和 AL-3,这与用年份统计的服务寿命变化趋势是相同的。

由于 AL-1 中均为删失数据,无法绘出其累积破坏概率曲线[$F(t)$],因此,图 4.9 中只显示了 AL-2 和 AL-3 路面服务寿命(ESAL)的累积破坏概率曲线,需要指出的是:由于在工程中"破坏"的概念比"生存"的概念更容易理解,此处及后文不使用生存概率 $S(t)$ 来表示,而是采用累积破坏概率或寿终概率 $F(t)$,两者的关系满足式(4.1)。

图4.9对比两者累积破坏概率曲线的增长趋势发现：AL-3的破坏曲线的增长速度要明显高于AL-2，在两条破坏曲线的交叉点，ESAL为24.4×10^6次之后，对于相同的ESAL，AL-3的破坏概率要明显高于AL-2（如图中虚线处），这说明路段在AL-3阶段的路面结构整体能力要明显弱于AL-2，路面虽然经过大修，但是路面的整体结构仍然是处于加速衰变中。

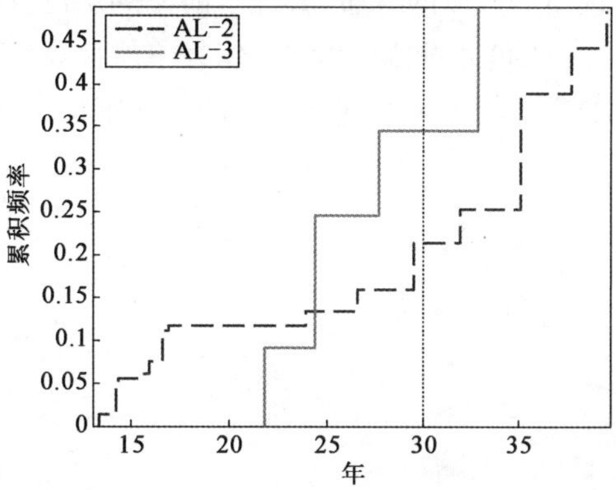

图4.9　AL-2、AL-3的路面服务寿命生存曲线

比较传统的统计方法和生存分析方法分析的结果发现：用传统的均值（图4.8）来比较AL-2和AL-3，在服务寿命期内，两者所能承受的交通量AL-3甚至要略高于AL-2，这与生存分析方法得出的结果明显不同。因为，均值这一单一指标部分掩盖了路面服务寿命的分布规律，而生存概率曲线则更为全面地反映了路段服务寿命分布的总体信息。因此，这个案例充分证明了用生存分析方法分析路面的服务寿命要比传统的均值统计分析方法更全面、更合理。

总之，通过以上分析，可以回答在本节之初提出的疑问，尽管近些年来，交通量的增长较大，但是用ESAL表示的不同阶段的路面服务寿命显示大修之后的路面服务寿命要比前几次大修后的路面服务寿命要短，路面的服务寿命在每一次大修之后呈逐渐降低的趋势，这与前文得出的结论完全符合。在验证了前节的重要结论的同时，还通过比较AL-2和AL-3的路面服务寿命生存曲线得出，生存分析的方法较传统的均值统计的方法能更全面、更合理地反映服务寿命样本总体的特征。

4.3　本章小结

在第2章明确了路面服务寿命的基础数据和目标数据的质量评判原则后，本章首先分析了数据的总体质量，并简要介绍了佐治亚州的水泥混凝土路面的概况。其次，在获得相关的路面服务寿命基础数据和目标数据之后，确定了以生存分析为主的路面服务寿命计算和分析方法，并简要介绍了生存分析中的基本概念和常用的参数型和非参数型的生存分析方法，其中参数型的方法主要包括：威布尔（Weibull）分布、对数正态分布、广义Γ分布和罗杰斯提克（Log-logistic）分布；非参数型方法包括：寿命表法和乘积限估计法。最后，从总体上对佐治亚州的水泥混凝土路面的服务寿命进行分析，包括在路面寿命的不同阶段（AL-0 ~ AL-4）上所有路段的寿命分布（直方图、均值、方差、中位点、生存曲线、分布函数等），得出了如下一些重要的结论：

（1）水泥混凝土路面在大修之后的路面服务寿命都比前几次大修后的路面服务寿命要短。其中初始建成后至第一次大修的路面服务寿命最长，每次大修之后，服务寿命逐渐变短。

（2）试图找出某种特定的参数型分布对水泥混凝土路面的服务寿命进行分析是不可能的，因为不同的地区对路面服务寿命或大修的标准定义也不尽相同，而且影响路面服务寿命的因素太多。建议的方法是选取一些主要的影响因素对路面进行分类，继而对每一小类路面采用非参数型生存分析方法研究其服务寿命的分布。

(3)根据获得的1990—2009年的交通量数据,用ESAL作为单位来计算路面的服务寿命在不同阶段的分布,验证了前文的水泥混凝土路面大修后的服务寿命逐渐变短的结论。

(4)通过比较ESAL作为单位计算的路面服务寿命在不同阶段的分布可以看出:生存分析的方法较传统的均值统计的方法能更全面、更合理地反映服务寿命样本总体的特征。

第5章 路面服务寿命设计特征因素影响分析

5.1 引　　言

第4章对佐治亚州水泥混凝土路面服务寿命的总体特征采用生存分析方法进行了研究，得出了一些重要的结论，但是该章在总体分析时，每一阶段（AL-0～AL-4）的寿命样本包括了不同路面设计特征的路段，这些设计特征包括：路面板厚度、接缝间距、传力杆的设置等；就选取路段的交通量而言，尽管5条公路都是州际公路，但是各路段承受的交通量往往也相差较多，譬如同是I-75公路上的路段，有的AADT为28000辆左右，有的却高达280000辆左右，两者相差约10倍。这些不同设计特征、不同交通量的路段，其路面服务寿命相差也必然较大，这也导致这些路段的服务寿命在总体上的分布特征相对杂乱。

鉴于设计特征、交通量等因素对路面服务寿命有着巨大的影响，因此，本章采用生存分析方法对这些影响服务寿命的因素逐一进行研究，以探讨在佐治亚州，这些不同的设计特征、交通量等因素与水泥混凝土路面服务寿命之间究竟存在什么样的关系。这些问题的解决将为今后佐治亚州在路面结构的设计、养护和管理方案的选择提供有价值的参考，也可为我国在处理类似问题上提供借鉴。在对各种影响因素进行分析之前，首先对以前国内外相关的文献进行了查阅，以奠定一个坚实的研究基础。

5.2 错台及相关影响因素研究综述

在本次研究中计算路段的服务寿命时，设定路段的大修标准有三个：一是路面的错台指数大于15；二是路面的平整度大于2.68m/km；三是路段的断板率大于1/3（1mile长的标准统计路段长度）。根据前文获取的路段基础数据和目标数据，发现在佐治亚州大修的路段绝大多数是由于路段的错台指数达到大修标准，而路面平整度和断板率超过大修标准的路段非常少，因此，路面的错台指数增长到15的时间很大程度上决定了路段的服务寿命。因而，显著影响水泥混凝土路面错台发展的因素也就会显著影响路段的服务寿命。为此,文献综述中将重点关注对错台这种病害的主要影响因素的研究。

错台被定义为路面横向接缝两侧的高差,它是一种发生在水泥混凝土路面横向接缝处很常见的病害,它对路面的平整度产生许多不利的影响。造成错台的原因通常是重车轴载、相邻接缝板之间较弱的传荷能力、路面下的自由水和基层或底基层材料受到水的侵蚀等因素综合作用的结果。当车载重复作用在板边或板角处导致游离在水泥混凝土板与基层间的自由水从板边或板角处唧出,就会产生侵蚀作用,唧出的水往往会带走基层或底基层中的细料,导致板边或板角脱空,同时造成这些部位的板底支撑丧失,于是产生了错台或在板边或板角处出现断裂[77]。严重的错台会对车辆的运行费用产生影响,并会导致大修,从而影响路面的全寿命周期费用。由于错台既与路面的舒适性密切相关,又综合反映了路面的整体结构性能,因此佐治亚州的养护工程师从20世纪60~70年代水泥混凝土路面建成伊始就把水泥混凝土路面的错台作为最重要的性能检测指标,一直延续至今,期间很多路段大修的决策就是根据该指标的评估结果确定的。鉴于错台对于水泥混凝土路面性能的重要性,许多学者对它做了大量的研究。

Simpson[77]对早期的LTPP数据进行分析,分别就有传力杆和无传力杆的素水泥混凝土路面错台的发展建立了模型,其中有传力杆的错台模型如式(5.1)所示,无传力杆的错台模型如式(5.2)所示。

$$\begin{aligned}\text{FAULTD} = 25.4\ \text{CESAL}^{0.25}[&0.0238 + 0.0000666\ \text{JTSPACE}^2 + \\ &0.0037\left(\frac{27.2}{\text{KSTATIC}}\right)^2 + 0.0039\left(\frac{\text{AGE}}{10}\right)^2 - \\ &0.0037\text{EDGESUP} - 8.58\times10^{-4}\text{DOWDIAM}]\end{aligned} \tag{5.1}$$

$$\begin{aligned}\text{FAULTND} = 25.4\ \text{CESAL}^{0.25}\times[&-0.07575 + 0.0251\sqrt{\text{AGE}} + \\ &2.01\times10^{-8}\text{PRECIP}^2 + 8.5\times10^{-5}\left(\text{FI}\cdot\frac{\text{PRECIP}}{1000}\right) - \\ &0.0378\text{DRAIN}\end{aligned} \tag{5.2}$$

式中:FAULTD——有传力杆路面平均错台量,mm;

FAULTND——无传力杆路面平均错台量,mm;

CESAL——路面车道上累积的80kN ESAL,百万次;

JTSPACE——平均横向接缝间距,m;

KSTATIC——平均反算静态K值,kPa/mm;

AGE——施工后的路面寿命,年;

EDGESUP——边角支撑(1-有拉杆的混凝土路肩;0-其他路肩);

DOWDIAM——横向接缝传力杆直径,mm;

PRECIP——平均年降雨量,mm;

FI——平均冰冻指数,℃/d;

DRAIN——1-纵向地下排水;0-其他。

在上面这两个错台模型中,错台的发展被表述为场地条件和路面设计特征的函数,其中最重要的因素是有无传力杆和传力杆构形,重载会导致错台明显增加。在设计特征中,排水、接缝间距、基层类型等是显著的影响因素;在气候条件中,降雨量和冰冻指数显著影响路面的错台。

FHWA 依据有限的数据提出了相应的错台预估模型，包括无传力杆路面和有传力杆路面两种模型[78]。模型方程详见式(5.3)、式(5.4)。

$$\begin{aligned}\text{FAULTND} = {} & 25.4\ \text{CESAL}^{0.25} \cdot [0.2347 - 0.1516\ C_d - 2.87 \times 10^{-7} \times \\ & \frac{\text{HPCC}^2}{\text{JTSPACE}^{0.25}} - 0.0115\text{BASE} + 8.37 \times 10^{-8}\text{FI}^{1.5} \cdot \text{PRECIP}^{0.25} - \\ & 0.002478\ \text{DAYS32}^{0.5} - 0.0415\text{WIDENLANE}]\end{aligned} \tag{5.3}$$

$$\begin{aligned}\text{FAULTD} = {} & 25.4\ \text{CESAL}^{0.25} \cdot [0.0628 - 0.0628\ C_d + 7.73 \times 10^{-5} \cdot \\ & \text{BSTRESS}^2 + 4.57 \times 10^{-5}\text{JTSPACE}^2 + 0.48\ 10^{-9}\text{FI}^2 \cdot \\ & \text{PRECIP}^{0.5} - 0.009503\text{BASE} - 0.01917\text{WIDENLANE} + \\ & 0.0009217\text{AGE}]\end{aligned} \tag{5.4}$$

式中：FAULTND——无传力杆路面平均错台量，mm；

FAULTD——有传力杆路面平均错台量，mm；

CESAL——路面车道上累积的 80kN ESAL，百万次；

JTSPACE——平均横向接缝间距，m；

BSTRESS——最大传力杆/混凝土破坏应力比，MPa；

AGE——施工后的路面寿命，年；

BASE——基层类型(1-稳定基层;0-非稳定基层)；

WIDENLANE——车道板加宽(1-加宽，0-未加宽)；

C_d——修正的 AASHTO 排水系数；

PRECIP——平均年降雨量，mm；

FI——平均冰冻指数，℃/d。

该模型与 Simpson 提出的模型类似，但是该模型中更加突出了加宽的车道板对减少错台发展的影响。

美国混凝土路面协会(American Concrete Pavement Association，ACPA)提出了两个力学—经验错台模型[79]，模型中重点引入了侵蚀的概念来对错台进行预估。此外，该模型还认为混凝土板厚的增加将会显著减小路面的错台，式(5.5)和式(5.6)显示了无和有传力杆的路面的错台模型。

$$\begin{aligned}\text{FAULTND} = {} & 25.4\text{EROSION}^{0.25}[0.498 \times 10^{-4}(\text{PRECIP})^{0.91907} + \\ & 0.0116\ \text{JTSPACE}^{0.54428} - 0.016799\text{DRAIN}]\end{aligned} \tag{5.5}$$

$$\begin{aligned}\text{FAULTD} = {} & 25.4\text{EROSION}^{0.25}[9.94 \times 10^{-6}(\text{PRECIP}/10)^{1.84121} + \\ & 0.00916\ \text{JTSPACE}^{0.38274}]\end{aligned} \tag{5.6}$$

式中：FAULTND——无传力杆路面在接缝处的错台量，mm；

FAULTD——有传力杆路面在接缝处的错台量，mm；

JTSPACE——平均横向接缝间距，m；

EROSION——累积的路面侵蚀；

PRECIP——平均年降雨量，mm；

DRAIN——有无路边排水设施。

Owusu-Antwi[80]等提出的基于力学经验法的错台模型如式(5.7)所示。

$$\text{FAULT} = 25.4\text{DAMAGE}^{0.23}(0.35 - 0.0277\text{BASE} - 0.25C_d + 3.91 \times 10^{-5}\text{FI}) \quad (5.7)$$

式中：FAULT——路面在接缝处的错台量，mm；

DAMAGE——$\sum n_i/N_i$；

n_i——i 组轴载的作用轴次；

N_i——i 组轴载允许作用轴次；

C_d——排水系数；

BASE——基层类型(1-稳定基层;0-非稳定基层)；

FI——冰冻指数。

该模型可以用来预估有或无传力杆路面错台的发展，从模型中可以看出传力杆可以显著减少路面错台的产生，除此以外，稳定基层、良好的排水等都有利于减少错台。

Titus-Glover[81]等用 LTPP 数据库中的路况数据对以前的 NAPCOM 错台模型进行了重新标定，见式(5.8)。

$$\begin{aligned}\text{FAULT} = 25.4\text{DAMAGE}^{0.3}[&0.05 + 0.00004\text{WETDAYS} - \\ &9.45 \times 10^{-5}\text{DOWNDIAM} - 0.025C_d(0.5 + \text{BASE})]\end{aligned} \quad (5.8)$$

式中：FAULT——路面在接缝处的错台量，mm；

DAMAGE——CESAL/N；

CESAL——累积 ESAL；

N——80kN 标准轴载允许作用轴次；

C_d——排水系数；

BASE——基层类型(1-稳定基层;0-非稳定基层)；

WETDAYS——每年中平均的潮湿天数；

DOWDIAM——传力杆直径，mm；

Khazanovich[45]用 LTPP 的水泥混凝土路面数据对比了错台性能比较好和较差的两组试验路数据，发现基层类型、地下排水(C_d)、接缝间距、路面板的加宽与否、有无传力杆及传力杆的直径和降雨量都对水泥混凝土路面的错台有着明显的影响。综合众多错台模型的研究，表5.1列出了显著影响路面错台的因素。

水泥混凝土路面错台的主要影响因素 表5.1

影响因素	与错台的相关性*	参考文献
路面寿命(年)	增加	[77,78]
K值	减少	[77,79-81]
接缝间距	增加	[45,77-81]
混凝土板厚	减少	[77-81]
混凝土板弹性模量	减少	[79-81]
传力杆	减少	[45,77-81]
交通量	增加	[77-81]
稳定基层	减少	[45,78,80-81]
路基土颗粒径	减少	[77]

续上表

影 响 因 素	与错台的相关性*	参 考 文 献
有拉杆的混凝土路肩	减少	[45,77-79]
降雨量	增加	[45,77-79]
潮湿天气数量	增加	[81]
冻融循环的数量	增加	[77]
排水	减少	[45,77,79-81]
冰冻指数	增加	[77,78,80]

注：* 随着影响因素的增加，错台量增加或减少。

从上面的文献综述及表 5.1 可以看出，过去的学者大都是根据 LTPP 的路面数据库进行分析和回归建立模型，LTPP 的数据库中对路面的场地因素、设计特征等方面的种类划分及数据记录非常详细，而一般路面管理系统中的路况数据不可能像 LTPP 试验路那样对各种路面数据监测得那么详细，因此在利用路面管理数据库中的数据进行路面服务寿命的影响因素分析时，考虑的影响因素就会大大减少。根据佐治亚州水泥混凝土路面状况数据的收集情况以及表 5.1 中列出的错台的主要影响因素，本次研究考虑的路面结构方面的影响因素主要有 6 个：接缝间距、接缝类型、路肩类型、基层类型、传力杆及水泥混凝土板厚，详细的分类见表 2.3。从表 5.1 可以看出，交通量显著影响错台的发展，从而也显著影响着服务寿命，由于本次分析中只能获得 1990—2009 年的交通量数据，计算每个路段的累积 ESAL 需要对 1990 年之前的交通量进行预测，但是用 20 年的数据来外推前 20 多年的交通量数据，预测精度很难保证，因此本次研究中不将路段累积的 ESAL 作为研究的指标，而用 1990—2009 年间路段的年平均 ESAL 作为影响因素替代累积的 ESAL 来考虑，虽然这样的考虑不够精准，但是从区分不同路段交通量的差别这个角度来看，这个指标仍然具有足够的代表性。

除了以上提及的因素，通过第 4 章的研究发现：水泥混凝土路面在大修之后的路面服务寿命要比前几次大修后的路面服务寿命短，其中初始建成后至第一次大修的路面服务寿命最长，每次大修之后，服务寿命逐渐变短。这也就说明：路面的服务寿命受大修的影响也是非常显著的，因此在本次研究服务寿命的影响因素时，也同样应按照路面经受过的大修次数来进行分别考虑。除了大修次数，另外一个可能的影响因素就是大修前的路面状况，以前有许多研究都认为：延误的大修会导致路面性能和服务能力加速衰变，从而需要对路面进行更多的养护并导致养护费用的增加[82-86]。这说明大修前的路况对大修后路面性能有着非常重要的影响，从而也就会影响到大修后的路面服务寿命。因此，在本次研究中，将大修前的路面状况也作为一个重要的影响因素考虑。由于本次分析的路段绝大多数是路面的错台达到大修标准而进行大修的，所以采用了大修前的路面错台指数值 FBR 来表征大修前的路面状况。

综上所述，除了不同大修阶段的影响在上一章中已经有较为详细的研究，本章不再考虑之外，本次研究的与服务寿命相关的影响因素有 8 个：

（1）路面结构特征：接缝间距、接缝类型、路肩类型、基层类型、传力杆及水泥混凝土板厚。

（2）交通量特征：1990—2009 年路段的平均 ESAL。

（3）大修特征：FBR。

5.3 服务寿命相关影响因素比较分析

5.3.1 影响因素比较方法的选择

在对服务寿命影响因素的比较方法选择上，需要先观察影响因素变量的特点，研究中通常称服务寿命为因变量，而影响因素被称为自变量，就 6 个路面结构特征来说，它们都属于离散型的自变量，而交通荷载影响因素和大修特征 FBR 属于连续型自变量。对于离散型自变量的影响，可以采用图表直观比较、统计检验比较（t-检验和 F-检验）及两样本的生存函数非参数比较共 3 种方法，这 3 种比较方法各有利弊。而对于连续型的自变量的影响，本次研究采用先对连续型的自变量进行分类，继而采用离散型的分析方法进行比较。

图表直观比较方法将离散型自变量的各种取值对应的因变量的均值绘成图表，直观观察多组样本之间均值的变化，这种方法简单明了，对于不同自变量对应的因变量均值相差较大的情况，可以很直观地判断，但是对于均值很近似的情况，判断的精度相对较差，这种方法可以用于初步的比较。

图表直观比较方法很难区分两组样本均值相差不大的情况，此时，可以用统计检验的方法来进行比较。较为常用的是 t-检验方法和 F-检验方法。t-检验方法是用来检验两组样本均值的差异性是否显著，该方法假定比较的两组样本是服从正态分布的，根据两组样本的方差相同与否，采用不同的检验统计量。那么通常在应用 t-检验之前，要用 F-检验来确定两个样本方差相同与否。这两个检验方法的统计量见式(5.9)～式(5.11)。

$$t_1 = \frac{\bar{x}_1 - \bar{x}_2 - \Delta}{S\sqrt{\dfrac{1}{n_1} + \dfrac{1}{n_2}}} \tag{5.9}$$

$$S^2 = \frac{(n_1 - 1)S_1^2 + (n_2 - 1)S_2^2}{n_1 + n_2 - 2}$$

$$t_2 = \frac{\bar{x}_1 - \bar{x}_2 - \Delta}{\sqrt{\dfrac{S_1^2}{n_1} + \dfrac{S^2}{n_2}}} \tag{5.10}$$

$$F = \frac{S_1^2}{S_2^2} \tag{5.11}$$

式中：t_1——等方差假设 t-检验统计量；

t_2——不等方差假设 t-检验统计量；

F——检验统计量；

$\bar{x}_1$、$\bar{x}_2$——两组样本均值；

n_1、n_2——两组样本的样本数量；

S_1、S_2——两组样本的方差；

Δ——假设两组样本平均值差。

在对含有删失寿命数据的两组生存函数进行显著性比较时，可供选择的方法比较多，常见的有 Gehan-Wilcoxon 检验、Peto-Wilcoxon 检验、对数秩方法（Mantel-Haenszel 检验）、Cox-Mantel 检验、Cox 的 F 检验和 Tarone-Ware 检验等。鉴于篇幅，对这些检验方法不赘述，详细的介绍可参见相关的生存分析方面的文献[82]。

在选择具体的检验方法时，唯一理由是所选的检验应该具有更大的功效，即拒绝虚假的假设有更大的概率。当样本量较小（$n_1<50$，$n_2<50$）时，Gehan 和 Thomas[87]指出，当样本来自指数分布或 Weibull 分布而且没删失值或者删失值都是单式时，Cox 的 F 检验比 Gehan 的广义 Wilcoxon 检验有较大的功效。Lee[88]等人指出，当样本来自指数分布时，不管数据中是否含有删失值，Cox-Mantel 检验和对数秩检验均比 Gehan 的广义 Wilcoxon 检验及 Peto 等人的广义 Wilcoxon 检验有较大的功效。在 Cox-Mantel 检验和对数秩检验之间，在两种广义的 Wilcoxon 检验之间均只有小的差别。当样本来自 Weibull 分布，而两个危险率函数之比不随时间而变化时，这些检验的比较结果与指数分布情形实质相同。但是，当两个危险率函数之比依赖于时间 t 时，两个广义的 Wilcoxon 检验比其他的检验有较大的功效。于是，当两个危险率函数的曲线是平行的或者有随机但相等的删失值以及样本中无删失数据的情形，对数秩检验均比两种 Wilcoxon 检验有更强的能力发现两个总体是否有差别；当两个危险率函数的曲线不平行或数据中不含删失值或者生存时间的对数服从方差相同的正态分布时，两种广义的 Wilcoxon 检验比对数秩检验似乎有更强的能力发现两个总体之间的差别[89]。广义的 Wilcoxon 检验对于较早死亡时间赋予较大的“权”，而对数秩检验则对所有的死亡时间赋予相等的“权”[90]。所以，两种广义的 Wilcoxon 检验似乎有更强的能力检测出两个生存分布中的早期差别，而对数秩检验对于后期差别更为敏感。还有一些情况，对数秩检验和两种广义的 Wilcoxon 检验都不很有效。当两个分布危险率函数曲线或生存曲线交叉时，广义 Wilcoxon 检验和对数秩检验均不是很有效，此时 Tarone-Ware 检验[91]就更为合理。总之，通过以上的比较可以发现，检验方法的有效性与样本的分布、危险率函数之间的关系以及样本中删失数据的特征有着较大的关系，本次研究中服务寿命数据的特点包括：

（1）服务寿命分布并不明确。

（2）数据中有删失值。

（3）对路面寿终时间并无特定的关注期，无须设定特定的权重。

（4）可能存在生存函数或危险函数交叉。

根据这些数据特点，本次研究采用对数秩检验和 Tarone-Ware 检验来比较不同服务寿命影响因素内部两组数据生存函数的差异性。

5.3.2　传力杆对服务寿命的影响

根据上节的文献研究可以发现，有无传力杆对水泥混凝土路面错台发展有着显著影响，设置传力杆的路面错台增长要小于未设置传力杆的路面，而有的文献还认为传力杆的直径也会影响路面的错台发展，直径较粗且设置较密的路面错台的发展也相对较小。从本次研究中获得的 5 条州际公路的路面基本设计特征，对路段传力杆设置与否有明确的记录，但是对传力杆的直径却没有明确的资料记载，因此，本节仅对有无传力杆路面的服务寿命进行比较，来观察该因素对路段的服务寿命有何种影响。

在讨论传力杆对水泥混凝土路面服务寿命的影响时，由于不同阶段的路面服务寿命相差较大，因此本次研究将不同阶段的服务寿命分开讨论。在样本选择时，选取那些有明确传力杆记录的路段，为了消除大修延误造成实际服务寿命与理论服务寿命不符的影响，选取了同时有实际服务寿命（AL）数据和达到大修标准的服务寿命（TL）数据的路段，且这些路段的数据质量必须在中等以上。根据以上的样本选取原则，不同阶段服务寿命选择的样本数量详见图5.1中括号内的数据。由图中所示发现，符合路段选择要求的无传力杆路段样本数要显著高于有传力杆路段的样本数，这是因为，在20世纪60～70年代水泥混凝土路面的建设初期，对于传力杆作用的认识和研究尚不明确，许多路段都没有设置传力杆，随着研究的深入，传力杆的作用被逐渐认可，一些新建和改建路段才逐渐大规模使用传力杆。

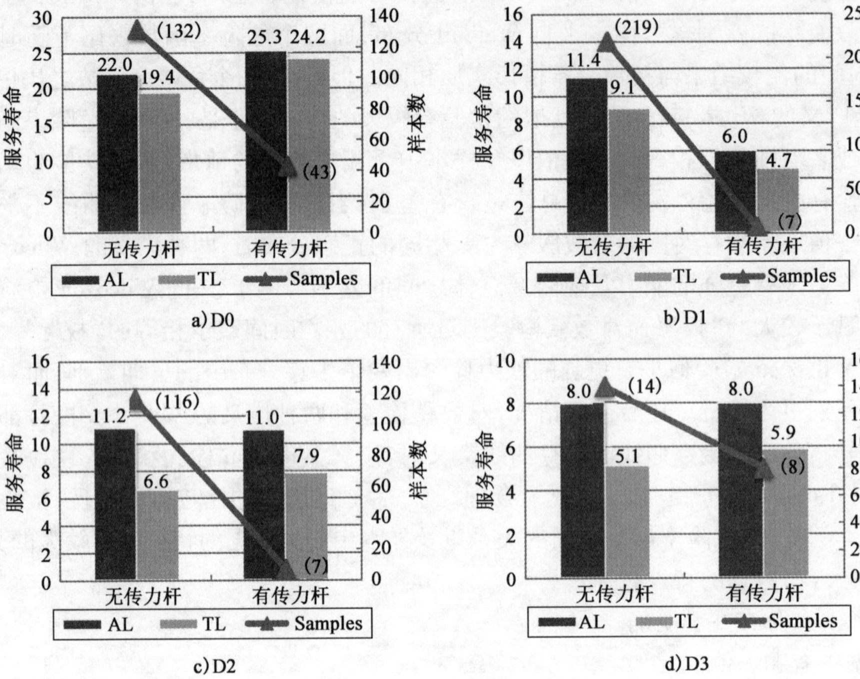

图5.1　传力杆对水泥混凝土路面不同阶段服务寿命的影响

（括号内数字为样本数量）

1）图表和统计检验比较

为了表示方便，在后文中将路面建成后至第一次大修之间的服务寿命阶段标记为D0（Duration 0），第一次大修至第二次大修之间的服务寿命阶段标记为D1，后面服务寿命阶段以此类推。

就表5.2和图5.1中显示的平均实际服务寿命AL来看：对D0，有传力杆的路段的服务寿命为25.3年，要明显高于没有设置传力杆路段22年的服务寿命。但是对于D2和D3，两者几乎相同（11.2年和11.0年，8.0年和11.0年），而对于D1，有传力杆路段6年的服务寿命却要明显低于无传力杆11.4年的实际服务寿命。由于D4中的路面寿命数据均为删失数据（即路面寿命均未终结），所以D4没有被列入比较。

在路面服务寿命的计算中延误的大修往往会高估路面的实际服务寿命，因此本书还对选择样本的理论服务寿命（达到大修标准的服务寿命）TL进行了比较。从表5.2中可以看出，对于 TL-0、TL-2 和 TL-3，有传力杆路段的 TL 要明显高于无传力杆，服务寿命要分别高 4.8 年、1.3年和 0.8 年，高出的比例分别为 24.9%、18.5%、14.2%；但是对于 TL-1，服务寿命却要低 48.5%。

传力杆对水泥混凝土路面不同阶段服务寿命的影响 表5.2

服务寿命阶段	无传力杆路段		有传力杆路段		有传力杆路段服务寿命增加百分比	
	AL	TL	AL	TL	AL	TL
D0	22.0	19.4	25.3	24.2	14.9%	24.9%
D1	11.4	9.1	6.0	4.7	-47.3%	-48.5%
D2	11.2	6.6	11.0	7.9	-1.5%	18.5%
D3	8.0	5.1	8.0	5.9	0.0%	14.2%

从路段平均 AL 和 TL 两个角度比较来看，其中 D1 阶段的结论要明显不同于其他阶段的服务寿命结果，即无传力杆的路段服务寿命要高于有传力杆路段的服务寿命。分析这种异常的原因，发现在 D1 阶段的有传力杆路段的路段样本数非常少，只有 7 个，而且这 7 个路段属相邻路段，具有相同的路面结构和相似的交通量，其养护和大修的历史均相同，因此，这 7 个路段的均值无法代表整体 D1 阶段路面的服务寿命。同理，对于 D2 和 D3，其有传力杆路段的样本数量也非常少，分别只有 7 个和 8 个，也属相邻路段，尽管其反映的结果是有传力杆路段的服务寿命要高于无传力杆路段，较为符合常理，但是，从统计学的角度，它们的样本也同样不能代表 D2 和 D3 中有传力杆路段的服务寿命特征，得到的结果也不具有说服力。最终从样本数量和质量的角度来看，只有 D0 阶段的样本符合统计要求，得出的结论是：无论对于实际服务寿命，还是达到大修的服务寿命而言，有传力杆的路段服务寿命均要明显高于无传力杆路段，高出的百分比分别为 14.9% 和 24.9%。

以上的分析采用了较为直观的图表方式来进行有无传力杆路段服务寿命的比较，为了验证这种直观方式得出的结论，本次研究采用 *t*-检验和 *F*-检验来分别检验两组样本的均值和方差的一致性。首先采用 *F*-检验来检验两组样本方差的相似性，如表 5.3 所示为有无传力杆路段在 D0 阶段的检验表，可以看出，无论是实际服务寿命（AL）还是达到大修的服务寿命（TL），*F*-检验的 p 值均小于 $\alpha = 0.05$。由此可见，有无传力杆两组的样本方差是明显不同的，这就决定了在采用 *t*-检验比较两者均值时应该采用异方差的 *t*-检验。从表中还可以发现，异方差的 *t*-检验中的 p 值也都小于 $\alpha = 0.05$，这也说明有无传力杆两组样本的均值也是显著不同的，有传力杆路段的服务寿命均值显著大于无传力杆路段。

有无传力杆路段（D0）样本的均值和方差检验（$\alpha = 0.05$） 表5.3

类型		均值	方差	*F*-检验		*t*-检验（异方差）统计量	
				统计量	*P* 值	统计量	*P* 值
AL	无传力杆路段	22.0	20.5	0.48	0.0009	3.07	0.003
	有传力杆路段	25.3	42.4				
TL	无传力杆路段	19.4	44.8	1.62	0.037	4.85	5.1E-06
	有传力杆路段	24.2	27.7				

2)生存函数非参数方法比较

通过直观图表方式和统计检验方法进行比较时,采用的数据无法包括删失寿命数据(到统计截止年,路面服务寿命尚未终结)。如果这些删失寿命数据被考虑进来,分析的结果又是如何?鉴于此,本书采用了对数秩检验和 Tarone-Ware 检验两种方法来比较不同服务寿命影响因素内部两组数据生存函数的差异性,这两种方法都可以考虑删失寿命数据的特征。

图 5.2 和图 5.3 显示的是有无传力杆路面在 D0 和 D1 阶段实际服务寿命(AL)和达到大修标准的服务寿命(TL)的寿终概率曲线图,根据该曲线图,表 5.4 列出了有无传力杆路面样本在 D0 和 D1 阶段三个分位点对应的服务寿命值,同时还列出了采用两种方法比较有无传力杆寿终概率曲线差异性的分析结果。值得一提的是,由于有传力杆路段在 D2 ~ D4 阶段的样本量非常少,且基本属于相邻路段,无法代表传力杆路段在该阶段的路面服务寿命特征,因此,仅选择了样本量相对较多的 D0 和 D1 两个阶段进行比较。

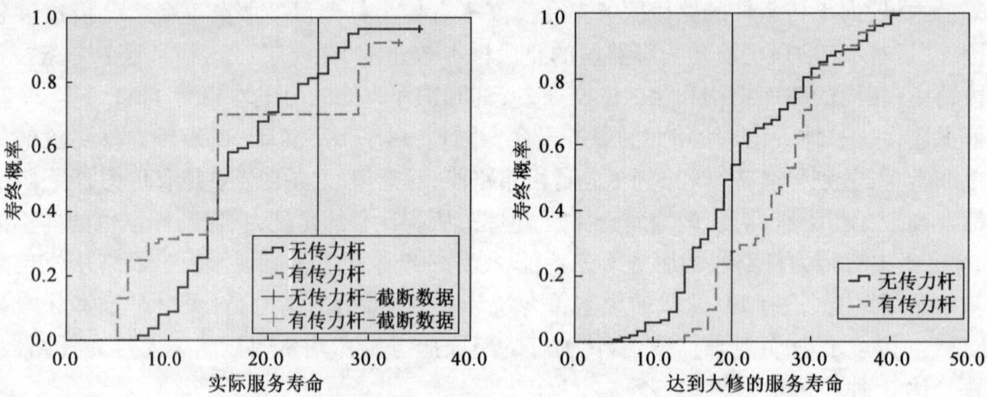

图 5.2 有无传力杆路面 D0 阶段服务寿命寿终概率曲线

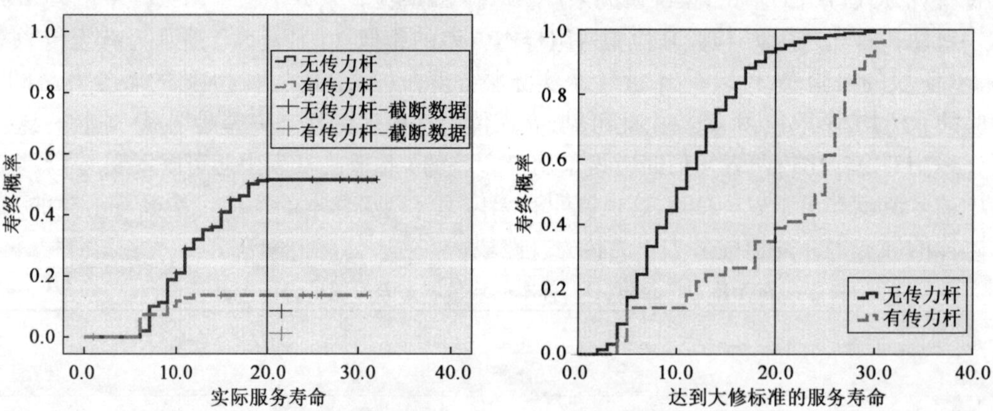

图 5.3 有无传力杆路面 D1 阶段服务寿命寿终概率曲线

从图 5.2 中有无传力杆的实际服务寿命的寿终概率曲线可以看出:两条曲线存在交叉,在实际服务寿命为 20 年之前,有传力杆路段的寿终概率要高于无传力杆路段,但是在实际服务寿命为 20 年之后,无传力杆路段的寿终概率要明显高于有传力杆路段。这从表 5.4 中 AL-0

的三个分位点对应的实际服务寿命值也可以看出同样的趋势。对这种交叉型寿终曲线的比较，Tarone-Ware 检验方法更为准确。从表 5.4 的结果看，p 值为 0.98，明显大于显著性水平 0.05，所以从实际寿命的寿终曲线比较来看，有无传力杆对实际服务寿命的影响并不显著。去除可能的大修延误的因素，即根据路面达到大修标准的服务寿命（TL）来看，无传力杆路段的寿终概率要明显高于有传力杆路段，这意味着无传力杆路段大修寿命要普遍小于有传力杆路段，这从图 5.2 中右侧图和表 5.4 的 TL-0 一栏中的三个分位点值可以很明显地看出，两条寿终曲线也是存在显著性差异的（p 值 < 0.05）。

有无传力杆路段样本寿终概率分位点和差异显著性检验（$\alpha = 0.05$）　　表 5.4

项　目		25%分位点（年）	50%分位点（年）	75%分位点（年）	对数秩检验		Tarone-Ware 检验		差异显著性
					χ^2	p 值	χ^2	p 值	
AL-0	无传力杆	13	15	23	5.7	0.02	0.0	0.98	否
	有传力杆	8	15	29					
AL-1	无传力杆	11	18	—	32.9	0.00	29.2	0.00	是
	有传力杆	—	—	—					
TL-0	无传力杆	15	20	28	3.0	0.09	7.4	0.01	是
	有传力杆	20	27	30					
TL-1	无传力杆	7	10	14	64.2	0.00	54.3	0.00	是
	有传力杆	15	25	27					

从图 5.3 中显示的 D1 阶段有无传力杆路段的两条寿终曲线来看，无论是实际服务寿命（AL）还是达到大修标准的服务寿命（TL），无传力杆路段的寿终曲线均位于有传力杆路段的寿终曲线之上，说明其寿终概率要普遍高于有传力杆路段，两种检验方法得出的结果也验证了图示的判断。

值得一提的是，对于 AL，由于大量删失寿命数据的存在，在图 5.3 中显示的 AL 的寿终曲线在服务寿命为 33 年的时候停止，这表明有很多路段在 33 年时仍未进行大修，其服务寿命在继续增加。而对于 TL 而言，所有路段是以达到错台指数为 15 为服务寿命终点，所以在对 TL 进行生存分析时，所有寿命数据均为寿终数据，不存在删失数据，所以 TL 的寿终曲线是以增加到寿终概率 1.0（100%）为终点的。

比较图表观察法、统计检验法及生存分析法这三种方法对传力杆设置与否对服务寿命影响的分析结果看，同是对于 D0，图表观察法和统计检验法分析的结果是有传力杆路段的实际服务寿命要显著地高于无传力杆路段，这从两者的均值和方差的比较可以较为明显地看出，但是根据生存分析方法的判断结果却是有无传力杆对路段的实际服务寿命的影响并不显著。这三种方法分析得到的结果产生了一定的分歧，究其原因：第一，生存分析方法得到的寿终概率曲线包含了比另两种方法更多的数据样本——删失寿命数据，这些更多的路段寿命信息的加入，使得最后的分析结果会产生一定的差异。第二，生存分析方法更多地考虑了有无传力杆路段服务寿命分布的总体特征，它完整地展现了寿终概率随路段服务寿命增加而增加的全过程，这样可以更好地体现数据样本的整体数据特性，这要比仅用均值和方差来表述样本的整体数据特性要更全面。第三，还有一个不可忽视的因素就是实际服务寿命往往受人为影响较大,实际大修的时间可能提早,也可能延迟,这也导致对实际服务寿命分析的结果变异性较大。对于实际服务寿命而言,本次研究更趋向于用生存分析得到的结果——根据本次研究获得的数据,设置传力杆与否对路面的实际服务寿命(AL)影响无显著性差异。对于达到大修标准的路面服务寿命(TL)而言,三种方法分析的结果较为一致——有传力杆路段的路段服务寿命要显著高于无传力杆路段。

5.3.3 板厚对服务寿命的影响

从上节的文献研究可以发现,大部分文献通常认为随着混凝土板厚的增加,路面的错台量将会降低[77-81],但是也有相关的研究发现路面板厚与路面错台量之间的关系并不明确,如Khazanovich[45]在1998年的研究报告中分析了多个LTPP的水泥混凝土路段中错台量发展较小和发展较严重路段与水泥混凝土板厚之间的关系,结果认为,混凝土板厚与横向接缝的错台之间并无很清晰的关系。基于这样的疑问,本次研究分析了板厚与水泥混凝土路面服务寿命之间的关系,在佐治亚州,水泥混凝土路面服务寿命的终结大都是由于错台达到大修标准而造成的,因此水泥混凝土板厚与错台之间的关系就在很大程度上决定了路面的服务寿命。本次研究的路段水泥混凝土板厚为8~11inch,因此,本书根据板厚将路段分为4类。由于上文的研究及前面的文献综述发现传力杆的设置与否对路面服务寿命有重要的影响,因此在分析时,将有无传力杆路段样本分开讨论。

1)图表观察和统计检验比较

按照有无传力杆以及板厚将路面服务寿命分为8类之后,D0~D3中某些板厚的路段样本数量非常少(样本数少于15个),太少的样本数量无法代表该类路段的特征,因此本次研究只选取了D0阶段的路段样本进行比较。尽管如此,在D0阶段,仍然有些板厚的样本数量不足,如AL的11inch板厚的路段,TL中8inch和11inch的路段,它们的样本数均少于15个,这些板厚的样本在分析中被舍去以防影响分析精度。另外,达到大修标准的服务寿命TL可以减少大修延误对服务寿命的影响,因此,研究中仍选择了实际服务寿命(AL)和达到大修标准的服务寿命(TL)这两种服务寿命来分别进行比较。

表5.5中列出了有无传力杆和不同板厚的两种服务寿命的平均值和方差,图5.4直观表达了几种板厚的服务寿命均值之间的关系。从图表中可以直观地发现,对于无传力杆的AL,8inch板厚的服务寿命在三种板厚中最长,其次是10inch的板厚,而9inch的服务寿命最短。对于有传力杆的AL,板厚薄的10inch路段的服务寿命要高于板厚的11inch路段;对于无传力杆的TL,10inch板厚的路段服务寿命要高于9inch的路段服务寿命。

根据以前的文献,如果板厚的增加会降低错台量产生的话,那么对于以错台病害占主要病害的路段,随着板厚的增加,路面的服务寿命应该也会延长,然而,在图5.4和表5.5中均未出现这种规律。表5.6中分别采用了F-检验和等方差或异方差的t-检验来成对检验3种板厚之间均值和方差的差异显著性,从表中可以看出,检验的结果和图表观察的结果完全一致,随着板厚的增加,服务寿命并未呈递增或递减的趋势。由于本次研究中选取的路段样本基本是属于错台占主要病害的路段,这也间接说明了板厚与错台之间无明显的因果关系,这样的结论与Khazanovich的结论是相同的。

板厚对 D0 阶段水泥混凝土路面服务寿命的影响 表 5.5

传力杆设置	板厚(inch)	AL			TL		
		均值	方差	样本数	均值	方差	样本数
无传力杆	8	21.0	24.7	54			
	9	15.6	20.8	369	17.1	27.7	52
	10	17.7	41.6	382	19.6	48.4	68
有传力杆	10	15.4	113.5	97			
	11	15.0	0	44			

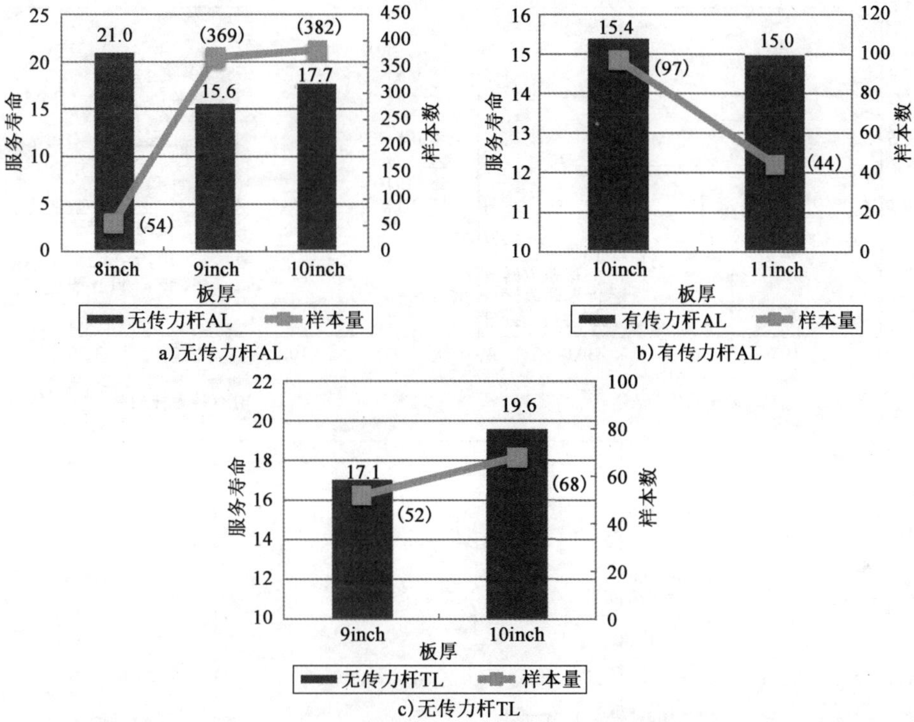

图 5.4 不同板厚在 D0 阶段服务寿命比较

(注:括号内的数字为样本量)

不同板厚(D0 阶段)路段样本的均值和方差检验($\alpha=0.05$) 表 5.6

传力杆设置	板厚(inch)	AL				TL	
		8inch	9inch	10inch	11inch	9inch	10inch
无传力杆	8	NA	Y(N)	Y(Y)		NA	
	9		NA	Y(Y)		NA	Y(Y)
	10			NA			NA
有传力杆	10			NA	Y(Y)		
	11				NA		

注:Y(N)——Y 和 N 表示有无显著性;括号前为均值差异显著性,括号内为表示方差显著性。

2）生存函数非参数方法比较

本小节将采用生存分析方法来比较不同板厚对服务寿命寿终概率的影响。研究中仍然取D0阶段的两种服务寿命(AL和TL)作为研究对象。

图5.5反映了不同板厚在D0阶段服务寿命寿终概率的增长曲线，从无传力杆AL一图中大致可以看出8inch板厚的路段寿终曲线线位要低于10inch，而10inch的又要稍低于9inch的。表5.7中检验的结果表明8inch和10inch寿终曲线之间相差不大，它们与9inch寿终概率曲线有明显的差别；这意味着8inch和10inch两种板厚的服务寿命相近，而这两者均要高于9inch板厚的路段服务寿命。

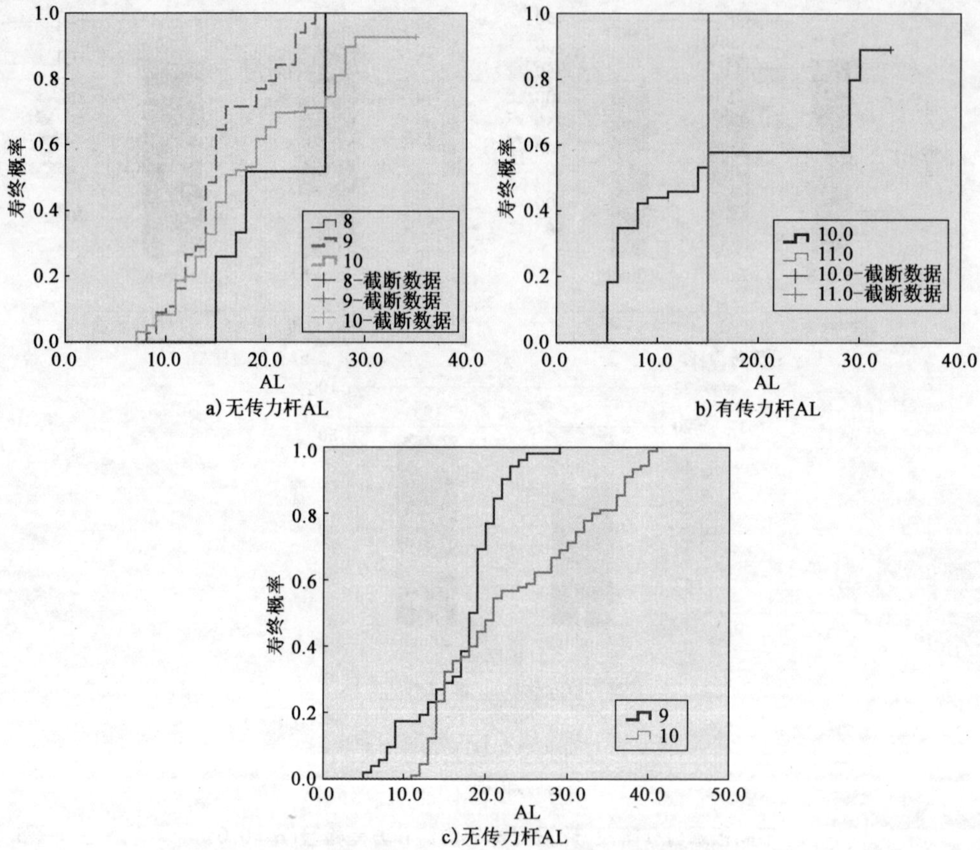

图5.5　不同板厚路段样本D0阶段寿终概率曲线

在有传力杆AL一图中，由于11inch板厚的路段的样本均属相邻路段，它们的初始建成时间和实际大修时间均相同，因此它们在D0阶段的AL均相等，为15年，这就导致在寿终概率曲线上的曲线为一直线，表明这些路段在第15年末达到服务寿命终点。对于此种情况，检验的结果表明10inch和11inch板厚之间的服务寿命AL差别不明显。

对无传力杆TL，两种板厚的寿终概率曲线差别较为明显，10inch板厚的寿终概率曲线线位要明显低于9inch板厚路段，这表明10inch板厚路段的服务寿命TL要显著高于9inch板厚。

不同板厚路段样本寿终概率分位点和差异显著性检验（$\alpha=0.05$）　　表5.7

项目		25%分位点（年）	50%分位点（年）	75%分位点（年）	差异显著性检验			
					8inch	9inch	10inch	11inch
AL无传力杆	8inch	15	18	26	NA	Y(Y)	N(N)	
	9inch	12	15	19		NA	Y(Y)	
	10inch	13	16	27			NA	
AL有传力杆	10inch	6	14	29			NA	N(N)
	11inch	15	15	15				NA
TL无传力杆	9inch	14	18	20		NA	Y(Y)	
	10inch	15	21	32			NA	

注：1. 显著性检验中，Y和N表示有无显著性；括号前为对数秩检验，括号内为Tarone-Ware检验。

2. 下划线表示最终选择的检验方法。

综合以上的分析结果，汇总于表5.8中，用实际服务寿命AL进行分析时，不同板厚之间的关系并不明确，不呈明显的递增或递减的关系。去除大修延误的影响因素，用达到大修的服务寿命TL分析，10inch的要优于9inch的，但是由于缺少8inch和11inch的TL数据，因此无法得出板厚与TL之间的明确关系。根据资料相对较完整的AL数据，得出的结论是：板厚的增加与路面服务寿命之间并无明确的关系。

不同板厚的分析结果汇总　　表5.8

方法	无传力杆AL	有传力杆AL	无传力杆TL
图表观察和统计检验方法	8inch > 10inch > 9inch	10inch > 11inch	10inch > 9inch
生存分析方法	8inch = 10inch > 9inch	10inch = 11inch	10inch > 9inch

5.3.4　接缝间距对服务寿命的影响

佐治亚州对水泥混凝土板的接缝间距的设置方式有三种：6.1m（20ft）、9.1m（30ft）及随机设置。前文的文献研究认为，随着接缝间距的减小，水泥混凝土错台量的发展会明显降低[77-81]，但是有些文献中得出的结论表明两者的关系并不明确，如Khazanovich[45]根据LTPP试验路数据比较了JRCP中错台发展较小和较为严重两类路面的平均接缝间距的差别，得出接缝间距减小会显著降低错台的发展，但是用同样的方法分析JPCP，发现好、坏两类路面的平均接缝间距略有差异，采用t-检验结果表明两者并不显著，鉴于佐治亚州的水泥混凝土路面大都为JPCP路面，因此有必要对佐治亚州不同接缝间距的设置和以错台病害为主的JPCP路面的服务寿命之间的关系进行研究。在研究接缝间距对服务寿命的影响时，首先将路段按照传力杆设置与否分为两类，然后再比较6.1m和9.1m两种接缝间距的服务寿命，没有考虑随机间距这一类路段是由于无法准确获知随机间距的间距信息，因此很难对分析结果做出判断。

1）图表观察和统计检验比较

与D1～D3阶段相比，D0阶段两种不同接缝间距的路段样本量相对较多，所以在本次研究中仅对D0阶段的两种接缝间距的路段服务寿命进行比较分析。图5.6和表5.9显示了不同接缝间距的两种平均服务寿命（AL和TL）和方差，从图中可以看出，就实际服务寿命（AL）而言，无论有无传力杆路段，6.1m和9.1m间距的服务寿命均较为接近，从表5.10中的统计检验结论也可以看出:这两种接缝间距的实际服务寿命无显著差别。

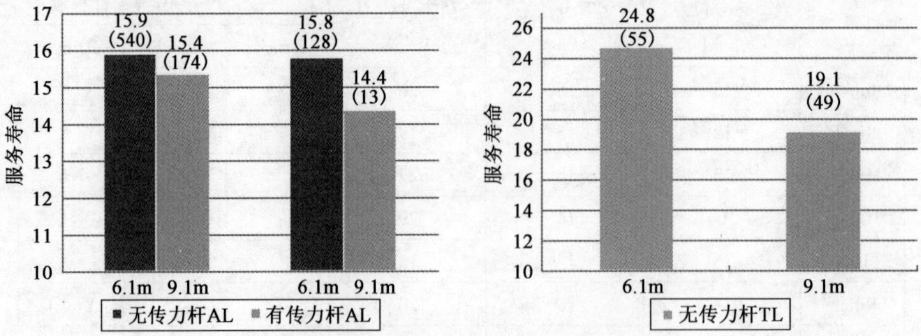

图5.6 不同接缝间距路段样本在D0阶段服务寿命

(注:括号内的数字为样本量)

不同接缝间距在D0阶段路面服务寿命的均值和方差　　表5.9

类　型	接缝间距(m)	AL			TL		
		均值	方差	样本数	均值	方差	样本数
无传力杆	6.1	15.9	26.1	540	24.8	128.9	55
	9.1	15.8	26.6	174	19.1	43.8	49
有传力杆	6.1	15.4	85.7	128			
	9.1	14.4	0.3	13			

不同接缝间距(D0阶段)路段样本的均值和方差检验($\alpha=0.05$)　　表5.10

类　型	接缝间距(m)	AL		TL	
		6.1m	9.1m	6.1m	9.1m
无传力杆	6.1	NA	N(N)	NA	Y(Y)
	9.1		NA		NA
有传力杆	6.1	NA	N(Y)		
	9.1		NA		

注:Y(N)——Y和N表示有无显著性;括号前为均值差异显著性,括号内为方差显著性。

如果去除延误大修的影响,就达到大修标准的服务寿命TL而言,对于无传力杆路段,6.1m间距为24.8年,9.1m间距为19.1年,6.1m间距的要明显高于9.1m间距的路段,统计检验的结果也验证了这样的结论。由于有传力杆9.1m间距的TL的路段样本缺失,因此无法比较有传力杆TL6.1m和9.1m间距的差别。

综上分析,得出的结论如下:对于实际服务寿命(AL)而言,接缝间距短的路段(6.1m)与间距长的(9.1m)路段服务寿命无显著差异。而对达到大修标准的服务寿命(TL)而言,对于无传力杆路段,接缝间距短的路段(6.1m)服务寿命要显著高于间距长的(9.1m)路段。

2)生存函数非参数方法比较

本小节采用了生存分析的方法来比较不同接缝间距对服务寿命寿终概率的影响。由于样本数量的原因,本次分析仍然只针对D0阶段服务寿命的比较。图5.7和表5.11分别显示了两种接缝间距路段样本在D0阶段的寿终概率曲线和寿终曲线的差异显著性检验的结果。

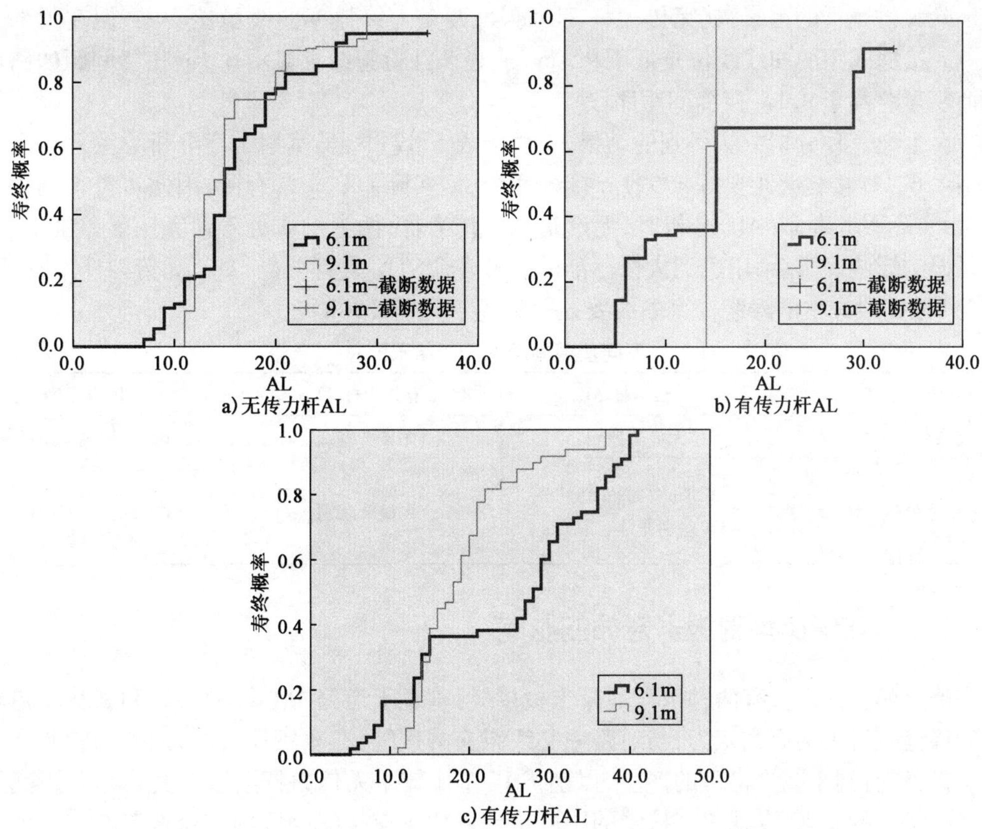

图5.7 不同接缝间距路段样本 D0 阶段寿终概率曲线

从图5.7中可以大致看出，对无传力杆 AL，两种接缝间距的寿终概率曲线较为接近，接缝间距为6.1m(20ft)的路段寿终概率曲线的线位要略低于9.1m(30ft)，显著性检验的结果显示，两者之间存在显著差异，即6.1m接缝间距路段的服务寿命要显著高于9.1m(30ft)的。

不同接缝间距路段样本寿终概率分位点和差异显著性检验($\alpha=0.05$) 表5.11

类型	接缝间距	25%分位点(年)	50%分位点(年)	75%分位点(年)	差异显著性检验	
					6.1m	9.1m
无传力杆 AL	6.1m	14	15	19	NA	Y(Y)
	9.1m	12	14	20		NA
有传力杆 AL	6.1m	6	15	29	NA	N(N)
	9.1m	14	14	15		NA
无传力杆 TL	6.1m	14	28	36	NA	Y(Y)
	9.1m	14	18	21		NA

注：1. 显著性检验中，Y和N表示有无显著性；括号前为对数秩检验，括号内为 Tarone-Ware 检验。

2. 下划线表示最终选择的检验方法。

对于有传力杆 AL，9.1m路段的样本数量相对较少且属相邻路段，有着基本相同的初始建成时间和大修时间，因此其 AL 也基本相同，导致寿终概率曲线几乎呈直线状，曲线与6.1m接缝间距的寿终概率曲线相交，显著性检验的结果显示两者无显著性差别。

消除大修延误的因素,就无传力杆 TL 而言,两条寿终概率曲线虽然交叉,但在大部分区域,6.1m 接缝间距的曲线线位是低于 9.1m 的,显著性检验结果显示 6.1m 接缝间距的路段服务寿命要显著高于 9.1m 接缝间距路段。

综合上文三种分析方法得到的结果,汇总于表 5.12 中,虽然用生存分析方法分析无传力杆 AL 时,6.1m 接缝间距要好于 9.1m 接缝间距,但实际差别非常有限,因此可以得到如下的结论:用实际服务寿命(AL)分析时,无论是有无传力杆,两者的服务寿命无明显差别,而去除大修延误的影响因素后,用达到大修标准的服务寿命(TL)进行分析,对于无传力杆路段,6.1m (20ft) 间距路段样本的寿终概率曲线要显著地优于 9.1m(30ft)。

不同接缝间距的分析结果汇总 表 5.12

方　法	无传力杆 AL	有传力杆 AL	无传力杆 TL
图表观察和统计检验方法	无显著差别	无显著差别	6.1m 接缝间距优
生存分析方法	6.1m 接缝间距优 (差别非常有限)	无显著差别	6.1m 接缝间距优

5.3.5 接缝类型对服务寿命的影响

佐治亚州通常设置有两种水泥混凝土板接缝:垂直于道路中心线的接缝和斜交于道路中心线的接缝。过去的研究认为,与道路中心线斜交的接缝,在车辆通过时,两侧的轮胎并非同时接触接缝,有利于减少错台的产生,以前 FHWA 比较了无传力杆路段斜交接缝和正交接缝路段之间错台的差别,发现斜交接缝的路段错台要比正交接缝路段的错台低 50%[78],但是该研究还认为如果路段正确地设置了传力杆和相应的地下排水设施,并不一定要采用斜交接缝。基于这样的认识,佐治亚州在路段设置接缝时,在无传力杆路段中有斜交和正交两种接缝类型,而设置了传力杆的路段中,仅采用正交接缝的类型,不使用斜交接缝,因此在本次研究中按接缝类型分为 3 类:无传力杆正交、无传力杆斜交及有传力杆正交。

1)图表观察和统计检验比较

图 5.8 和表 5.13 分别显示了 3 种接缝类型的实际服务寿命(AL)和达到大修标准服务寿命(TL)。从图中可以看出,有传力杆正交路段的服务寿命要明显高于另外两类无传力杆路面,在两类无传力杆路面中,斜交接缝的路段服务寿命要略高于正交接缝路段的服务寿命。从表 5.14 的样本均值和方差检验的结果来看,有传力杆正交路段的服务寿命也是明显高于另两类路面,但是在无传力杆路段中,正交与斜交路段的服务寿命均值并无显著的差别。

不同接缝类型在 D0 阶段路面服务寿命的均值和方差 表 5.13

接 缝 类 型	AL		TL		样 本 数
	均值	方差	均值	方差	
无传力杆正交	20.7	41.8	17.2	79.8	33
无传力杆斜交	22.5	12.9	20.1	31.6	99
有传力杆正交	25.3	42.4	24.2	27.7	43

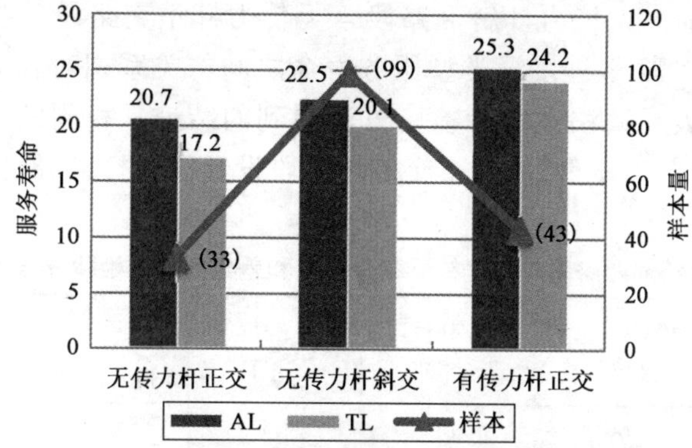

图5.8　不同接缝间距路段样本在D0阶段服务寿命
（注：括号内的数字为样本量）

不同接缝类型（D0阶段）路段样本的均值和方差检验（$\alpha=0.05$）　　表5.14

接缝类型	AL			TL		
	无传力杆正交	无传力杆斜交	有传力杆正交	无传力杆正交	无传力杆斜交	有传力杆正交
无传力杆正交	NA	N(Y)	Y(N)	NA	N(Y)	Y(Y)
无传力杆斜交		NA	Y(Y)		NA	Y(N)
有传力杆正交			NA			NA

注：Y(N)，Y和N表示有无显著性；括号前为均值差异显著性，括号内为方差显著性。

2）生存函数非参数方法比较

本小节采用了生存分析方法比较了不同接缝类型对服务寿命寿终概率的影响。由于样本数量的原因，本次分析仍然只针对D0阶段的服务寿命的比较。图5.9和表5.15分别显示了不同接缝间距路段样本在D0阶段的寿终概率曲线和寿终曲线的差异显著性检验结果。实际服务寿命AL的分析结果显示：无传力杆正交和有传力杆正交的路段寿终曲线无显著差别，但它们显著不同于无传力杆斜交路段；其含义为这两种路段服务寿命之间无明显差别，但它们要显著高于无传力杆斜交路段。去除大修延误的因素后，从TL的角度来看，检验的结果是有传力杆正交路段的寿终概率曲线线位要显著低于无传力杆斜交路段和

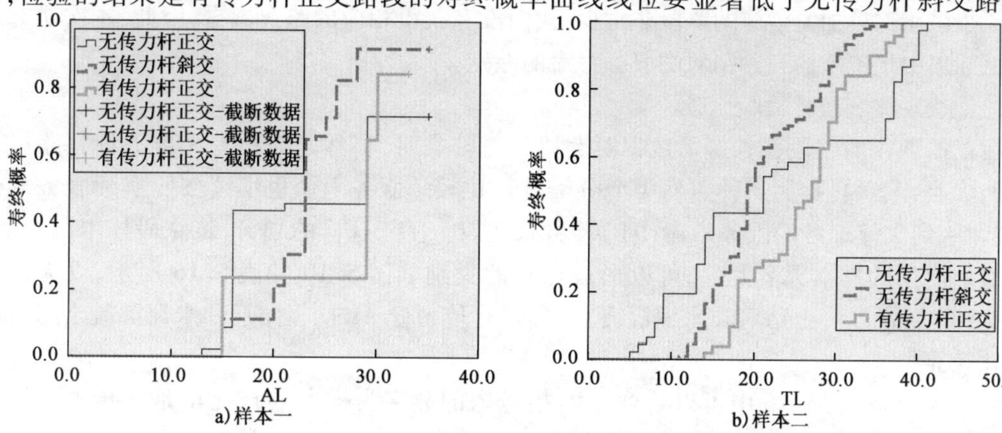

图5.9　不同接缝类型路段样本D0阶段寿终概率曲线

无传力杆正交路段,无传力杆正交路段和无传力杆斜交路段之间并不显著;其含义为有传力杆正交路段服务寿命 > 无传力杆斜交路段 = 无传力杆正交路段。总的来说,由于 TL 消除了大修延误等影响因素,3 种接缝类型服务寿命之间的关系相对较为清晰。用生存分析方法分析的结果与图表观察法和统计检验方法得到的结论是相同的——斜交路段服务寿命略好于正交路段,但并不显著,如果正交接缝路段设置传力杆,其路段服务寿命要好于无传力杆路段。

不同接缝间距路段样本寿终概率分位点和差异显著性检验($\alpha = 0.05$)　　表 5.15

类型		25%分位点(年)	50%分位点(年)	75%分位点(年)	差异显著性检验		
					无传力杆正交	无传力杆斜交	有传力杆正交
AL	无传力杆正交	16	29	NA	NA	Y(Y̲)	N(N̲)
	无传力杆斜交	21	23	26		NA	Y(Y̲)
	有传力杆正交	29	29	30			NA
TL	无传力杆正交	13	21	37	NA	Y(N̲)	N(N̲)
	无传力杆斜交	16	19	27		NA	Y̲(Y)
	有传力杆正交	20	27	30			NA

注:1. 显著性检验中,Y 和 N 表示有无显著性;括号前为对数秩检验,括号内为 Tarone-Ware 检验。

2. 下划线表示最终选择的检验方法。

5.3.6 路肩类型对服务寿命的影响

佐治亚州对水泥混凝土路面路肩的设置通常有 3 种:土路肩、沥青混凝土路肩及水泥混凝土路肩。沥青混凝土路肩和水泥混凝土路肩属于硬路肩,这三种路肩中水泥混凝土路肩与道面板侧边之间有拉杆连接,对道面板的侧边支撑相对较好,而土路肩和沥青混凝土路肩由于无拉杆连接,侧边支撑相对较差。设置了拉杆连接的水泥混凝土路肩可以很好地改善板边或板角在重载作用下的受力状况,有利于减少荷载作用下板的变形,因而减少断角、断边和错台的产生。在美国,也有许多州将路面板加宽 60cm 作为路肩,Simpson[77] 比较了 LTPP 中一些 JPCP 上有无路面板加宽路段,发现有加宽路段的错台量要低于无加宽路段 50%。遗憾的是,佐治亚州采用这种加宽措施的路段非常少,我们没有获得相应的路况数据,因此,本次研究仍然将目标集中于传统的三种路肩的服务寿命的差别。

1)图表观察和统计检验比较

在根据获得的路段服务寿命数据对路段进行分类时,仍然是先按有无传力杆将路段划分为两大类,其次再按照 3 种路肩类型分类进行比较。服务寿命也继续按照实际服务寿命(AL)和达到大修标准的服务寿命(TL)两种来比较。基于这样的划分,将路段样本归类后,发现有些类别的样本数量太少,可以形成比较的类别如图 5.10 和表 5.16 所示,仅无传力杆 AL 中的沥青混凝土路肩和水泥混凝土路肩、有传力杆 AL 的土路肩和水泥混凝土路肩两组可比较路段。

从图 5.10 和表 5.16 中可以看到(注:括号内的数字为样本数),无论是无传力杆还是有传力杆路段,两种路肩的实际服务寿命(AL)均非常接近,无传力杆路段中沥青混凝土路肩的 AL 均值与水泥混凝土路肩 AL 均为 17 年。有传力杆路段中,土路肩和水泥混凝土路肩的 AL 分别为 14.4 年和 15.2 年,也非常接近。均值和方差的显著性检验结果也证明了对比的两组路肩类型的实际服务寿命无明显的差别。去除大修延误因素的 TL 中,由于只分别获得了无传力杆中的沥青混凝土路肩数据和有传力杆中的水泥混凝土路肩数据,鉴于传力杆对路段服务寿命的显著影响,无法对这两类路肩类型进行合理的比较,所以此次研究没有进行 TL 中的路肩类型比较。通过以上的比较可以发现,与无边角支撑的土路肩和沥青混凝土路肩相比,在以错台病害为主的路段上,水泥混凝土路肩的服务寿命并无明显的优势。

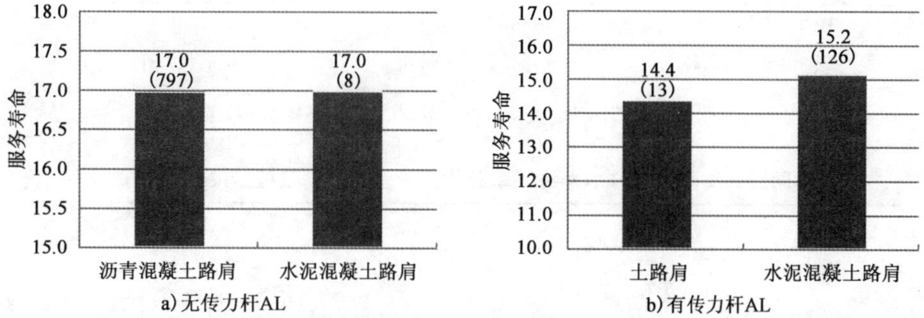

图 5.10　不同路肩类型路段样本在 D0 阶段实际服务寿命(AL)
(注:括号内的数字为样本数)

不同路肩类型(D0 阶段)路段样本的均值、方差及显著性检验($\alpha=0.05$)　　表 5.16

类　型	路肩类型	AL			显著性检验		
		均值	方差	样本数	土路肩	沥青混凝土路肩	水泥混凝土路肩
无传力杆	沥青混凝土路肩	17.0	33.4	797		NA	N(Y)
	水泥混凝土路肩	17.0	3.4	8			NA
有传力杆	土路肩	14.4	0.3	13	NA		N(Y)
	水泥混凝土路肩	15.2	84.1	126			NA

注:1. Y(N)——Y 和 N 表示有无显著性;括号前为均值差异显著性,括号内为方差显著性。
2. 下划线表示最终选择的检验方法。

2)生存函数非参数方法比较

本小节对 3 种路肩的服务寿命数据用生存分析方法进行了比较。从图 5.11 可以直观地看出,比较的两组寿终概率曲线都存在交叉;从表 5.17 中 50% 的寿终概率分位点发现,3 种路肩的服务寿命非常接近,均为 14 ~ 16 年,从显著性检验的结果发现,无论设置传力杆与否,水泥混凝土路肩相对于土路肩和沥青混凝土路肩的服务寿命而言,均无显著性的差异,这与上节用图表直观方法和统计检验方法分析得出的结果一致——与无边角支撑的土路肩和沥青混凝土路肩相比,在以错台病害为主的路段上,水泥混凝土路肩的服务寿命并无明显的优势。这也间接说明了在传统的几种路肩类型中,有边角支撑的水泥混凝土路肩对于减少错台的发展来说,与沥青混凝土路肩的和土路肩的差别不明显。

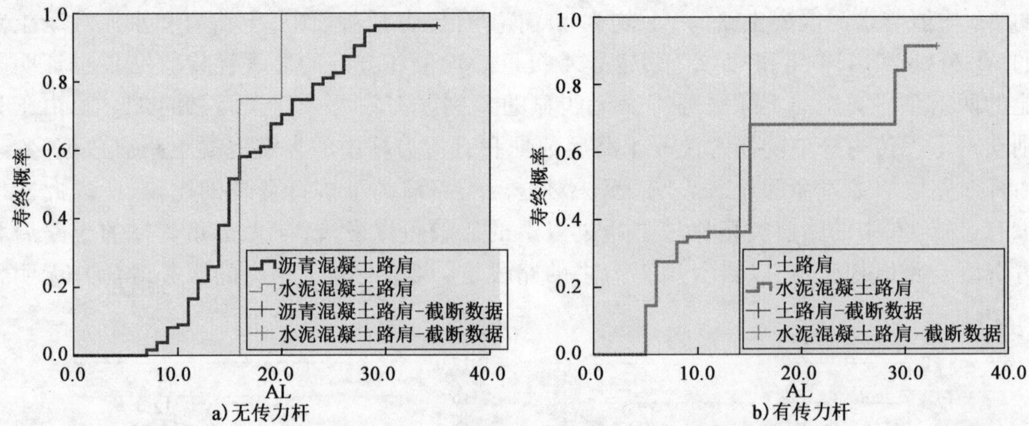

图5.11　不同路肩类型路段样本D0阶段寿终概率曲线

不同路肩类型路段样本寿终概率分位点和差异显著性检验($\alpha=0.05$)　　表5.17

类型		25%分位点(年)	50%分位点(年)	75%分位点(年)	差异显著性检验		
					土路肩	沥青混凝土路肩	水泥混凝土路肩
无传力杆AL	沥青混凝土路肩	13	15	23		NA	N(N)
	水泥混凝土路肩	16	16	16			NA
有传力杆AL	土路肩	14	14	15	NA		N(N)
	水泥混凝土路肩	6	15	29			NA

注:1. 显著性检验中,Y和N表示有无显著性;括号前为对数秩检验,括号内为Tarone-Ware检验。
2. 下划线表示最终选择的检验方法。

5.3.7　基层类型对服务寿命的影响

过去的研究表明,采用沥青稳定处治或水泥稳定处治材料作为路面基层材料可以大大减少基层材料被水侵蚀的可能,从而也可以减少路面接缝处的错台和唧浆等病害的产生。FHWA利用LTPP数据库对比了有无传力杆路段中无稳定类基层与有稳定类基层路面中错台发展的区别,发现无论对于有无传力杆,稳定类基层路段的错台量要明显小于其他基层的路面[45]。

佐治亚州的水泥混凝土路面路基类型通常有3种:级配碎砾石、沥青稳定碎石及水泥稳定碎石(土)。其中,沥青稳定碎石层通常铺设在级配碎砾石底基层之上,厚度通常为7.5cm(3in),早年FHWA曾建议在级配碎砾石层铺设12.5cm(5in)厚的沥青稳定碎石层以增加基层的抗侵蚀能力,但是由于沥青稳定碎石层费用相对较高,佐治亚州将推荐的厚度降低为7.5cm(3in)并在州内广泛应用。对于水泥稳定碎石基层,佐治亚州通常的做法也有两种:一种是15cm(6in)厚的水泥稳定基层;另一种是将水泥基层减薄2.5cm(1in),上面铺设一层2.5cm(1in)厚的沥青混凝土夹层,本次研究将这两种都归于水泥稳定碎石基层一类。下文的研究中仍然将有无传力杆路段先分开,然后再按3种不同的基层类型进行讨论。

1)图表观察和统计检验比较

根据图5.12和表5.18中显示的无传力杆路段3种基层类型的实际服务寿命(AL)可以看出,水泥稳定碎石(土)基层要明显好于沥青稳定碎石路段(22.2年对比15.6年),而碎砾石基层路段的实际服务寿命最差(10.9年),明显低于前两者。表5.19中统计检验的结果也验证了图表观察的结果。但是对于有传力杆路段,3种基层路段的服务寿命却非常近似,用统计方法来进行检验发现,3者之间的实际服务寿命(AL)无明显差别。

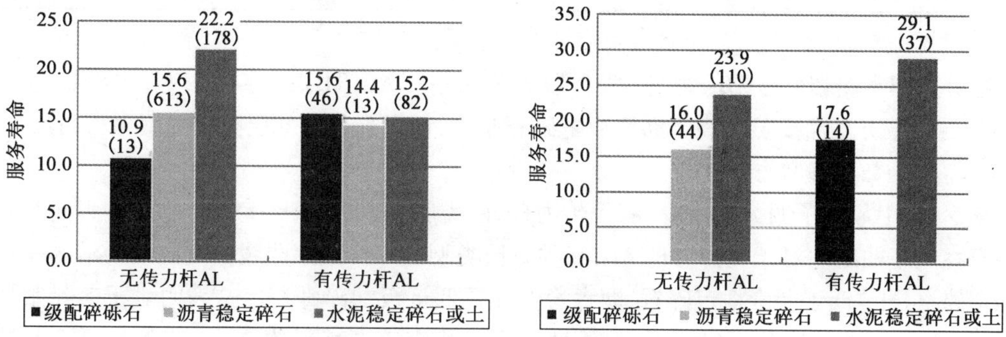

图5.12 不同基层类型路段样本在D0阶段服务寿命

(注:括号内的数字为样本量)

不同基层类型D0阶段路面服务寿命的均值和方差 表5.18

类型	基层类型	AL			TL		
		均值	方差	样本数	均值	方差	样本数
无传力杆	级配碎砾石	10.9	4.9	13			
	沥青稳定碎石	15.6	20.9	613	16.0	62.1	44
	水泥稳定碎石或土	22.2	40.6	178	23.9	59.6	110
有传力杆	级配碎砾石	15.6	8.3	46	17.6	2.6	14
	沥青稳定碎石	14.4	0.3	13			
	水泥稳定碎石或土	15.2	129.8	82	29.1	18.8	37

去除大修延误的因素,分析3种不同基层类型的TL,由于无传力杆路段中级配碎砾石基层和有传力杆路段中沥青稳定碎石基层两类数据缺失,图5.12中没有将这两类路段的服务寿命列入比较。从图5.12中另外两种基层类型的比较可以看出:对于无传力杆路段,水泥稳定碎石(土)基层要明显好于级配碎砾石基层;而对于有传力杆路段,水泥稳定碎石(土)基层也要明显好于沥青稳定碎石基层。表5.19中统计检验的结果也证明了图示的结论。

不同基层类型(D0阶段)路段样本的均值和方差检验($\alpha=0.05$) 表5.19

类型	基层类型	AL			TL		
		级配碎砾石	沥青稳定碎石	水泥稳定碎石或土	级配碎砾石	沥青稳定碎石	水泥稳定碎石或土
无传力杆	级配碎砾石	NA	Y(Y)	Y(Y)			
	沥青稳定碎石		NA	Y(Y)		NA	Y(N)
	水泥稳定碎石或土			NA			NA

续上表

类型	基层类型	AL			TL		
		级配碎砾石	沥青稳定碎石	水泥稳定碎石或土	级配碎砾石	沥青稳定碎石	水泥稳定碎石或土
有传力杆	级配碎砾石	NA	Y(Y)	N(Y)	NA		Y(Y)
	沥青稳定碎石		NA	N(Y)			
	水泥稳定碎石或土			NA			NA

注:Y(N)——Y 和 N 表示有无显著性;括号前为均值差异显著性,括号内为方差显著性。

综合这四类路段(有无传力杆,两类服务寿命——AL,TL)的分析来看,水泥稳定碎石(土)基层的服务寿命要显著高于沥青稳定碎石基层,而级配碎石基层路段的服务寿命最差。

2)生存函数非参数方法比较

图 5.13 中显示了四大类路段(有无传力杆,两类服务寿命——AL,TL)中三种不同基层类型的寿终概率曲线。对于无传力杆 AL,三种基层类型的寿终概率曲线的线位较为清晰——水泥稳定碎石(土)低于沥青稳定碎石,沥青稳定碎石低于级配碎砾石。这表明对于实际服务寿命(AL)来说,水泥稳定碎石(土)基层的 AL > 沥青稳定碎石基层的 AL > 级配碎砾石基层的 AL,表 5.20 中的显著性检验证实了这样的规律。对于有传力杆 AL,三种基层的寿终概率曲线的线位关系并不清晰,通过表中的显著性检验发现,三种基层类型的寿终概率之间无明显差异。

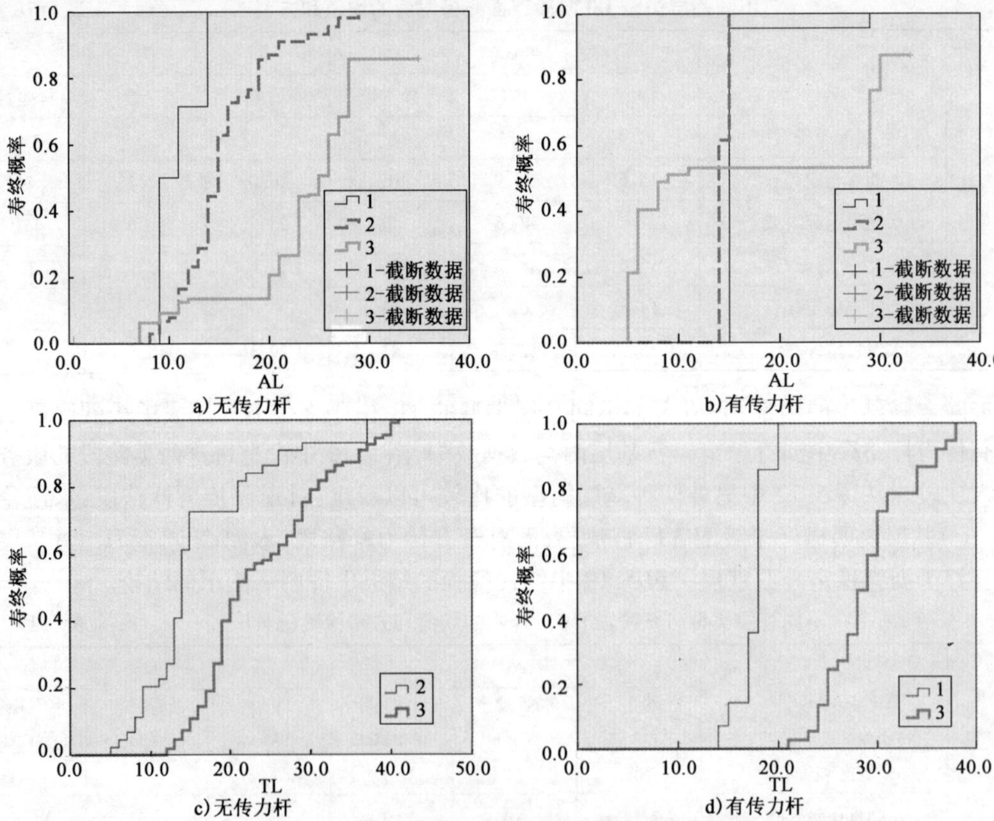

图 5.13　不同基层类型路段样本 D0 阶段寿终概率曲线

1-级配碎砾石基层;2-沥青稳定碎石基层;3-水泥稳定碎石(土)基层

去除大修延误的影响，就达到大修标准的服务寿命（TL）而言，对无传力杆TL，水泥稳定碎石（土）的寿终概率曲线线位明显低于沥青稳定碎石，对有传力杆TL，水泥稳定碎石（土）的寿终概率曲线线位也明显低于级配碎砾石。这就说明水泥稳定碎石（土）的服务寿命要显著高于沥青稳定碎石和级配碎砾石。

不同基层类型路段样本寿终概率分位点和差异显著性检验（$\alpha=0.05$）　　表5.20

类型		25%分位点（年）	50%分位点（年）	75%分位点（年）	差异显著性检验		
					级配碎砾石	沥青稳定碎石	水泥稳定碎石（土）
无传力杆AL	级配碎砾石	9	9	14	NA	Y(Y)	Y(Y)
	沥青稳定碎石	13	15	18		NA	Y(Y)
	水泥稳定碎石（土）	21	25	28			NA
有传力杆AL	级配碎砾石	15	15	15	NA	Y(Y)	N(N)
	沥青稳定碎石	14	14	15		NA	N(N)
	水泥稳定碎石（土）	6	9	29			NA
无传力杆TL	沥青稳定碎石	12	14	21		NA	Y(Y)
	水泥稳定碎石（土）	18	21	29			NA
有传力杆TL	级配碎砾石	17	18	18		NA	Y(Y)
	水泥稳定碎石（土）	26	29	31			NA

注：1. 显著性检验中，Y和N表示有无显著性；括号前为对数秩检验，括号内为Tarone-Ware检验。
2. 下划线表示最终选择的检验方法。

综合这三种分析方法来看，尽管有传力杆AL一类中三种基层类型的服务寿命相差不明显，但其余几大类路段的分析结果较为明确。总体来说：水泥稳定碎石（土）的服务寿命要显著高于沥青稳定碎石，而沥青稳定碎石又要显著高于级配碎砾石。

5.3.8　ESAL对服务寿命的影响

过去的研究表明，路段上交通量的增加将会使路段错台量增加[77-81]，FHWA比较了LTPP路段上错台发展较大和较小的路段的ESAL，尽管统计检验的结果认为两者差别不明显，但是结果又发现错台发展较小路段的累积ESAL值明显小于错台量相对较大的路段。那么对于佐治亚州的以错台病害为主的路段服务寿命，累积的ESAL与其直接的关系究竟如何呢？

正如本文前些章节中所提及的，对服务寿命的计量单位表示有两种：一种是年，另一种是累积的ESAL。相比较而言，累积ESAL表示更为合理，但是目前普遍的问题是由于交通量资料的缺乏，累积的ESAL很难获得，不得已，各州以年作为服务寿命的计量单位。其实如果能以累积的ESAL作为服务寿命的计量单位，也就不存在本小节讨论的ESAL与服务寿命之间的关系的问题，二者就合二为一，但是由于交通量资料的欠缺，尚无法做到这一点。另外，在本次研究中所采用的ESAL值是该路段1990—2009年平均的ESAL值，而并非路段服务寿命内累积的ESAL，采用这样的假定，也是由于1990年以前的交通资料的缺乏造成，不得已为之，不过，近20年的平均ESAL也基本可以反映不同路段之间ESAL特征及交通量的差别。

1)路段 ESAL 的分类

在研究路段的平均 ESAL 与路段的实际服务寿命之间的关系时，由于两个变量都是连续型变量，可以将每个路段对应的 AL 和平均 ESAL 值绘在坐标轴中来反映大致的趋势。图 5.14中就反映了无传力杆路段平均的 ESAL 与实际服务寿命(AL)之间的关系。从图中可以大致看出，随着路段 ESAL 值的增加，AL 呈降低的趋势，尤其在平均的 ESAL 值大于 5×10^6 次之后，这一趋势变得较为明显。但是这种观察方法只能显示一个大致的趋势，无法进行定量的比较。因此，在本次研究中，为了便于进行定量的比较，本书先对所有所获得的路段样本按照平均的 ESAL 分成 3 类(轻、中、重)，继而比较每一类路段中服务寿命的差别。

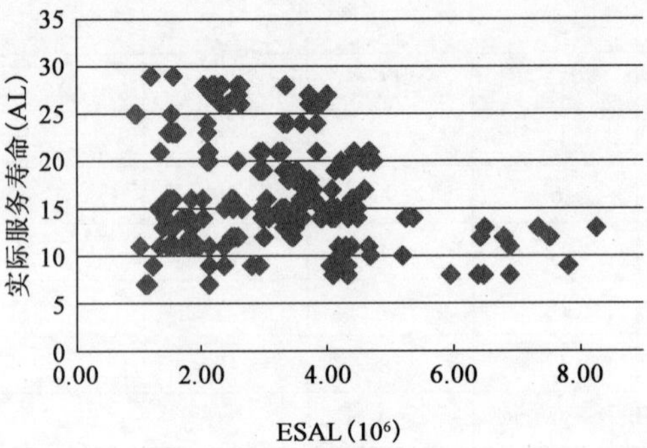

图 5.14　无传力杆路段实际服务寿命与路段 ESAL 关系图

如何对路段进行类别划分是首先要考虑的一个问题，按照佐治亚州对路段交通量划分的标准[8]，AADT＜5000 辆为轻交通量，AADT＞10000 辆为重交通量，5000 辆＜AADT＜10000 辆为中等交通量。基于这样的划分标准，由于本次研究获得的路段样本均属于州际公路，交通量普遍较大，路段样本的 AADT 均在 12000 辆以上，均属重交通量路段，按照这样的交通量划分标准无法对本次的路段样本进行有效的划分，只有寻找别的分类方法。当然还有一些别的方法可以采用，如专家咨询法、平均分类法等，但是这些方法的主观性太强，不符合本次研究的路段样本的数据特征。

基于以上的考虑，本次研究中对路段的样本分类采用了有序样本的聚类分析方法。这种分类方法的基本原理是：通过对样本的划分，使得每一类样本之间的“距离最短”，而类与类之间的“距离最长”。通常解决这样的问题采用 Fisher 最优分割法，鉴于篇幅原因，本书不详细介绍，可参考相关的文献[92]。具体的流程如下：

(1)将所有样本中的平均 ESAL 按照从小到大排序。

(2)确定分类的数量：本次研究将样本分为 3 类(轻、中、重)。

(3)采用 Fisher 最优分割法，利用 Matlab 编程计算，确定分类，Matlab 计算文件详见附录 D。

本次分析的样本共有 988 个路段，根据最终计算结果的，分类及最终的分类标准如表5.21 所示。

路段样本的分类表 表5.21

交通量	轻	中	重
样本序列号	1~515	516~956	957~988
对应的平均 ESAL(10^6 次)	0.94~2.66	2.82~4.80	5.2~8.26
最终的分类标准(10^6 次)	平均 ESAL <2.8	2.8<平均 ESAL<5.0	平均 ESAL>5.0

2)图表观察和统计检验比较

基于以上的分类原则,将数据样本分成了轻、中、重3类,本节将对每一类的路段样本的服务寿命进行比较,比较时仍然将路段按照有无传力杆分开考虑,服务寿命分别考虑实际服务寿命(AL)和达到大修标准的服务寿命(TL)。

图5.15中显示了不同ESAL类别路段样本在D0阶段的服务寿命,由于有些类别的路段样本较少,本次分析中并没有将其列出。对于无传力杆AL,轻等和中等ESAL的路段要明显好于重等ESAL的路段(17.9年和16.4年对比10.8年),而轻等与中等之间也有明显差别,但差距略小。总的趋势是:轻等>中等>重等,这样的结论也在表5.22中被显著性检验所验证。对于有传力杆AL,轻等ESAL路段与中等的服务寿命相差无几(15.2年对比15.4年)。表5.22的显著性检验结果也表明,两者的实际服务寿命无明显差别。消除大修延误的影响,对于有传力杆路段TL而言,轻等ESAL的TL为29.1年,明显高于中等的17.6年,显著性检验也有同样的结果。

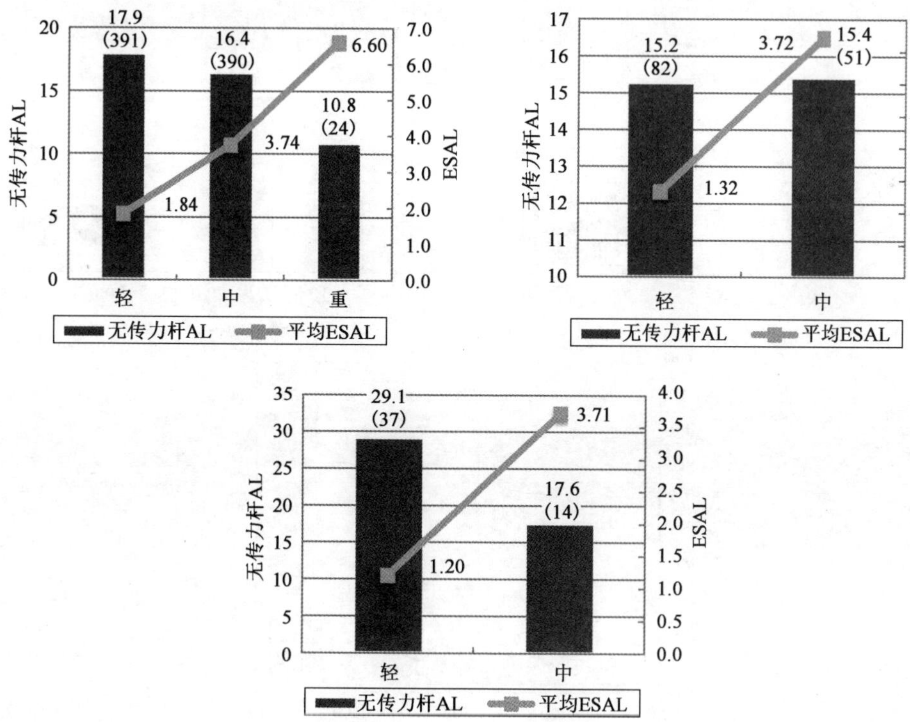

图5.15 不同ESAL类别路段样本在D0阶段实际服务寿命
(注:括号内的数字为样本数)

不同 **ESAL** 类别(D0 阶段)路段样本的均值、方差及显著性检验($\alpha=0.05$)　　表 5.22

类　型	平均 ESAL 类别	均值	方差	样本数	ESAL 均值	显著性检验		
						轻	中	重
无传力杆 AL	轻	17.9	42.2	391	1.84	NA	Y(Y)	Y(Y)
	中	16.4	22.1	390	3.74		NA	Y(Y)
	重	10.8	5.8	24	6.60			NA
有传力杆 AL	轻	15.2	129.8	82	1.32	NA	N(Y)	
	中	15.4	7.8	51	3.72		NA	
有传力杆 TL	轻	29.1	18.8	37	1.20	NA	Y(Y)	
	中	17.6	2.6	14	3.71		NA	

注:Y(N)——Y 和 N 表示有无显著性;括号前为均值差异显著性,括号内为方差显著性。

3)生存函数非参数方法比较

图 5.16 显示了不同 ESAL 类别路段在 D0 阶段的寿终概率曲线,就无传力杆 AL 而言,轻等与中等 ESAL 路段的曲线线位要明显低于重等 ESAL 路段。轻等与中等 ESAL 路段之间,在实际服务寿命为 15 年之前,两者非常接近,但 15 年之后,轻等 ESAL 路段的曲线要明显低于中等。从表 5.23 中显著性检验可以看出,3 种类别 ESAL 路段寿终概率曲线之间存在显著区别——轻等 ESAL 路段的实际服务寿命要高于中等,而中等 ESAL 路段要显著高于重等 ESAL 路段。

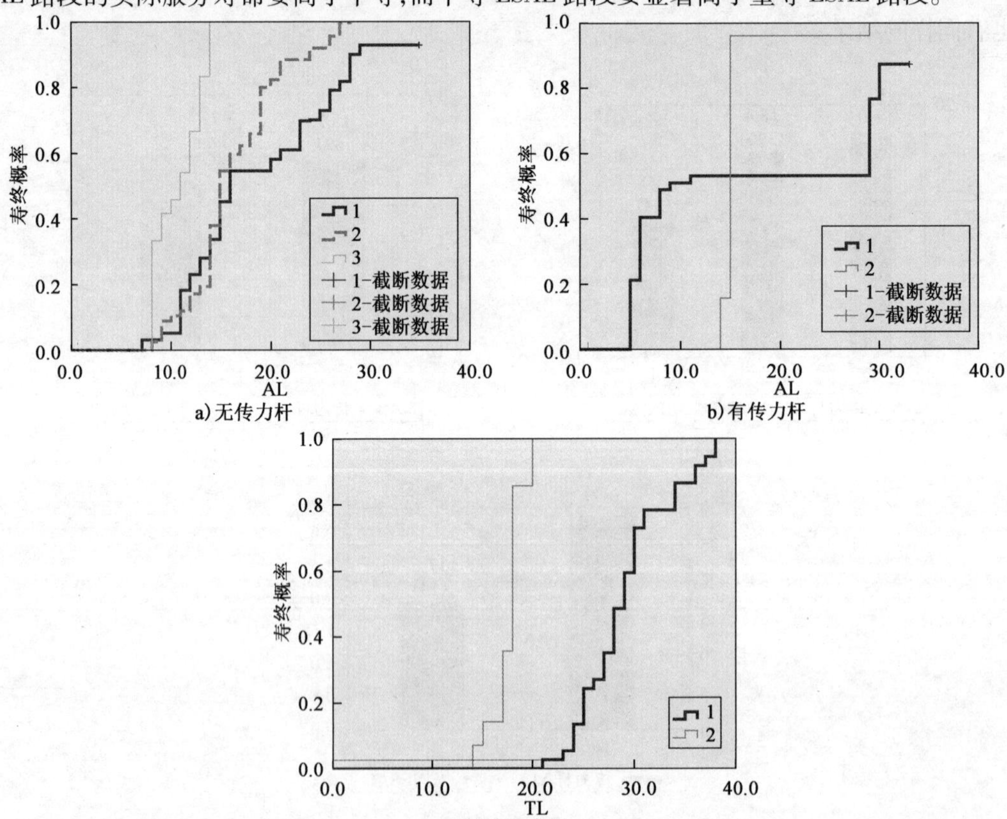

图 5.16　不同 ESAL 类别路段样本 D0 阶段寿终概率曲线

1-轻等;2-中等;3-重等

不同 ESAL 类别路段样本寿终概率分位点和差异显著性检验($\alpha = 0.05$)　　表 5.23

类型		25%分位点(年)	50%分位点(年)	75%分位点(年)	差异显著性检验		
					轻	中	重
无传力杆 AL	轻	13	16	26	NA	Y(Y)	Y(XY)
	中	14	15	19		NA	Y(Y)
	重	8	11	13			NA
有传力杆 AL	轻	6	9	29	NA	N(N)	
	中	15	15	15		NA	
有传力杆 TL	轻	26	29	31	NA	Y(Y)	
	中	17	18	18		NA	

注:1. 显著性检验中,Y 和 N 表示有无显著性;括号前为对数秩检验,括号内为 Tarone-Ware 检验。
2. 下划线表示最终选择的检验方法。

对有传力杆 AL,两条曲线(轻等、中等)的线位高低关系并不明显,呈明显的交叉状,交叉点的服务寿命在 15 年左右,通过显著性检验发现,两者的寿终概率曲线无明显差异。

对有传力杆 TL,两条寿终概率曲线(轻等、中等)之间的线位关系非常明确,即轻等要明显低于高等,这说明轻等 ESAL 路段的达到大修标准的服务寿命要明显高于高等 ESAL。

通过以上的分析发现,用生存分析方法得到的结论与用图表观察法和统计检验方法得到的结论是完全一样的。综上所述,尽管对有传力杆 AL 中两类路段的服务寿命无明显差别,但总的来说,ESAL 对于路段服务寿命有着明显的影响,轻的 ESAL 路段服务寿命较长,中等次之,而重等 ESAL 路段服务寿命相对较短。

5.3.9　大修前路况(FBR)对服务寿命的影响

1)大修前路况(FBR)的分类

由于在本次分析的路段中,路面错台的发展是影响路面大修的最主要的因素,继而也会显著影响路段服务寿命的长短,因此,在研究大修前路况对路段服务寿命的影响时,用大修前路段的错台指数(FBR)来表征大修前的路面状况。

与上小节分析 ESAL 对路段服务寿命相同,由于 FBR 与服务寿命均为连续型变量,为了量化分析 FBR 对服务寿命的影响,应首先对 FBR 进行分类。对于错台指数,佐治亚州的实践认为,当错台指数达到 15 的时候,路段就应该考虑进行大修,而错台指数超过 20 时,被认为是延误的大修。根据这样的原则,本次研究将路段划分为 3 类:提早大修路段、正常大修路段及延误大修路段。当错台指数尚未达到 15 时进行大修的路段被定义为提早大修路段,但是本次收集的样本中有些路段大修时错台指数非常小(<10),此时该路段有较大的可能是由于别的类型的病害造成的路段大修,这些路段将被剔除出分析范围,因此本次研究中提早大修路段被定义为 $10 \leqslant FBR \leqslant 15$,正常大修的路段被定义为 $15 < FBR \leqslant 20$,而延误大修的路段被定义为 $FBR > 20$。如表 5.24 所示。

路段样本的 FBR 分类表　　表 5.24

大修时机	提前	正常	延误
FBR 范围	$10 \leqslant FBR \leqslant 15$	$15 < FBR \leqslant 20$	$FBR > 20$

在研究 FBR 对路段服务寿命影响时,除了对 FBR 进行分类,对于路段的样本仍然按照有无传力杆和两种不同的服务寿命(AL 和 TL)分别进行讨论,由于 D0 阶段的服务寿命不存在大修前的路面状况(D0 为初始建成阶段),D2 ~ D3 阶段的数据样本量相对较少,本次研究采用 D1 阶段的样本进行分析比较。

2)图表观察和统计检验比较

如图 5.17 所示为不同 FBR 分类的服务寿命,由于有传力杆路段的服务寿命数据相对较少,因此,图中没有比较有传力杆 AL 和 TL 的不同 FBR 分类的服务寿命。从图中可以直观地发现:随着 FBR 的增加(提早→正常→延误),无论是 AL 还是 TL,服务寿命均呈下降的趋势。从表 5.25 中的显著性检验的结果来看,除无传力杆 AL 中正常与延误两类的均值无显著性差别外,其余的检验结果与图 5.17 中观察的结论一致——提早大修路段的服务寿命最长,正常大修路段次之,延误大修路段的服务寿命最短。

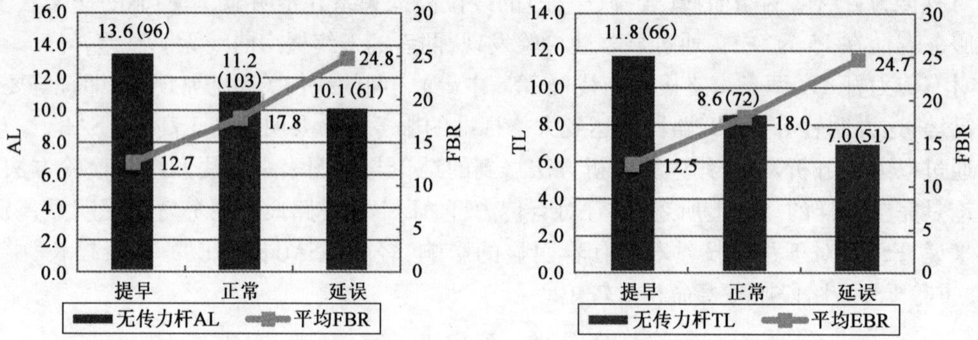

图 5.17　不同 FBR 类别路段样本在 D1 阶段实际服务寿命

(注:图中括号内的数值为样本数量)

不同 FDR 类别(D1 阶段)**路段样本的均值、方差及显著性检验**($\alpha = 0.05$)　　表 5.25

类　型	FDR 类别	均值	方差	样本数	FDR 均值	显著性检验		
						提早	正常	延误
无传力杆 AL	提早	13.6	9.0	96	12.7	NA	Y(N)	Y(Y)
	正常	11.2	12.4	103	17.8		NA	N(N)
	延误	10.1	15.3	61	24.8			NA
无传力杆 TL	提早	11.8	17.7	66	12.5	NA	Y(N)	Y(Y)
	正常	8.6	12.7	72	18.0		NA	Y(N)
	延误	7.0	8.4	51	24.7			NA

注:Y(N)——Y 和 N 表示有无显著性;括号前为均值差异显著性,括号内为方差显著性。

3)生存函数非参数方法比较

从图 5.18 中 3 种不同 FBR 类别的寿终概率曲线的线位来看,3 种类别的线位关系较为清晰,提早大修路段的线位最低,正常大修路段的线位次之,延误大修路段的线位最高,这说明 3 类中提早大修路段的服务寿命最长,正常大修路段次之,延误大修的服务寿命最短。从表 5.26中的路段样本的 50% 分位点来看,对于无传力杆 AL,提早、正常和延误分别为 16 年、12 年、10 年,去除下一阶段延误大修的影响,对无传力杆 TL, 提早、正常和延误分别为 14 年、

10年、7年,趋势均为:提早 > 正常 > 延误。从显著性检验的结果来看,结论较为一致——提早大修路段的服务寿命最长,正常大修路段次之,延误大修路段的服务寿命最短,且三类路段之间的服务寿命有显著差别。

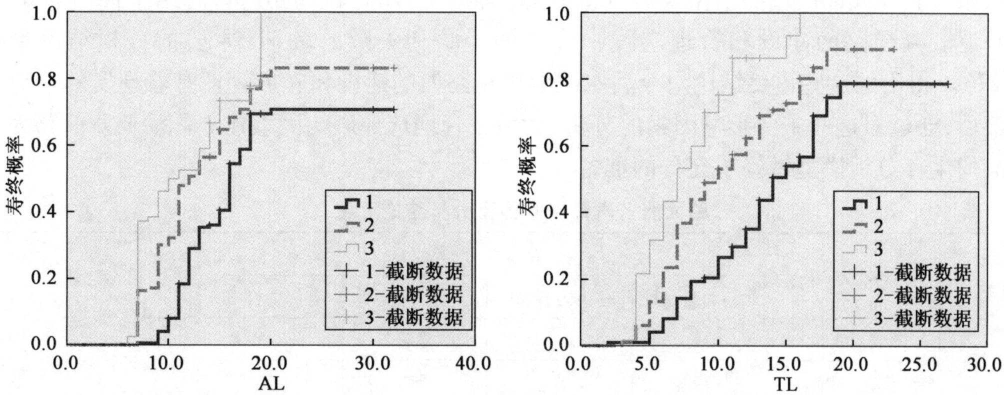

a)无传力杆　　b)无传力杆

图5.18　不同FBR类别路段样本D1阶段寿终概率曲线

1-提早;2-正常;3-延误

不同FBR类别路段样本寿终概率分位点和差异显著性检验($\alpha=0.05$)　　表5.26

类　型		25%分位点(年)	50%分位点(年)	75%分位点(年)	差异显著性检验		
					提早	正常	延误
无传力杆AL	提早	12	16		NA	Y(Y)	Y(Y)
	正常	9	12	18		NA	Y(Y)
	延误	7	10	18			NA
无传力杆TL	提早	10	14	19	NA	Y(Y)	Y(Y)
	正常	7	10	16		NA	Y(Y)
	延误	5	7	10			NA

注:1.显著性检验中,Y和N表示有无显著性;括号前为对数秩检验,括号内为Tarone-Ware检验。
2.下划线表示最终选择的检验方法。

综合以上图表观察法、统计检验法及生存分析法三种方法的分析,发现大修前路段的路面状况(FBR)对大修后的路面服务寿命有着显著的影响,大修进行得越早,大修后的路面服务寿命越长,而延误的大修会导致路段的服务寿命显著地降低。

5.4 本章小结

本章利用佐治亚州路面管理系统中获得的5条水泥混凝土州际公路上的路况数据,采用了图表观察法、统计检验法和生存分析方法对影响水泥混凝土服务寿命8个影响因素分别进行了分析比较。这8个因素包括反映路面结构特征的接缝间距、接缝类型、路肩类型、基层类型、传力杆、水泥混凝土板厚,以及反映交通荷载特征的1990—2009年路段的平均ESAL和反映路面大修特征的 FBR。

通过这样的分析,首先提出了将生存分析运用于路面服务寿命影响因素分析的完整方法,包括:如何选择分析数据、如何处理已知数据、如何分析比较不同影响因素的生存曲线、采用何种方法来检验和验证比较的结果等。其次,通过对这些影响因素的分析,总结了佐治亚州 40 多年水泥混凝土路面建设和管理实践中成功的经验和失败的教训(主要的分析结论参见表 5.27)。得出的这些重要结论对今后水泥混凝土路面的建设和养护管理有着现实的指导意义。最后,通过对这些主要影响因素的分析,为后文合理选择影响因素建立佐治亚州的路面服务寿命的生存分析模型做好了充分的准备。

路面服务寿命影响因素分析结论汇总 表 5.27

影响因素	比较方法	路段分类				简要结论
		无传力杆 AL	有传力杆 AL	无传力杆 TL	有传力杆 TL	
传力杆	图表与统计	显著		显著		有传力杆 > 无传力杆
	生存分析	不显著		显著		
板厚	图表与统计	8inch > 10inch > 9inch	10inch > 11inch	10inch > 9inch		不同板厚无显著影响
	生存分析	8inch = 10inch > 9inch	10inch = 11inch	10inch > 9inch		
接缝间距	图表与统计	不显著	不显著	显著		6.1m 间距 > 9.1m 间距
	生存分析	显著(微弱)	不显著	显著		
接缝类型	图表与统计	显著		显著		斜交 > 正交
	生存分析	显著		不显著		
路肩类型	图表与统计	不显著	不显著			路肩类型无显著影响
	生存分析	不显著	不显著			
基层类型	图表与统计	显著	不显著	显著	显著	水泥稳定碎石(土) > 沥青稳定碎石 > 级配碎砾石
	生存分析	显著	不显著	显著	显著	
AESAL	图表与统计	显著	不显著		显著	AESAL 低 > 中 > 高
	生存分析	显著	不显著		显著	
FBR	图表与统计	显著	显著			FBR 提早 > 正常 > 延误
	生存分析	显著	显著			

最后一点需要引起注意的就是,通过以上的分析以及表 5.27 所显示的结论,我们发现,在对每个影响因素进行分析时,往往对实际服务寿命 AL 分析得到的结论较为含糊,而对达到大修标准的服务寿命 TL 分析得到的结论更为清晰,由此可以看出,实际服务寿命由于人为等因素的影响,大修往往并不能按照理论上的大修标准得以实施,或提前,或推迟,这样许多不同设计特征对路段服务寿命的影响就可能被掩盖了,从而导致在分析 AL 时结论不明确。而达到大修标准的服务寿命 TL 部分消除了这种人为影响的因素,使得到的结论更为清晰和接近真实,由此,在今后讨论服务寿命与影响因素之间的关系时,建议尽量能采用达到大修标准的服务寿命 TL。

第 6 章　路面服务寿命的 Cox 比例风险模型

6.1　引　　言

上一章采用了图表观察法、统计检验法和非参数的生存分析方法（Kaplan-Meier 方法）对影响水泥混凝土路面服务寿命的 8 个设计特征因素分别进行了初步分析，比较了不同路面结构特征、交通状况、大修前路况对服务寿命的影响，这些分析结果为更深入研究奠定了坚实的基础。但是就采用的分析方法而言，尽管在过去被广泛应用于影响因素分析[9,45]，但是它们是存在一些缺陷的，其中最显著的问题就是在比较某一因素的影响时忽略了别的因素对结果的影响，譬如说，在比较传力杆设置与否对服务寿命的影响时，将路段样本分成有无传力杆两类。通常来说，在其他影响因素都相同的前提下，有传力杆路段的路段服务寿命要高于无传力杆路段，但是在分类时，假设有传力杆路段中的交通量高，而无传力杆路段中的交通量低，由于交通量也对路段的服务寿命有着显著的影响，最终有可能得到的分析结果是无传力杆路段的服务寿命要高于有传力杆路段，这样的结论显然是有较大的误差的。因此，为了充分考虑其他因素的影响，有时采用多元分析的方法来解决这样的问题，如主成分分析法、逐步回归法等。但是这些分析方法却无法处理具有删失数据的样本，舍弃这些删失数据对于路况资料是一种极大的浪费，在可以处理删失数据的生存分析方法中，除了寿命表方法和 Kaplan-Meier 方法这两种非参数模型方法，分析影响因素时通常还有 Weibull 回归模型、指数回归模型等参数型的生存分析方法。但是这些参数型模型要求数据样本符合一定的参数分布，根据以前的研究[93]和本书前些章节的研究，由于路面服务寿命的影响因素太多，寿命数据的分布特点很难用某一特定的参数性模型来表述，这就需要寻找一种不用估计数据参数分布并且可以考虑影响因素交互作用的生存分析方法。Cox 比例风险模型——一种半参数的生存分析模型[94]，可以很好地克服非参数和参数模型的这些缺点，本次研究将采用这种方法来量化评估水泥混凝土路面服务寿命的诸多因素的影响，并同时建立相应的 Cox 比例风险模型，为在不同设计特征下对路面服务寿命进行预估奠定基础。下文将首先简要介绍 Cox 比例风险模型的知识。

6.2 Cox 比例风险模型方法简介

6.2.1 风险函数

Cox 比例风险模型中涉及一些重要的基本概念,定义如下:

1)风险函数

又称风险率函数、瞬时死亡率等。表示个体在生存过程中,每单位时间死亡的风险度。实际计算时,按式(6.1)估计。

$$h(t)=\frac{\text{在区间}[t,t+\Delta t]\text{上寿终的样本数}}{\text{在 }t\text{ 时刻依然生存的样本数}\times\Delta t} \tag{6.1}$$

2)风险比

指同一时间点两组风险函数之比,这个比即相对风险度。

$$\text{风险比(相对风险度)}=\frac{\text{第一组个体的 }h_1(t)}{\text{第二组个体的 }h_2(t)} \tag{6.2}$$

如果风险比与时间无关,即任何时刻,两组的风险比值是相等的,则称为比例风险,否则称为非比例风险或具有时间依赖性的。

6.2.2 Cox 比例风险模型

通常在参数型模型回归时,如指数回归或 Weibull 回归中需要对基线风险做假设,如在指数回归中,基线风险 $h_0(t)=e^{\alpha}$,在 Weibull 回归中,基线风险 $h_0(t)=mt^{m-1}e^{\alpha}$。但实际数据往往并不符合这样的分布,此时采用指数回归与 Weibull 回归就不合适,英国学者 Cox[95,102]用偏似然原理回避了求基线而解决估计回归系数 $\beta_1,\beta_2,\cdots,\beta_p$ 的问题,无须对基线风险作任何限制,相应的风险模型被称为 Cox 比例风险模型(Cox Proportional Hazards Model)。

Cox 比例风险模型的一般形式是:

$$h(t)=h_0(t)\cdot\exp(\beta_1x_1+\beta_2x_2+\cdots\beta_px_p) \tag{6.3}$$

式中:x_1、x_2、…、x_p——不同影响因素状态;

β_1、β_2、…、β_p——各影响因素的回归系数;

$h(t)$——某时刻 t 在不同影响因素状态下的风险函数;

$h_0(t)$——基线风险函数,此时各影响因素状态值均为 0。

一般来说,各影响因素的回归系数 β_1、β_2、…、β_p 可以根据样本采用偏似然估计的方法得出[96],而 $h_0(t)$ 并不能由样本估计得出,所以 Cox 模型又称为半参数(Semi-parametric)模型,但这并不影响各影响因素相对风险度的估计。

$$\text{比值}=\frac{h(t|x_1,x_2,\cdots,x_p)}{h(t|x_1',x_2',\cdots,x_p')} \tag{6.4}$$

式(6.4)表示在时刻 t 时两种影响因素状态下的风险比,又称相对风险度。Cox 比例风险模型假设:在任何时刻风险的比值是不变的,即“等比例风险”。Cox 模型的另一等价形式为:

$$\ln\left[\frac{h(t)}{h_0(t)}\right]=\beta_1 x_1+\beta_2 x_2+\cdots\beta_p x_p \tag{6.5}$$

在 Cox 比例风险模型中：

（1）当 $h_0(t) = mt^{m-1}e^{\alpha}$ 时，有式（6.6）：

$$h(t)=mt^{m-1}e^{\alpha}\cdot\exp(\beta_1 x_1+\beta_2 x_2+\cdots\beta_p x_p) \tag{6.6}$$

此时即 Weibull 回归模型。

（2）当 $h_0(t)=e^{\alpha}$ 时，有式（6.7）：

$$h(t)=e^{\alpha}\cdot\exp(\beta_1 x_1+\beta_2 x_2+\cdots\beta_p x_p) \tag{6.7}$$

此时即指数回归模型。

由公式（6.6）、公式（6.7）可以看出，一些参数型的模型，如 Weibull 回归模型，指数回归模型其实是 Cox 比例风险模型的特殊情况而已。

在实际应用中，Cox 比例风险模型通常可以采用一些大型统计分析软件，如 SAS、SPSS 等来分析，本书采用了 SPSS 软件来量化分析各种因素对水泥混凝土路面服务寿命的影响。

6.2.3　Cox 比例风险模型回归所需的样本含量

得到一个相对较为合理的 Cox 比例风险模型需要多少样本是一个比较有争论的问题，尤其是对于包含有删失数据样本的模型则更为复杂，根据以前的研究结果[97]，当样本含量大于自变量数量的 20 倍时，参数估计的偏差是可以接受的，尽管该研究是针对 Logistic 回归，但是对于 Cox 比例风险模型是可以参考的。另一个经验方法是，以某一感兴趣的时间点（一般是中位生存时间附近）的生存情况来估计样本含量，每个自变量至少需要 10 个结局[97]。当然所需样本含量还取决于所研究的自变量与结果变量之间的密切程度，关系密切者，所需样本含量较小，反之，样本含量则较大。

6.3　D0 阶段路面实际服务寿命（AL）Cox 比例风险模型

前文对路面服务寿命分析时，根据水泥混凝土路面初始建成的时间和各次路面大修的次序将路面服务寿命分成了 D0 ~ D4 的不同阶段，本章的主要目的是要通过建立路面服务寿命的 Cox 比例风险模型来量化评估不同设计特征、交通量、大修等因素对服务寿命的影响，而 D0 ~ D4 阶段需要考虑的影响因素并不相同，D0 阶段是指从路面初始建成到第一次路面大修的时间，这其中要考虑的影响因素有 7 个：接缝间距、接缝类型、路肩类型、基层类型、传力杆、水泥混凝土板厚、AESAL（年实际平均 ESAL）。而对于 D1 ~ D4 阶段，大修前的路面状况对路面大修后的服务寿命有着显著的影响，所以，在对 D1 ~ D4 阶段服务寿命建模时还应考虑大修前的路面状况 FBR。此外，第 4 章的研究表明：不同阶段的路面服务寿命也存在明显的差别，因此，在对 D1 ~ D4 阶段服务寿命综合在一起建模时，服务寿命的不同阶段也被考虑为影响因素之一，这样在 D1 ~ D4 阶段服务寿命模型中共有 9 个影响因素需要分析。由于 D0 ~ D4 阶段考虑的影响因素有所不同，本次研究也将分开建立 Cox 比例风险模型，而路面的服务寿命又可分为实际服务寿命(AL)和达到大修标准的服务寿命(TL)两种,因此,本次研究共建立4类(D0-AL、D0-TL、D1~D4-AL、D1~D4-TL)Cox比例风险模型。根据本章的分析目的和SPSS软件的特点,提出的本次研究的分析流程框架如图6.1所示。

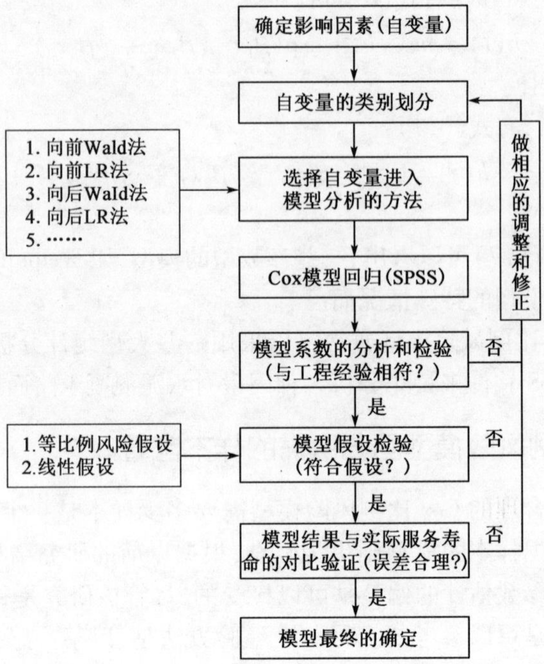

图6.1 路面服务寿命Cox比例风险模型建模流程

6.3.1 样本分析

本节的目的是建立D0阶段实际服务寿命(AL)Cox比例风险模型,并同时根据模型量化评估不同因素(自变量)对水泥混凝土路面实际服务寿命的影响。我们从获得的路况资料中选取了中等以上质量水平的路段实际服务寿命数据824个,其中寿终数据782个,删失数据42个。在建立Cox模型前,我们必须先对数据样本有大致的了解,掌握样本在不同自变量上的分布情况,以避免因某些自变量样本过少导致模型异常的情况。

前文提到了对于D0,初步要分析的自变量有7个:接缝间距、接缝类型、路肩类型、基层类型、传力杆、水泥混凝土板厚、AESAL,那么824个路段实际服务寿命样本在由7个不同的自变量值组合的路段上的分布是如何的呢?表6.1汇总了其分布状况,各自变量值的含义见表6.2。

D0阶段不同路面结构的样本分布 表6.1

路面结构	板厚(in)	接缝间距(in)	接缝类型	基层类型	路肩	传力杆	AESAL(10^6)	样本量
1号	10	1	0	1	0	1	1.06~1.82	94
2号	**8**	**1**	**1**	**1**	**1**	**0**	**2.34~2.64**	**26**
3号	**8**	**1**	**0**	**0**	**1**	**0**	**2.38~3.78**	**28**

续上表

路面结构	板厚(in)	接缝间距(in)	接缝类型	基层类型	路肩	传力杆	AESAL(10^6)	样本量
4号	9	1	0	0	0	0	4.23~4.42	8
5号	**9**	**1**	**0**	**0**	**1**	**0**	**1.50~7.81**	**265**
6号	**9**	**0**	**0**	**0**	**1**	**0**	**1.85~3.46**	**43**
7号	**9**	**0**	**1**	**0**	**1**	**0**	**1.85~2.49**	**5**
8号	**10**	**0**	**1**	**1**	**1**	**0**	**2.11~2.64**	**32**
9号	**10**	**0**	**0**	**0**	**1**	**0**	**1.02~1.85**	**62**
10号	**10**	**1**	**0**	**1**	**1**	**0**	**1.22~7.52**	**41**
11号	**10**	**0**	**1**	**0**	**1**	**0**	**1.31~1.42**	**32**
12号	**10**	**1**	**1**	**1**	**1**	**0**	**1.10~1.15**	**18**
13号	**10**	**1**	**0**	**0**	**1**	**0**	**1.34~8.26**	**170**
合计	—	—	—	—	—	—	—	824

注:表中黑体为综合路段涉及的路面结构。

D0 阶段 Cox 比例风险模型自变量类型及赋值　　表6.2

自变量名称	变量赋值	赋值含义	样本量	变量类型
路肩类型(取消)	0	水泥混凝土路肩	8	分类变量
	1	沥青混凝土路肩	722	
传力杆	0	未设传力杆	730	分类变量(分层变量)
	1	设传力杆	94	
接缝间距	0	9.1m	174	分类变量
	1	6.1m	556	
接缝类型	0	正交	617	分类变量
	1	斜交	113	
基层类型	0	沥青稳定碎石	613	分类变量
	1	水泥稳定碎石(土)	117	
水泥混凝土板厚	板厚 $A=1$,板厚 $B=0$	8inch 水泥混凝土面层板厚	54	分类变量(哑变量)
	板厚 $A=0$,板厚 $B=1$	9inch 水泥混凝土面层板厚	321	
	板厚 $A=0$,板厚 $B=0$	10inch 水泥混凝土面层板厚	355	
AESAL	—	1990—2009 年实际平均 ESAL	—	连续变量

注:样本量值仅为未设传力杆路段样本总量(730个)在不同自变量值上的分布(传力杆一栏除外)。

从表6.1中可以发现,824个样本数据共分布于13种路面结构中,这13种路面结构包含了7个不同的自变量值的组合,建立Cox模型的一个重要目的是要分析不同自变量对服务寿命的影响,这也就要求样本在不同自变量取值上的分布应该尽量均匀,某些自变量取值上的过于集中则会影响最终模型的精度。通过对表6.1的观察,发现除传力杆和路肩类型外,其余自变量的样本分布基本符合要求。

表6.1中传力杆分为"0"和"1"两类,未设传力杆的路段样本分布在12种路面结构中,而

设传力杆路段的路面结构只有1种。这说明设传力杆路段样本中包含的其他自变量值的分布过于集中，而且设传力杆路段的样本数(94个)与未设传力杆路段的样本数(730个)相比，相差也较多，因此如果把传力杆作为分类自变量进入模型分析，可能会造成模型异常的情况。对于这种情况，传力杆将不再作为自变量进入模型分析，将设传力杆路段的1号路面结构的94个样本单独建模，而对未设传力杆的路段样本作为Cox模型的分析样本。为了与不剔除传力杆为"1"的模型回归情况进行对比，在模型的初步分析中，仍然保留传力杆自变量。

在表6.2样本量一栏中，对于路肩类型，水泥混凝土路肩在未设传力杆路段总样本中只有8个样本(均属于路面结构4)，而沥青混凝土路肩有722个样本，8个样本量不可能保证在模型中路肩类型对服务寿命影响显著性分析的准确性。对于这种情况，可采取的办法是取消路肩类型作为模型自变量，剔除含有水泥混凝土路肩的8个样本。

6.3.2 自变量的类别划分

根据图6.1中列出的分析流程和样本初步分析，确定分析的变量共有6个：接缝间距、接缝类型、基层类型、传力杆、水泥混凝土板厚、AESAL，路肩类型被剔除。

在将自变量输入SPSS进行分析前，需要对自变量进行分类，类别包括连续变量、分类变量；而分类变量又可以分为分类处理和分层处理两种方法。连续变量是指变量值为连续型数值的变量，在本次研究中如AESAL；分类变量是指变量的每一个赋值代表某一类别变量特征，其变量值只是一种符号，本次研究中的接缝类型、基层类型和传力杆这三类是很明显的分类变量，而对接缝间距和水泥混凝土板厚这两个变量，其变量值代表的是真实的间距和板厚，但是在本次选择的样本中，接缝间距只有6.1m和9.1m两种(随机间距类型的路段未被考虑)，为了方便研究，分别以"1"和"0"来赋值输入；与接缝间距相同，水泥混凝土板厚在本次研究中也只有8inch、9inch、10inch三种，所以虽然板厚的赋值为真实值，但是，研究中仍然作为分类变量考虑。

分类变量有二分类和多分类变量两种。对于二分类变量，如本次研究中的接缝类型、基层类型、传力杆和接缝间距这四个变量均只有两个分类，属于二分类，在输入是只需要将两种类型分别定义为"1"和"0"输入即可；而对于水泥混凝土板厚，有三种厚度类型，属于多分类变量，如果此时将其按照"8""9""10"或改为"0""1""2"输入模型，根据Cox比例风险模型的"等比例风险"假设，这三类板厚类型之间的风险应该是"等比例的"，而实际上，很大可能这三类板厚之间的风险并非等比例，所以必须要对水泥混凝土板厚采取其他方式输入模型。通常的做法是将板厚的三种类型转换成两个二分类的哑变量——厚度A、厚度B，如式(6.8)所示，在SPSS中可以用分类处理的方法完成；此时如果板厚为8inch，则厚度$A=1$，厚度$B=0$；如板厚为9inch，厚度$A=0$，厚度$B=1$；如板厚为10inch，则厚度$A=0$，厚度$B=0$；对于板厚A和板厚B这两个变量而言，均属于二分类的变量，肯定是符合Cox模型中"等比例"假设。

$$厚度A = \begin{cases} 0, 板厚 = 其他 \\ 1, 板厚 = 8\text{inch} \end{cases}; 厚度B = \begin{cases} 0, 板厚 = 其他 \\ 1, 板厚 = 9\text{inch} \end{cases} \tag{6.8}$$

分类变量中还可以按照分层变量输入，采用此种方法输入时，该变量中的不同类型Cox回归模型之间的自变量回归系数是完全相同的，但不同类型之间的基线函数不同，这样可以解决分类变量中不同类别之间可能存在的不符合"等比例"假设等问题。综上所述，对D0阶段中5个变量的分类和变量赋值，如表6.2所示。

6.3.3 选择自变量进入模型的方法

在 SPSS 进行 Cox 比例风险模型回归时,对自变量进入模型的方法类似于多元分析的逐步回归方法,主要分为两大类:向前法和向后法,根据对变量的检验方法的不同又分为条件似然检验、似然率检验及沃德检验 3 种,这样就有 6 种进入模型的方法,最后一种是强行进入法,即所有的自变量一次性全部进入回归方程,总共是 7 种方法。一般来说,使用向后消去法可以减少漏掉潜在的有价值的预测因子。如果至少有一个自变量进入模型,可以采用向前选择法。在本次计算中选择前 6 种方法来进行比较。

6.3.4 模型系数的分析和调整

在确定好自变量的输入形式和进入模型的方法之后,SPSS 即可进行初步的 Cox 比例风险模型回归,通过对比 6 种自变量进入模型的方法,分析的结果无任何差别,初步得出模型自变量系数的分析结果,如表 6.3 所示。

D0 阶段 Cox 比例风险模型自变量系数分析表(一) 表 6.3

变量名	回归系数	回归系数标准误差	Wald 检验统计量	自由度	显著性水平	相对风险度
板厚			30.514	2	0.000	
板厚 A	0.362	0.158	5.245	1	0.022	1.437
板厚 B	0.488	0.090	29.322	1	0.000	1.629
接缝间距	−0.731	0.114	41.034	1	0.000	0.481
基层类型	−0.870	0.133	42.603	1	0.000	0.419
传力杆	0.765	0.180	18.022	1	0.000	2.149
AESAL	0.201	0.046	18.912	1	0.000	1.222
接缝类型(剔除)				1	0.550	

从表中可以看出:在输入的 7 个自变量中(其中,水泥混凝土板厚为 2 个自变量),最终的模型系数中没有包括接缝类型,且接缝类型的显著性水平远大于 0.05,说明接缝类型对于服务寿命的影响并不显著。通过对各自变量的回归系数的分析,并对比工程经验和以前的文献研究成果,可以初步判断模型回归正确与否。

在回归系数一栏中,接缝间距、基层类型这两个自变量的回归系数为负值,说明随着这些自变量值的增加,路面服务寿命的风险度是降低的,即路面的服务寿命增加的。从这两个自变量值由“0”增加到“1”的含义来看——接缝间距由 9.1m 变化到 6.1m,基层类型由沥青稳定碎石变化到水泥稳定碎石(土),从以前的研究来看,这些系数是符合工程经验的。

板厚 A、板厚 B、传力杆和 AESAL 的回归系数均为正值,说明随着这些自变量值的增加,路面服务寿命的风险度是增加的——路面服务寿命呈减小的趋势。当板厚 A 或板厚 B 从“0”增加到“1”,分别意味着——板厚 10inch 变化到板厚 8inch,板厚 10inch 变化到 9inch,从工程经验来看,板厚变薄、服务寿命降低是较为合理的趋势。AESAL 是连续变量,随着 AESAL 的增加,服务寿命降低,这也符合工程实际。但当传力杆值从“0”增加到“1”,即传力杆设置从无到有,路面的服务寿命反而降低,这似乎与实际情况不符。

通过前文6.3.1节的样本分析可以看出:此处传力杆自变量系数异常的原因是由于传力杆值为“1”的样本量(94个)与“0”样本量(730个)相比偏少,且样本过于集中所致(仅一种路面结构)。所以在后文的分析中应该将传力杆自变量取消,对传力杆值为“1”的路面结构的生存曲线单独进行分析。自变量调整后重新进行模型回归的系数见表6.4,6种进入的模型的方法得到的模型回归系数是完全相同的。

D0阶段Cox比例风险模型自变量系数分析表(二) 表6.4

变量名	回归系数	回归系数标准误差	Wald检验统计量	自由度	显著性水平	相对风险度
板厚			41.821	2	0.000	
板厚 *A*	0.363	0.160	5.125	1	0.024	1.437
板厚 *B*	0.588	0.092	41.131	1	0.000	1.800
接缝间距	-0.735	0.116	39.930	1	0.000	0.479
基层类型	-0.909	.0134	46.127	1	0.000	0.403
AESAL	0.170	0.048	12.446	1	0.000	1.186
接缝类型(剔除)				1	0.705	

6.3.5 模型假设检验

1)等比例假设检验

Cox比例回归模型最重要的一个基本假设就是“等比例风险”。那么如何检验所得到的模型是否符合这一假定呢?通常有如下一些方法:

(1)绘制不同自变量在不同水平时的*K-M*曲线,如果曲线相交,则“等比例”假设不成立。

(2)绘制自变量在不同水平时log[-log(生存率)]与时间的趋势图,如果几条线是平行的,则等比例风险成立。

(3)模型中增加协变量与时间的交互作用项,考察该交互作用项是否有统计学意义,如果有统计学意义,则说明等比例风险条件不成立;否则,则说明等比例风险条件成立。

(4)Schoenfeld残差[98](偏残差)方法:对每个自变量,建立每个时刻的偏残差与时间的散点图,对图中的散点进行局部加权回归,如果模型符合“等比例风险”假设,则形成的回归曲线应无单调增加或单调递减的趋势,曲线应该在残差值0线附近,斜率接近0,并且多次相交于残差值为0的水平线[99]。

考虑到在SPSS软件中可以很方便地计算偏残差,所以本次分析采用了Schoenfeld残差方法来检验模型的“等比例风险”假设。图6.2显示了模型中5个自变量的偏残差检验图,从图中显示的偏残差局部加权回归曲线与残差值0线的关系和趋势来看,板厚*A*、板厚*B*、接缝间距和AESAL这四个变量可以满足偏残差检验方法的要求,但是基层类型的偏残差局部加权回归曲线呈较为明显地随时间单调递减的趋势,因此,对于基层类型,并不符合“等比例风险”的假定。

此时有两种方法来解决这样的问题:一是采用时依协变量(Time-dependent Covariates)的Cox比例风险模型重新建模,所谓的时依协变量即随时间而改变的协变量,主要分为两类:外在时依协变量和内在时依协变量,外在时依协变量是指变量的取值不随时间的改变而改变,但是其效应随时间而改变;内在时依协变量是指变量的取值随时间改变而改变,从而导致其效应也随时间而改变。显然,对本次研究中的基层类型而言,变量值并不随时间而变化,但其效应是随着时间而改变的,它应该属于外在时依协变量。

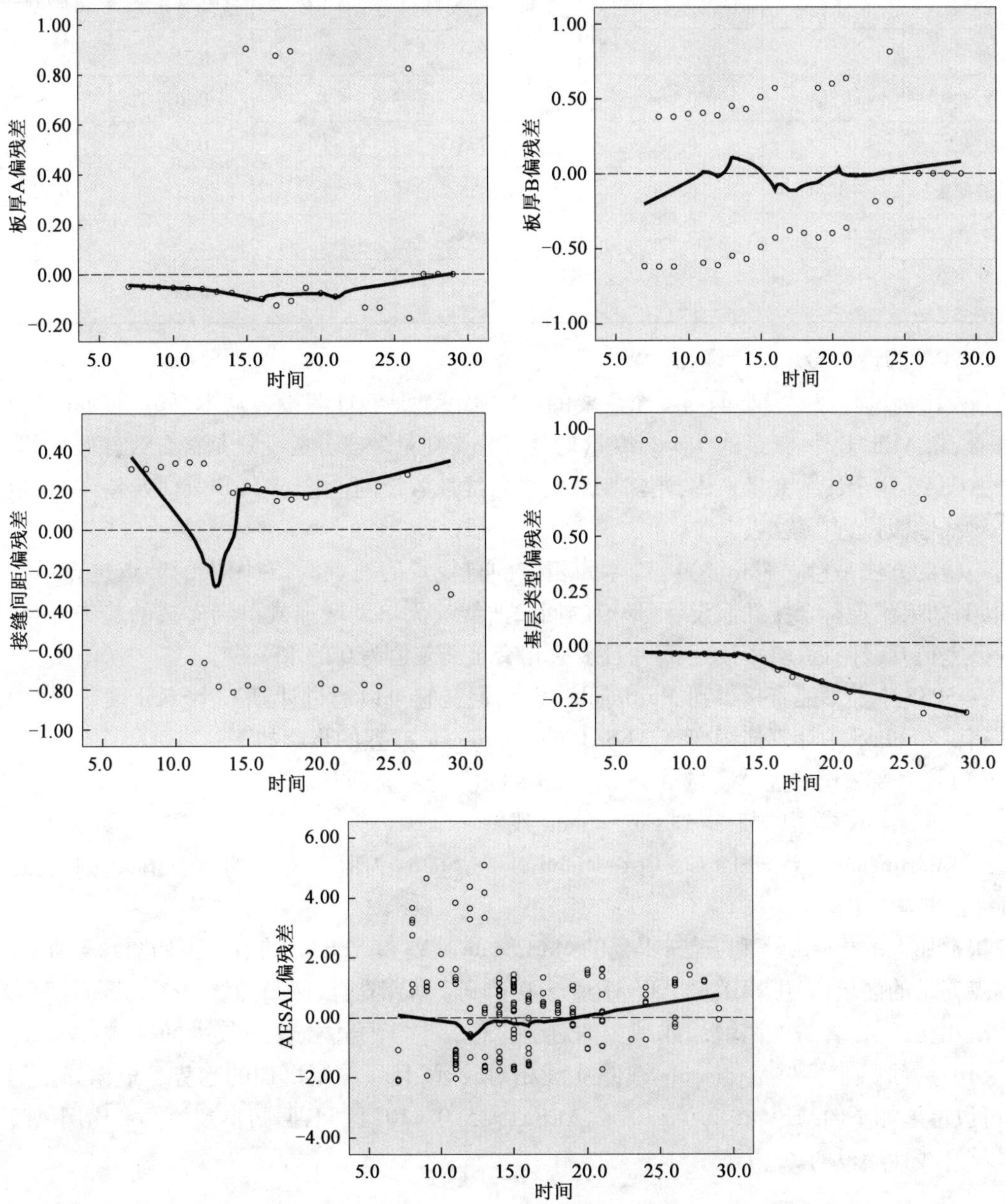

图6.2　自变量偏残差方法检验图

另一种解决不符合"等比例风险"假定的方法是将基层类型变量作为分层变量输入模型,因为在图6.2中,其余四个的变量均符合"等比例风险"的假定,当把基层类型变量定义为分层变量后,就可以将基层类型不同的值作为不同的层来考虑,每一层有着不同的基线函数,不同层内的风险函数形式就不受其他层风险比例的限定。综合比较这两种方法,由于比较难以估计出基层类型的效应随时间变化的函数规律,所以本次研究采用将基层类型变量作为分层变量输入模型的方法,重新计算后的Cox比例风险模型的系数见表6.5。

D0阶段Cox比例风险模型自变量系数分析表三 表6.5

变量名	回归系数	回归系数标准误差	Wald检验统计量	自由度	显著性水平	相对风险度
板厚			38.833	2	0.000	
板厚*A*	0.264	0.163	2.605	1	0.107	1.302
板厚*B*	0.572	0.092	38.775	1	0.000	1.772
接缝间距	-0.792	0.120	43.485	1	0.000	0.453
AESAL	0.177	0.048	13.668	1	0.000	1.194
接缝类型(剔除)				1	0.866	

2)线性假设检验

Cox比例风险回归模型的另一个重要的基本假设就是线性假设。从本书分析的6个自变量来看,除AESAL外,其余的5个自变量均是二分类变量。二分类变量是符合线性假设的,但对于AESAL这个连续变量来说,则需要对其进行线性假设的检验。Martingale残差[100]可以被用来对线性假设进行检验。

检验的方法是建立Martingale残差和相应的自变量的散点图,对图中的散点进行局部加权回归,如果模型符合线性假设,则形成的回归曲线应无单调增加或单调递减的趋势,曲线应该在残差值0线附近,斜率接近0,并且多次相交于残差值为0的水平线。

在SPSS中并不能直接得到Martingale残差,但是它可以通过计算Cox-Snell残差[101]而间接获得。在SPSS中计算连续变量AESAL的Martingale残差的步骤如下:

(1)将需要讨论的连续变量AESAL在输入的模型变量表中剔除。

(2)进行Cox模型回归,得到Cox-Snell残差。

(3)Martingale残差=Status-Cox-Snell残差,Status为服务寿命的状态值,0-删失数据,1-寿终数据。

根据如上的检验步骤和方法,得到的Martingale残差和AESAL的散点图如图6.3所示,在样本点充足的区域($1.0\times10^6\leqslant$ AESAL $\leqslant 5.0\times10^6$),局部加权回归曲线与Martingale残差0线多次相交,无显著的单调增加或减少的趋势。但是对于样本点相对较少的区域(AESAL $>5.0\times10^6$),回归曲线距Martingale残差0线相对较远,且呈单调增加的趋势。根据如上的分析,可以得出如下的结论:在$1.0\times10^6\leqslant$ AESAL $\leqslant5.0\times10^6$区间,回归得到的Cox比例风险模型是符合线性假设的。

6.3.6 AL-D0阶段的最终的Cox比例风险模型

1)D0阶段综合路段最终的Cox风险比例模型

在本章中,我们将包括多种路面结构的路段综合建模的称为综合路段,而对仅涉及一种路面结构的路段进行建模的称为单独路段。根据前文的计算和分析验证,最终对于综合路段,D0阶段的Cox风险比例回归模型的基线累积风险函数值如表6.6所示,各自变量的回归系数见表6.5。

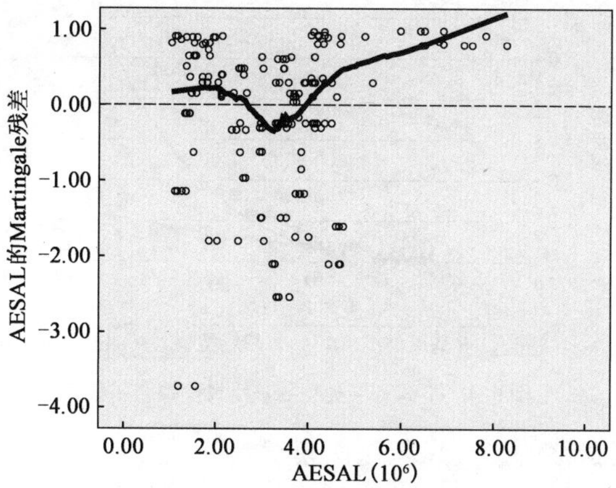

图 6.3 AESAL 线性假设检验图

D0 阶段 Cox 比例风险模型两种基层类型基线累积风险值 $h_0(t)$ 表 6.6

服务寿命(年)	7	8	9	10	11	12	13	14	15	16
基层类型“0”	—	0.022	0.051	0.060	0.133	0.196	0.257	0.463	0.817	1.066
基层类型“1”	0.121	—	0.180	—	0.253	0.275	—	—	—	—
服务寿命(年)	17	18	19	20	21	23	24	26	27	28
基层类型“0”	1.121	1.203	1.618	1.688	2.006	—	2.285	2.685	3.436	—
基层类型“1”	—	—	—	0.469	0.675	0.696	0.716	1.484	—	1.684

根据前文公式(6.3)的 Cox 风险比例模型的形式以及表 6.5 中得到的模型回归系数,可以得到下列的模型表达式,如公式(6.8)、公式(6.9)所示。

$$h(t)=h_0(t)\cdot\exp(0.264X_1+0.572X_2-0.792X_3+0.177X_4) \tag{6.9}$$

式中:$h_0(t)$——基线风险函数,对于不同的基层类型,取表 6.6 中的值;

X_1——板厚 A,板厚为 20.3cm(8inch),取值“1”,其余取“0”值;

X_2——板厚 B,板厚为 22.9cm(9inch),取值“1”,其余取“0”值;

X_3——接缝间距,间距为 6.1m,取“1”,间距为 9.1m,取“0”;

X_4——AESAL,1990—2009 年平均 ESAL,取实际值,10^6次。

在公式(6.9)中,由于基线风险函数是非参数形式,使用起来并不方便,为了计算和应用的方便,根据表 6.6 中基线风险值与服务寿命之间的散点对应关系拟合成函数关系,如图 6.4 所示,拟合函数的形式采用幂函数形式,如公式(6.10)所示,它们的 R^2 均在 0.9 以上。公式(6.11)可以计算在某实际服务寿命下的生存概率。

$$\begin{cases}h_0(t)=7\times10^{-6}t^{4.118},\text{基层类型为“0”}\\h_0(t)=0.004t^{1.700},\text{基层类型为“1”}\end{cases} \tag{6.10}$$

式中:t——实际服务寿命,年。

$$S(t)=\exp[-H(t)]=\exp\left[-\int_0^t h(\mu)\mathrm{d}\mu\right] \tag{6.11}$$

式中:$S(t)$——某服务寿命时的生存概率;

$H(t)$——某服务寿命时的累积风险度。

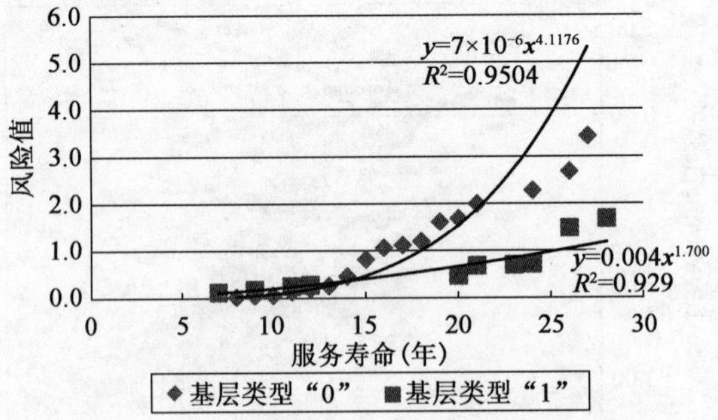

图6.4　不同基层类型的基线风险拟合函数

2)D0 阶段单独路段最终的 Cox 风险比例模型

在前文的6.3.1节样本分析中,发现在所获得的总样本中,有传力杆路段的样本数量相对偏少,而且仅集中在1号路面结构中,后文试图将其融入Cox模型与无传力杆路段一起进行整体分析,结果发现这样的处理会导致模型的系数产生异常,因此有传力杆路段(被称之为单独路段)的Cox模型需要单独进行处理和分析。

由于有传力杆路段的样本只属于一种路面结构,因此与路面结构相关的结构设计特征将不能作为自变量输入模型,这些样本中唯一有区别的影响因素就是AESAL,其变化的范围为$1.06\times10^6\sim1.82\times10^6$,实际服务寿命变化范围在5~33年。通过简单的分析,对有传力杆路段的Cox模型中,将只包括AESAL这个连续变量,模型的形式仍然如公式(6.3)所示,对有传力杆路段的建模,仍然遵循图如6.1所示的流程来进行,详细的过程类似于无传力杆路段的分析和建模,此处不再赘述,最终得到的模型系数和极限累积风险值如表6.7、表6.8所示。

有传力杆 D0 阶段 Cox 比例风险模型自变量系数分析表　表6.7

变量名	回归系数	回归系数标准误差	Wald 检验统计量	自由度	显著性水平	相对风险度
AESAL	2.469	0.491	25.301	1	0.000	11.816

有传力杆 D0 阶段 Cox 比例风险模型基线累积风险值 $h_0(t)$　表6.8

服务寿命(年)	5	6	8	9	11	29	30
$h_0(t)$	0.008	0.021	0.029	0.032	0.034	0.073	0.112

图6.5显示了AESAL的偏残差和Martingale残差的检验图,结果表明AESAL符合“等比例风险”的假设和线性假设。最终得到的模型见公式(6.12)或公式(6.13),公式(6.13)是为了使用方便将基线风险值拟合成幂函数的Cox模型表达式,见图6.6。

$$h(t)=h_0(t)\cdot\exp(2.469X_4) \tag{6.12}$$

式中:$h_0(t)$——基线风险函数,取表6.8中的值;

X_4——AESAL,1990—2009年平均ESAL,取实际值,10^6次。

$$h(t)=0.0023t^{1.1105}\cdot\exp(2.469X_4) \tag{6.13}$$

式中:t——实际服务寿命,年。

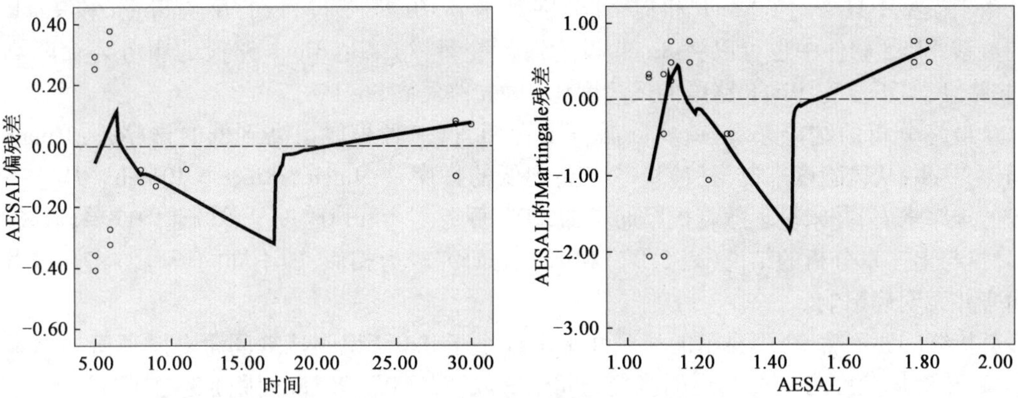

图6.5　AESAL的偏残差和Martingale残差检验图

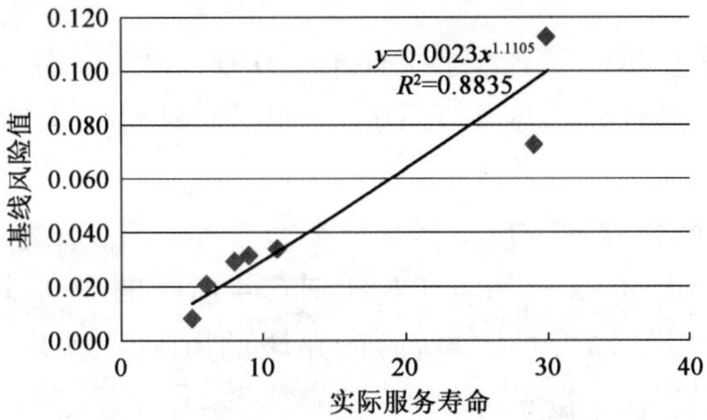

图6.6　有传力杆路段Cox模型基线风险拟合函数

6.3.7　实际服务寿命的影响因素的量化评估

建立路面服务寿命的Cox风险比例模型的一个重要目的就是要量化评估各自变量对实际服务寿命的影响，根据前文建立的最终Cox模型，可以进行量化的分析。尽管前文对有无传力杆路段均建立了Cox比例风险模型，但由于有传力杆路段的样本量较少，仅包括了AESAL一个自变量，所以，在本节评估实际服务寿命的影响因素时，仅考虑采用无传力杆路段的Cox模型来进行量化评估。

前文表6.5列出了无传力杆路段D0阶段最终的Cox模型自变量系数，从输入模型的5个自变量的显著性水平来看，接缝类型对路面实际服务寿命无显著影响($p=0.866>0.05$)。

板厚A和板厚B作为一个整体来看，其对实际服务寿命是存在显著影响的，但就板厚A和板厚B单个而言，板厚A不显著，含义为板厚为8inch路段与10inch路段相比，对实际服务寿命的影响并不显著，板厚A的相对风险度为1.302，说明当自变量板厚A值由“0”(10inch板厚)增加到“1”(8inch板厚)时，风险度增加30.2%($1.302-1=0.302$)，风险度增加，说明服务寿命是减少的——10inch路段的路面服务寿命要略高于8inch板厚路段，但不显著。

板厚B为显著，含义为板厚为9inch路段与10inch路段相比，对实际服务寿命有显著影响，板厚B的相对风险度为1.772，说明当自变量板厚A值由“0”(10inch板厚)增加到“1”(9inch板厚)时，风险度增加77.2%($1.772-1=0.772$)，风险度增加，说明服务寿命是减少的——10inch路段的路面服务寿命要显著高于9inch板厚路段。

由于模型中只采用了 8inch 和 9inch 分别对比了 10inch 板厚,没有反映 8inch 和 9inch 之间的关系,SPSS 软件中也可以将 8inch 设为对比变量,结果是 8inch 路段的服务寿命略高于 9inch 路段,但不显著,9inch 路段的风险度比 8inch 路段高 36.1%。

从最终分析的结果来看:就实际服务寿命而言,三种板厚由高到低的排序是:10inch > 8inch > 9inch;从风险度来说,三种板厚由高到低的排序是:9inch > 8inch > 10inch。从这三种板厚的排序来看,并未呈现随着板厚的增加,实际服务寿命和风险度呈单调递增或单调递减的规律,这与上一章分析的结论(表 5.27)和前人的研究较为相似,即不同的板厚对实际服务寿命而言并无明确影响。

就接缝间距而言,表中显示的显著性水平远小于 0.05,说明接缝间距对服务寿命有显著的影响,相对风险度为 0.453,说明当接缝间距的取值从“0”(9.1m 间距)变化到“1”时(6.1m 间距),风险度降低 54.7%(0.453 - 1 = -0.547),6.1m 接缝间距的路段服务寿命是要显著高于 9.1m 间距的路段。

对 AESAL 而言,表中显示的显著性水平远小于 0.05,说明随着 AESAL 的增加,路面实际服务寿命是显著减少的,相对风险度为 1.194 说明,当 AESAL 每增加 1×10^6,风险度增加 19.4%(1.194 - 1 = 0.194)。

就不同的基层类型而言,此次分析中将基层类型作为分层变量输入,表中没有显示基层类型的模型系数和相对风险度,但通过如表 6.6 和图 6.4 所示的不同基层类型的基线风险值相比较来看,基层类型值为“0”(沥青稳定碎石)的路段的风险度是明显高于基层类型值为“1”[水泥稳定碎石(土)]的路段。与接缝间距和 AESAL 不同,由于基层类型的风险不符合等比例的假设,两者风险度并不成固定的比例。沥青稳定碎石基层路段的风险值高于水泥稳定碎石路段也同时说明:沥青稳定碎石基层路段的实际服务寿命是要显著低于水泥稳定碎石路段的。

对于路肩和传力杆而言,非常遗憾,由于无法得到合适的样本,导致无法分析和对比这两个自变量的相对危险度和对实际服务寿命影响的显著性水平。

6.4 D0 阶段达到大修标准服务寿命(TL) Cox 比例风险模型

上一节对 D0 阶段实际服务寿命 AL 的 Cox 比例风险模型进行了探讨,由于路段在大修时可能存在一定的延误或提前(按照正常的大修标准),导致不同路段的实际服务寿命的寿命终点不尽相同,因而利用实际服务寿命来进行统计分析会存在一定的误差,因此,本节采用路面达到大修标准的服务寿命来建立路段在 D0 阶段的服务寿命的 Cox 比例风险模型。大修标准为路段的错台指数达到 15,由于后文用到错台指数达到 20 的服务寿命,所以本书对两种服务寿命 TL_{15} 和 TL_{20} 分别建模。本节同时也会分析模型中各自变量对服务寿命的影响,建模仍然按照如图 6.1 所示的流程进行。

6.4.1 D0 阶段 TL_{15} 的 Cox 模型回归

对于 TL_{15},从获得的路况资料中选取了中等以上质量水平的路段达到大修标准的服务寿命数据140个，其中，寿终数据110个，删失数据30个。这140个路段实际服务寿命样本在由7个自变量值组合的9种路面结构上是如何分布的呢？如表6.9所示汇总了其分布状况，各自变量值的含义见表6.2。

D0阶段不同路面结构的样本分布　　表6.9

路面结构	板厚	接缝间距	接缝类型	基层类型	路肩	传力杆	AESAL (10^6)	样本量
1号	10	1	0	1	0	1	1.06~1.28	36
2号	8	1	1	1	1	0	2.44~2.64	12
5号	9	1	0	0	1	0	1.50~3.34	10
8号	**10**	**0**	**1**	**1**	**1**	**0**	**2.11~2.64**	**25**
9号	**10**	**0**	**0**	**0**	**1**	**0**	**1.19~1.52**	**12**
10号	**10**	**1**	**0**	**1**	**1**	**0**	**1.25~1.34**	**14**
11号	**10**	**0**	**1**	**0**	**1**	**0**	**1.31~1.42**	**12**
12号	**10**	**1**	**1**	**1**	**1**	**0**	**1.10~1.15**	**9**
13号	**10**	**1**	**0**	**0**	**1**	**0**	**1.45~1.56**	**10**
合计	—	—	—	—	—	—	—	140

注：表中黑体为综合路段涉及的路面结构。

从表6.9中可以发现，140个样本数据共分布于9种路面结构中，传力杆值为“1”、路肩为“0”、板厚为8inch和9inch的路面结构各有一种，它们与传力杆值为“0”、板厚为10inch的路段相比，样本量偏少，如果将其纳入模型进行分析，将可能会导致传力杆和板厚两个自变量系数产生异常，因此包含这些自变量值的三种路面结构将被排除出模型，单独进行分析，如前文定义，其被称之为单独路段。

余下的均为板厚为10inch的路段，最终被选择进入模型分析的路面结构有6种(表6.9中黑体字表示路段)，样本数有82个，其中寿终数据60个，删失数据22个，其共同的设计特征是板厚均为10inch，无传力杆，沥青混凝土路肩，这些路段被称之为综合路段，则需要进入模型进行分析的变量有4个：接缝间距、接缝类型、基层类型及AESAL。这4个变量中，前3个为二分类变量，AESAL为连续变量，变量值的含义同表6.2。

1)综合路段Cox模型回归

在对综合路段Cox模型回归时，输入4个自变量后，通过上一节的讨论发现，基层类型这一自变量并不符合“等比例风险”的假设，因此，本节在输入模型时，仍然采用将基层类型作为分层变量输入以避开“等比例风险”假设的问题。在自变量输入模型的方法中，仍然选择向前和向后2大类共6种方法进行比较，比较后发现6种方法分析的结果无差别。如表6.10所示为模型中的系数分析表。

TL_{15}-D0阶段Cox比例风险模型自变量系数分析表　　表6.10

变量名	回归系数	回归系数标准误差	Wald检验统计量	自由度	显著性水平	相对风险度
接缝间距	0.977	0.550	3.150	1	0.076	2.656
接缝类型	1.940	0.541	12.859	1	0.000	6.960
AESAL	2.284	0.450	25.799	1	0.000	9.814

表6.10显示了每种自变量的回归系数和相对危险度，三种自变量的回归系数均为正值，说明在模型中，随着自变量值的增加，即接缝间距由9.1m变化到6.1m、接缝类型由正交变化为斜交、AESAL连续增加，模型的风险值也呈比例增加的趋势，即TL_{15}呈减少的趋势，而这三个自变量的系数反映的规律，除AESAL外，均与工程经验不太相符，即使对于AESAL，当其值增加1×10^6，相对风险度的增加值也远远大于6.3节中实际服务寿命的AESAL的分析结果（$9.814>1.194$），对自变量的“等比例风险”假设和线性假设检验结果也并未显示与假设存在矛盾。那么出现这种异常现象的问题何在？

当重新审视样本时，发现样本中存在两种异常：一是存在一些路面结构相同或相近，交通量也相差无几的路段，TL_{15}却大相径庭的情况，如对于9号路面结构中，交通为1.19×10^6的路段TL_{15}为37年，而交通量为1.35×10^6的TL_{15}却为15年，一般规律而言，交通量微小的增加，TL_{15}不应该如此显著地降低(37年→15年)，这也会导致相对风险度显著的增加，如果在路段中这些路段数量较多，则会导致自变量系数的正负号合理，但量值不合理，如本次分析中的AESAL的情况。

另一种情况就是某一设计特征不同，其余变量均相同，而TL却相差较多，且与通常的规律相反。如3号和5号路面结构，除接缝间距外（13号接缝间距为6.1m，9号为9.1m），其余设计特征均相同，但13号路面结构中有一条路段，AESAL为1.56×10^6，其TL_{15}为15年，而9号中也有一条路段，AESAL也为1.56×10^6，其TL_{15}却为26年，此例得到的结论就是9.1m路段的TL_{15}要显著高于6.1m，这与常理也相违背，如果此类路段的数量过多，则会导致自变量的系数正负号不合理，如本次分析中的接缝间距。

总的来说，像上文分析的两种样本数据的异常在统计分析中属于很正常的现象，如果这些异常值相对较少，或总体样本量够大，这些样本数据异常的影响就会被控制在非常小的范围内，不至于对模型的系数产生较大的影响，但是本书的样本量可能相对较少，系数的误差则可能过大，这也导致利用本节的模型系数来量化分析TL的影响因素不合理。但是这样得出的Cox模型是否就毫无意义呢？其实也并非如此，因为产生这些样本数据异常，有可能是由于忽略了某些其他重要的影响因素所致，毕竟本书由于数据所限，可以分析的影响因素也仅7个，其实在某些情况下，气候特征、材料特性等也都会对路段的服务寿命产生较大的影响，而这些因素在本书中只是无法涉及而已。前文已经提及，本书采取的样本均是质量评估为中等以上的样本，可信度是较高的，而Cox模型是根据这些样本回归得到，它基本上反映了这些样本的信息，因此在这些样本涉及的自变量范围内，Cox模型的可信度相对还是较高的，尤其是当我们在利用Cox模型中某些数据值——如中位生存概率时，样本数据的误差又可以进一步地被减小，所以，尽管Cox模型的系数有可能不合常理，但最终得到的模型依然有相当的价值。最终，对于TL_{15}在D0阶段的Cox风险比例回归模型的基线累积风险函数如表6.11所示。

TL-D0阶段Cox比例风险模型两种基层类型基线累积风险值 $h_0(t)$ 表6.11

服务寿命(年)	11	12	13	14	15	16	17	18	19
基层类型“0”	3.55×10^{-4}	1.13×10^{-3}	3.46×10^{-3}	1.07×10^{-2}	2.21×10^{-2}				
基层类型“1”		2.87×10^{-5}	9.00×10^{-5}	1.24×10^{-4}	2.35×10^{-4}	3.57×10^{-4}	4.01×10^{-4}	5.52×10^{-4}	8.16×10^{-4}

续上表

服务寿命(年)	20	21	22	24	26	28	29	32	
基层类型"0"		4.31×10^{-2}	4.96×10^{-2}	5.68×10^{-2}	7.61×10^{-2}		9.24×10^{-2}		
基层类型"1"	1.08×10^{-3}	1.29×10^{-3}	1.40×10^{-3}			1.55×10^{-3}		1.94×10^{-3}	

根据前文公式(6.3)的Cox风险比例模型的形式以及表6.10中得到的模型回归系数,可以得到下列的模型表达式,如公式(6.14)所示。

$$h(t)=h_0(t)\cdot\exp(0.977X_3+2.284X_4+1.940X_5) \tag{6.14}$$

式中:$h_0(t)$——基线风险函数,对于不同的基层类型,取表6.11中的值,或按照公式(6.15)取值;

X_3——接缝间距,间距为6.1m,取"1",间距为9.1m,取0;

X_4——AESAL,1990—2009年平均ESAL,取实际值,10^6次;

X_5——接缝类型,斜交取"1",正交取"0"。

$$\begin{cases} h_0(t)=7\times10^{-9}t^{5.0397}, 基层类型为“0” \\ h_0(t)=3\times10^{-9}t^{4.7089}, 基层类型为“1” \end{cases} \tag{6.15}$$

式中:t——实际服务寿命,年。

2)单独路段Cox模型回归

在本次分析中,属于单独路段的有1号、2号、5号三种路面结构,路面结构中各自变量参数值详见表6.9,这些路段需要分别进行Cox模型回归,进入模型的自变量仅AESAL一个,模型形式类似于公式(6.12)。由于分析的方法和流程与前文基本相同,此处对模型的回归过程不再赘述。

表6.12和表6.13分别显示了三个单独路段的模型自变量系数和基线累积风险值。在1号路面结构的模型中AESAL对TL_{15}有着显著的影响,而在2号和5号路面结构中,AESAL的显著性水平并不明显,因此,对于2号和5号路面结构来说,AESAL将被剔除出模型,这样,对于这两种路面结构的Cox模型中将没有自变量项,只有基线函数。值得一提的是,当Cox模型中没有自变量时,此时的模型的基线风险函数就等同于用K-M方法确定的风险函数。

TL_{15}-D0阶段单独路段Cox比例风险模型自变量系数分析表 表6.12

路面结构	变量名	回归系数	回归系数标准误差	Wald检验统计量	自由度	显著性水平	相对风险度
1号	AESAL	10.388	2.969	12.244	1	0.000	32458
2号					1	0.769	
5号					1	0.378	

TL_{15}-D0 阶段单独路段 Cox 比例风险模型基线累积风险值 $h_0(t)$ 表 6.13

路面结构1号	服务寿命(年)	21	23	24	25	26	27
	$h_0(t)$	8.06×10^{-8}	1.65×10^{-7}	4.40×10^{-7}	8.74×10^{-7}	9.97×10^{-7}	1.39×10^{-6}
	服务寿命(年)	28	29	30	31	34	
	$h_0(t)$	2.21×10^{-6}	3.10×10^{-6}	5.17×10^{-6}	6.01×10^{-6}	7.46×10^{-6}	
路面结构2号	服务寿命(年)	26	27	28	29		
	$h_0(t)$	0.182	0.539	0.693	1.792		
路面结构5号	服务寿命(年)	5	6	7	8	9	
	$h_0(t)$	0.105	0.223	0.357	0.693	0.2.303	

对于1号路面结构,最终得到的模型见公式(6.16)或公式(6.17),公式(6.17)是为了使用方便,将基线风险值拟合成幂函数的Cox模型表达式。

$$h(t)=h_0(t)\cdot\exp(10.388X_4) \tag{6.16}$$

式中:$h_0(t)$——基线风险函数,取表6.13中的值;

X_4——AESAL,1990—2009年平均ESAL,取实际值,10^6 次。

$$h(t)=3\times10^{21}t^{10.208}\cdot\exp(2.469X_4) \tag{6.17}$$

式中:t——实际服务寿命,年。

对于2号和5号路面结构,由于不存在自变量,风险函数就等于基线风险函数,为了便于使用,将基线风险值拟合成幂函数的Cox模型表达式,分别见公式(6.18)、公式(6.19)。

$$h(t)=h_0(t)=4\times10^{-29}t^{19.511} \tag{6.18}$$

$$h(t)=h_0(t)=3\times10^{-5}t^{4.909} \tag{6.19}$$

6.4.2 D0阶段 TL_{20} 的Cox模型回归

对于 TL_{20},从获得的路况资料中选取了中等以上质量水平的路段达到大修标准的服务寿命数据75个,这些数据分布在7个不同的路面结构中。表6.14汇总了其在不同自变量上的分布状况,各自变量值的含义见表6.2。

D0 阶段不同路面结构的样本分布 表6.14

路面结构	板厚	接缝间距	接缝类型	基层类型	路肩	传力杆	AESAL (10^6)	样本量
1号	**10**	**1**	**0**	**1**	**0**	**1**	**1.06~1.28**	**28**
5号	**9**	**1**	**0**	**0**	**1**	**0**	**1.50~3.34**	**9**
8号	**10**	**0**	**1**	**1**	**1**	**0**	**2.11~2.59**	**18**
9号	**10**	**0**	**0**	**0**	**1**	**0**	**1.19~1.56**	**9**
11号	10	0	1	0	1	0	1.31~1.42	4
12号	10	1	1	1	1	0	1.10	4
13号	10	1	0	0	1	0	1.45~1.56	3
合计	—	—	—	—	—	—	—	75

注:表中黑体为综合路段涉及的路面结构。

从表6.14可以发现:7种路面结构中,11号~13号路面结构的样本数量非常少,这些样本无论作为单独路段还是作为综合路段分析均无法满足样本量的要求,因此,这三个路面结构的样本均被剔除。在剩余的4个路面结构中,样本量在不同自变量上的分布无法满足综合路段分析的要求。因此,对于这4个路面结构,只能作为单独路段进行分析。在单独进行分析的过程中,就每种路面结构的交通量的分布范围而言,变化非常小,不适宜作为自变量来进行Cox模型的回归,因此对于这些路面结构的生存模型仅采用K-M方法进行分析,得出相应的危险函数。表6.15列出了4个路面结构的基线累积风险函数。

TL_{20}-D0阶段单独路段基线累积风险函数 $h_0(t)$　　表6.15

路面结构1号	服务寿命(年)	25	26	28	29	30
	$h_0(t)$	0.036	0.074	0.288	0.336	0.442
	服务寿命(年)	31	32	33	34	35
	$h_0(t)$	0.767	0.847	1.253	2.100	3.199
路面结构5号	服务寿命(年)	9	10	12	13	14
	$h_0(t)$	0.118	0.251	0.811	1.099	1.504
路面结构8号	服务寿命(年)	17	18	19	20	21
	$h_0(t)$	0.118	0.182	0.251	0.405	0.693
	服务寿命(年)	22	23			
	$h_0(t)$	1.281	2.890			
路面结构9号	服务寿命(年)	24	25	26	27	29
	$h_0(t)$	0.405	0.588	0.811	1.504	2.197

为了便于使用,将基线风险值拟合成幂函数的表达式分别见公式(6.20)~公式(6.23)。

$$h_0(t)=2\times10^{-19}t^{12.42} \tag{6.20}$$

$$h_0(t)=4\times10^{-7}t^{5.8154} \tag{6.21}$$

$$h_0(t)=2\times10^{-14}t^{10.226} \tag{6.22}$$

$$h_0(t)=6\times10^{-14}t^{9.3159} \tag{6.23}$$

6.5　D1-D4阶段实际服务寿命(AL) Cox比例风险模型

对于D1-D4阶段路面实际服务寿命的建模,前文6.3节的前言部分提到,它与D0阶段的建模在流程上是完全相同的,但有区别的是:D1-D4阶段的模型要考虑的自变量的数量(9个)要多于D0阶段(7个),多出的两个自变量分别是大修前的路面状况FBR和阶段变量。按照基本的分析流程,建模之前首先要对样本进行初步的分析。

表6.16列出了D1-D4阶段分析所获取的样本分布,样本总数为871个路段样本,这些样本共包含11个路面结构,在这11个路面结构中,传力杆值为“1”、路肩为“0”、板厚为8inch均只有1种路面结构,它们与传力杆值为“0”、板厚为9inch、10inch且路肩为“1”的路段样本相

比,样本量偏少且分布不均,根据前文的建模经验,这些样本将被剔除,进行单独分析。

D1-D4 阶段不同路面结构的样本分布 表 6.16

路面结构	板厚	接缝间距	接缝类型	基层类型	路肩	传力杆	AESAL (10^6)	FBR	阶段	样本量
1号	10	1	0	1	0	1	1.06~1.82	2~7	1~2	57
2号	8	1	1	1	1	0	2.34~2.64	7~14	1	26
5号	**9**	**1**	**0**	**0**	**1**	**0**	**1.50~4.33**	**6~32**	**1~3**	**235**
6号	**9**	**0**	**0**	**0**	**1**	**0**	**1.85~3.46**	**8~41**	**1~3**	**93**
7号	**9**	**0**	**1**	**0**	**1**	**0**	**1.85~2.49**	**5~14**	**1**	**4**
8号	10	0	1	1	1	0	2.11~2.64	5~22	1	32
9号	**10**	**0**	**0**	**0**	**1**	**0**	**1.02~1.85**	**4~28**	**1~3**	**106**
10号	10	1	0	1	1	0	1.22~2.13	8~17	1~2	13
11号	**10**	**0**	**1**	**0**	**1**	**0**	**1.31~1.42**	**7~26**	**1~2**	**64**
12号	10	1	1	1	1	0	1.10~1.15	4~9	1	9
13号	**10**	**1**	**0**	**0**	**1**	**0**	**1.34~4.12**	**5~45**	**1~4**	**232**
合计	—	—	—	—	—	—	—	—	—	871

注:表中黑体为综合路段涉及的路面结构。

除此以外,对于 FBR 小于 10 的路段样本也将被剔除,因为如果路段在 FBR 小于 10 的情况下进行大修,这意味着路段大修的原因很可能不是错台病害造成的,而本次考虑的路段实际寿命主要是由于错台病害引起的大修产生的,别的病害导致的大修不在考虑范围,因此对于 FBR 小于 10 的路段样本也被剔除。

观察 D3 和 D4 阶段的样本发现:D4 阶段的样本数量只有 13 个,且集中在 13 号路面结构中,D3 阶段的样本数量为 136 个,数量不少,但是其中寿终数据 12 个(分布于 1 个路面结构中),删失数据为 124 个(分布于 3 个路面结构中),删失数据的数量远远超过了寿终数据,这两个阶段的样本进入模型分析的话也会大大降低模型的精度,因此在本次分析中,也将 D3 阶段和 D4 阶段的样本剔除,只分析 D1 和 D2 阶段的样本。在剔除以上这些样本后,还发现对于基层类型为“1”的样本的数量也非常之少,远少于类型“0”的样本值,因此,基层类型值为“1”的样本也被剔除。最终从这些样本中选择了 6 种路面结构的 523 个样本进入模型回归分析。它们依然被称之为综合路段,其传力杆值为“0”、路肩值为“1”、基层类型为“0”,需要进入模型分析的有 6 个变量:板厚、接缝类型、接缝间距、AESAL、FBR 及阶段变量,这些变量的类型及赋值含义见表 6.17。

D1-D2 阶段综合路段 Cox 比例风险模型自变量类型及赋值 表 6.17

自变量名称	变量赋值	赋值含义	变量类型
阶段变量	0	D1	分类变量(分层变量)
	1	D2	
接缝间距	0	9.1m	分类变量
	1	6.1m	

续上表

自变量名称	变量赋值	赋值含义	变量类型
接缝类型	0	正交	分类变量
	1	斜交	
水泥混凝土板厚	0	9inch 水泥混凝土面层板厚	分类变量
	1	10inch 水泥混凝土面层板厚	
FBR	—	大修前路面的错台指数值	连续变量
AESAL	—	1990—2009 年实际平均 ESAL	连续变量

除去综合路段的6种路面结构,剩余的5种路面结构将可能作为单独路段进行分析,但是1号和12号结构的FBR均小于10,因此不予考虑,13号路面结构中除去FBR小于10的样本仅剩余7个样本,样本数太少,也无法建模,2号和8号路面结构在去除FBR小于10的样本后全部为删失数据,无法建模,因此,对于D1-D4阶段的实际服务寿命而言,不存在需要建模的单独路段。

在对综合路段Cox模型初次回归时,6个自变量进行模型回归后,分别检验6个变量的偏残差时,发现阶段变量并不符合"等比例风险"的假设,因此重新输入变量时,将阶段变量定义为分层变量。在选择自变量输入模型的方法时,仍然选择向前和向后2大类共6种方法进行比较,比较后发现,6种方法的分析结果无差异。如表6.18所示为模型中的系数分析表。

AL-D1-D4 阶段综合路段 Cox 比例风险模型自变量系数分析表 表6.18

变量名	回归系数	回归系数标准误差	Wald 检验统计量	自由度	显著性水平	相对风险度
板厚	-0.707	0.129	30.224	1	0.000	0.493
接缝类型	0.363	0.224	2.626	1	0.105	1.438
AESAL	0.301	0.078	14.694	1	0.000	1.351
FBR	0.026	0.011	5.319	1	0.021	1.027
接缝间距（剔除）	—	—	—	1	0.886	—

从表中可以看出,板厚的显著性水平小于0.05,说明板厚对实际服务寿命有显著的影响,系数为负值,相对风险度为0.493,表明当板厚由9inch增加到10inch时,风险度降低50.7%(1-0.493=0.507),实际服务寿命则显著增加。

接缝类型的显著性水平为0.105,如果按照0.05的显著性水平来判断,从统计学意义上来说,接缝类型对实际服务寿命的影响并不显著,但是由于0.105的显著性水平并不算太高,将其剔除出模型有可能使模型的精度降低,所以在最终的模型中仍然保留接缝类型变量。对于接缝间距而言,其显著性水平0.886明显高于0.05,说明接缝间距对实际服务寿命的影响不显著。

AESAL的显著性水平远小于0.05,说明AESAL对路面实际服务寿命的有着强烈的影响,相对风险度为1.351表明当AESAL每增加1×10^6,风险度增加35.1%(1.351-1-0.351),路段的实际服务寿命将会显著地降低。

FBR的显著性水平为0.021,小于0.05的结果说明FBR对路面的实际服务寿命有显著的影响，而且当FBR从10开始，每增加1点，风险度增加2.7%（1.027－1＝0.027），实际服务寿命也将显著降低。这样的结果说明大修延误将会对大修后路面服务寿命产生较为显著的影响，后文将用专门的章节分析大修的时机和大修延误的后果，此处不再详述。

根据前文公式(6.3)的Cox风险比例模型的形式以及表6.18中得到的模型回归系数，可以得到下列模型表达式：

$$h(t)=h_0(t)\cdot \exp(-0.707X_2+0.301X_4+0.363X_5+0.02X_6) \qquad (6.24)$$

式中：$h_0(t)$——基线风险函数，对于不同的基层类型，取表6.19中的值，或按照公式(6.25)取值；

X_2——板厚，9inch板厚，取"0"，10inch板厚，取"1"；

X_4——AESAL，1990—2009年平均ESAL，取实际值，10^6次；

X_5——接缝类型，斜交取"1"，正交取"0"；

X_6——FBR，大修前错台指数，取实际值。

$$\begin{cases} h_0(t)=2\times10^{-5}t^{3.8395}, \mathrm{D1} \\ h_0(t)=2\times10^{-4}t^{2.7587}, \mathrm{D2} \end{cases} \qquad (6.25)$$

式中：t——实际服务寿命，年。

AL-D1-D4阶段综合路段Cox比例风险模型基线累积风险值 $h_0(t)$ 表6.19

服务寿命(年)	6	7	8	9	10	11	12
D1	0.002	0.076	0.079	0.129	0.157	0.250	0.303
D2	0.013	0.074	—	0.102	0.149	0.188	—
服务寿命(年)	13	14	15	16	17	18	20
D1	0.374	0.402	0.524	0.686	0.750	0.981	1.020
D2	0.200	—	—	—	0.377	—	—

图6.7清晰地显示了D1和D2两个阶段的模型基线风险函数的关系，D1明显高于D2。由于两者Cox模型自变量的系数均为相同，即表明当两者在相同的自变量取值情况下，D1的风险值是高于D2的，实际服务寿命低于D2，也就是说，阶段变量明显地影响着实际服务寿命。

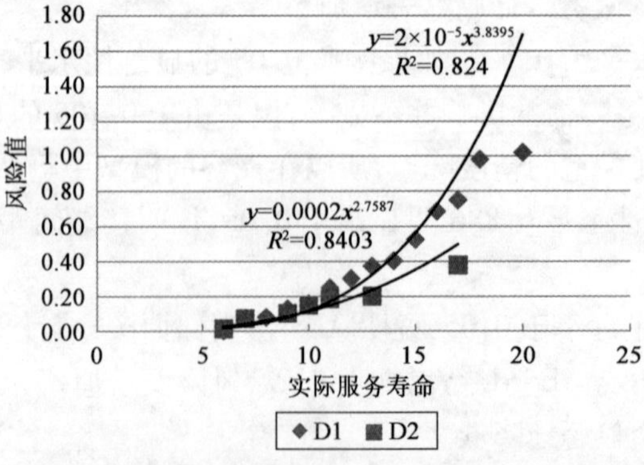

图6.7 AL-D1-D2阶段综合路段Cox模型基线风险函数

6.6　D1-D4阶段达到大修标准服务寿命(TL)Cox比例风险模型

上一节对D1-D4阶段实际服务寿命的Cox比例风险模型进行了探讨,本节将对路面达到大修标准的服务寿命建立路段的Cox比例风险模型,大修的标准为路段的错台指数达到15和20两种。

6.6.1　D1-D4阶段TL_{15}的Cox模型回归

按照建模的流程,首先要对样本进行分析,对于TL_{15},此次分析中获取的中等质量以上的服务寿命样本403个,在不同路面结构上的分布见表6.20。

TL_{15}-D1-D4阶段不同路面结构的样本分布　　表6.20

路面结构	板厚(in)	接缝间距(in)	接缝类型	基层类型	路肩	传力杆	AESAL(10^6)	FBR	阶段	样本量
5号	**9**	**1**	**0**	**0**	**1**	**0**	**1.50～4.33**	**10～32**	**1～2**	**135**
6号	**9**	**0**	**0**	**0**	**1**	**0**	**1.85～3.46**	**10～31**	**1～2**	**37**
8号	10	0	1	1	1	0	2.11～2.13	10～19	1～2	6
9号	**10**	**0**	**0**	**0**	**1**	**0**	**1.02～1.85**	**10～25**	**1～2**	**54**
11号	**10**	**0**	**1**	**0**	**1**	**0**	**1.31～1.42**	**10～26**	**1～2**	**57**
13号	**10**	**1**	**0**	**0**	**1**	**0**	**1.34～4.12**	**10～45**	**1～2**	**114**
合计	—	—	—	—	—	—	—	—	—	403

注:表中黑体为综合路段涉及的路面结构。

根据表6.20显示,403个样本分布在6种路面结构中,由于基层类型值为"1"的样本仅分布在8号路面结构中,与基层类型值为"0"相比,样本数量偏少且分布不均匀,因此8号路面结构的样本被剔除出综合路段的模型分析。另外,由于8号路面结构的样本均为删失数据,这也导致无法对其进行单独路段的模型分析,因此,在本节的建模中无单独分析的路段样本。

根据如上的初步样本分析,共5种路面结构的397个样本被选择进入模型回归分析,它们的传力杆值为"0"、路肩值为"1"、基层类型为"0"。需要进入模型分析的有6个变量:板厚、接缝类型、接缝间距、AESAL、FBR和阶段变量,这些变量的类型及赋值含义见表6.17。

上节的分析中发现阶段变量并不符合"等比例风险"的假定,因此重新输入变量时,仍然将阶段变量定义为分层变量。在自变量输入模型时,仍然选择向前和向后共2大类6种方法进行比较,比较结果发现6种方法无差异。如表6.21所示为模型中的系数分析表。

TL_{15}-D1-D4阶段综合路段Cox比例风险模型自变量系数分析表　　表6.21

变量名	回归系数	回归系数标准误差	Wald检验统计量	自由度	显著性水平	相对风险度
板厚	-0.797	0.158	25.404	1	0.000	0.451
接缝类型	0.653	0.250	6.817	1	0.009	1.921

续上表

变量名	回归系数	回归系数标准误差	Wald 检验统计量	自由度	显著性水平	相对风险度
AESAL	0.354	0.092	14.716	1	0.000	1.425
FBR	0.056	0.013	17.734	1	0.000	1.057
接缝间距（剔除）	—	—	—	1	0.161	—

对比表 6.21 中的模型系数和 6.5 节表 6.18 中分析实际服务寿命的模型系数，最终进入模型的自变量是相同的，均为板厚、接缝类型、AESAL 和 FBR，而接缝间距被剔除，而且在模型中各个自变量的系数符号也相同，说明自变量的变化对 AL 和 TL_{15} 影响趋势是一致的。

具体来看，板厚、AESAL 和 FBR 的变化对 TL_{15} 会产生显著的影响，这与 AL 中的结论相同，但不同的是接缝类型。在 AL 的分析中，其显著性水平为 0.107，结论是影响并不显著；而在本节中，其显著性水平为 0.009，显著低于 0.05，说明接缝类型对 TL_{15} 的影响水平是显著的。

关于风险度的影响，板厚由 9inch 增加到 10inch 时，风险度降低 54.9%（1 − 0.451 = 0.549），TL_{15} 呈增加趋势；接缝类型由正交变化到斜交，风险度增加 92.1%（1.921 − 1 = 0.921），TL_{15} 显著减少；当 AESAL 每增加 1×10^6，风险度增加 42.5%（1.425 − 1 = 0.425），TL_{15} 显著减少；FBR 每增加 1 点，风险度增加 5.7%（1.057 − 1 = 0.057），TL_{15} 也呈显著减少的趋势，如表 6.22 所示。

TL_{15}-D1-D4 阶段综合路段 Cox 比例风险模型基线累积风险值 $h_0(t)$ 表 6.22

服务寿命（年）	4	5	6	7	8	9	10	11
D1	18.906	39.379	70.638	115.843	151.823	185.281	227.922	267.190
D2	25.079	61.921	93.957	150.463	207.036	226.660	258.277	—
服务寿命（年）	12	13	14	15	16	17	18	19
D1	309.732	393.686	449.479	497.360	546.465	722.586	876.345	1011.164
D2	279.751	—	—	—	—	—	—	—

根据前文公式（6.3）的 Cox 风险比例模型的形式以及表 6.21 中得到的模型回归系数，可以得到下列模型表达式：

$$h(t) = h_0(t)\cdot\exp(-0.797X_2 + 0.354X_4 + 0.653X_5 + 0.056X_6) \tag{6.26}$$

式中：$h_0(t)$——基线风险函数，对于不同的基层类型，取表 6.22 中的值，或按照公式（6.27）取值；

X_2——板厚，9inch 板厚，取“0”，10inch 板厚，取“1”；

X_4——AESAL，1990—2009 年平均 ESAL，取实际值，10^6 次；

X_5——接缝类型，斜交取“1”，正交取“0”；

X_6——FBR，大修前错台指数，取实际值。

$$\begin{cases} h_0(t) = 0.9581t^{2.3484}, \text{D1} \\ h_0(t) = 1.6339t^{2.2105}, \text{D2} \end{cases} \tag{6.27}$$

式中：t——实际服务寿命，年。

图 6.8 清晰地显示了 D1 和 D2 两个阶段的模型基线风险函数的关系。与 AL 不同，D1 与 D2 之间的基线风险函数无显著的差别，由于两者 Cox 模型自变量的系数均为相同，即表明当

两者在相同的自变量取值情况下，D1 与 D2 的风险度基本相同，也就是说，阶段变量对 TL_{15} 的影响并不显著。

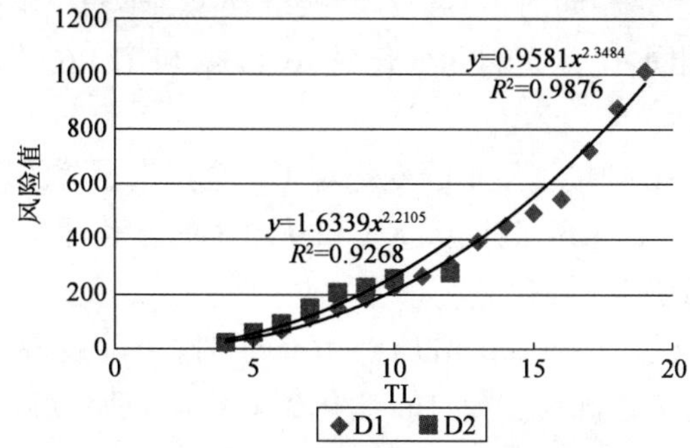

图 6.8 TL_{15}-D1-D2 阶段综合路段 Cox 模型基线风险函数

6.6.2 D1-D4 阶段 TL_{20} 的 Cox 模型回归

对于 TL_{20}，此次分析中获取的中等质量以上的服务寿命样本 299 个，在不同路面结构上的分布见表 6.23。

TL_{20}-D1-D4 阶段不同路面结构的样本分布 表 6.23

路面结构	板厚	接缝间距	接缝类型	基层类型	路肩	传力杆	AESAL (10^6)	FBR	阶段	样本量
6 号	9	0	0	0	1	0	1.85 ~ 3.46	10 ~ 31	1 ~ 2	29
5 号	9	1	0	0	1	0	1.50 ~ 4.33	10 ~ 32	1 ~ 2	90
9 号	10	0	0	0	1	0	1.02 ~ 1.85	12 ~ 25	1 ~ 2	36
11 号	10	0	1	0	1	0	1.31 ~ 1.42	10 ~ 26	1 ~ 2	54
13 号	10	1	0	0	1	0	1.34 ~ 4.12	10 ~ 31	1 ~ 2	90
合计	—	—	—	—	—	—	—	—	—	299

根据表 6.23 显示，299 个样本分布在 5 种路面结构中，这 5 种路面结构的样本分布基本均匀，它们均被选择进入模型回归分析，其传力杆值为“0”、路肩值为“1”、基层类型为“0”。需要进入模型分析的有 6 个变量：板厚、接缝类型、接缝间距、AESAL、FBR 及阶段变量，这些变量的类型及赋值含义见表 6.17。在输入变量时，仍然将阶段变量定义为分层变量。自变量输入模型的方法仍然选择向前和向后共 2 大类 6 种方法进行比较，结果发现 6 种方法无差异。如表 6.24 所示为模型中的系数分析表。

TL_{20}-D1-D4 阶段综合路段 Cox 比例风险模型自变量系数分析表 表 6.24

变量名	回归系数	回归系数标准误差	Wald 检验统计量	自由度	显著性水平	相对风险度
板厚	−0.937	0.191	24.097	1	0.000	0.392
接缝间距	−0.468	0.217	4.645	1	0.031	0.626
接缝类型	0.560	0.301	3.455	1	0.063	1.750
AESAL	0.577	0.125	21.219	1	0.000	1.780
FBR	0.027	0.017	2.668	1	0.102	1.028

对比表6.24中的模型系数和表6.18、表6.21中分析AL和TL_{15}的模型系数，除接缝间距外，其余进入模型的自变量是相同的，均为板厚、接缝类型、AESAL和FBR，而且在模型中这4个自变量的系数符号也相同，说明它们的变化对AL、TL_{15}和TL_{20}的影响的大致趋势是完全相同的。

具体来看，板厚、AESAL和接缝间距的变化对TL_{20}会产生显著的影响，而接缝类型和FBR从统计学角度来看，影响并不显著，但是0.063和0.102的显著性水平依然较高，因此在模型中仍然将它们作为自变量引入。

关于风险值的影响，板厚由9inch增加到10inch时，风险度降低60.8%（1－0.392＝0.608），TL_{20}呈增加趋势；接缝间距由9.1m变化到6.1m，风险度降低37.4%（0.626－1＝－0.374），TL_{20}显著增加；当AESAL每增加1×10^6，风险度增加78%（1.78－1＝0.78），TL_{20}显著减少。如表6.25所示。

TL_{20}-D1-D4阶段综合路段Cox比例风险模型基线累积风险值$h_0(t)$ 表6.25

服务寿命（年）	3	5	6	7	8	9	10	11	12	13
D1	0.001	0.006	0.021	0.045	0.070	0.095	0.128	0.157	0.184	0.222
D2	—	0.009	0.040	0.073	0.094	0.121	0.165	0.188	0.224	0.276
服务寿命（年）	14	15	16	17	18	19	20	21	22	28
D1	0.294	0.337	0.363	0.417	0.443	0.476	0.521	0.589	0.633	0.850
D2	0.298	0.330	—	—	—	—	—	—	—	

根据前文公式(6.3)的Cox风险比例模型的形式以及表6.24中得到的模型回归系数，可以得到下列模型表达式，如公式(6.28)所示。

$$h(t) = h_0(t)\cdot\exp(-0.937X_2 - 0.468X_3 + 0.577X_4 + 0.560X_5 + 0.027X_6) \tag{6.28}$$

式中：$h_0(t)$——基线风险函数，对于不同的基层类型，取表5.25中的值，或按照公式(6.29)取值；

X_2——板厚，9inch板厚取“0”，10inch板厚取“1”；

X_3——接缝间距，9.1m间距取“0”，6.1m间距取“1”；

X_4——AESAL，1990—2009年平均ESAL，取实际值，10^6次；

X_5——接缝类型，斜交取“1”，正交取“0”；

X_6——FBR，大修前错台指数，取实际值。

$$\begin{cases} h_0(t) = 0.0001t^{2.8832}, \text{D1} \\ h_0(t) = 0.0002t^{2.8665}, \text{D2} \end{cases} \tag{6.29}$$

式中：t——实际服务寿命，年。

图6.9清晰地显示了D1和D2两个阶段的模型基线风险函数的关系，与TL_{15}相似，D1与D2之间的基线风险函数无显著的差别，由于两者Cox模型自变量的系数均为相同，即表明当两者在相同的自变量取值情况下，D1与D2的风险度基本相同，也就是说，阶段变量对TL_{20}的影响并不显著。

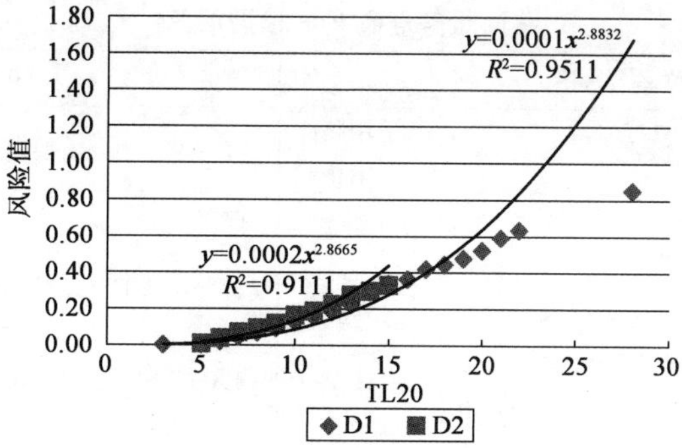

图6.9　TL_{20}-D1-D2 阶段综合路段 Cox 模型基线风险函数

6.7　本 章 小 结

上一章采用了图表观察法、统计检验法和非参数的生存分析方法(Kaplan-Meier 方法)分析了不同的设计特征、交通量、FBR 等因素对于佐治亚州水泥混凝土路面服务寿命的影响,但是这些分析方法存在一些缺陷:如不能考虑各种因素之间的交互影响、不能考虑删失数据等等。为此,本章对路段的服务寿命建立了 Cox 比例风险模型,目的有二:首先,是通过建立这样的 Cox 比例风险模型来量化评估各种影响因素;其次,建立这样的模型可以对路段在特定的设计和交通量情况下的服务寿命做出合理的预估,为今后的养护管理决策提供必要的依据。

本章分析了与路面服务寿命相关的 9 个影响因素,包括:水泥混凝土板厚、接缝间距、接缝类型、基层类型、路肩类型、传力杆设置、AESAL、FBR、阶段变量,并按照不同的阶段和服务寿命的类别分为 4 类(D0、D1-D4;AL、TL),建立 Cox 比例风险模型。表 6.26、表 6.27 分别汇总了服务寿命影响因素的分析结论和 Cox 比例风险模型。

Cox 模型路面服务寿命影响因素分析结论汇总　　表 6.26

影响因素	D0-AL		D0-TL**		D1-D4-AL		D1-D4-TL_{15}		D1-D4-TL_{20}	
	显著性	风险度	显著性	风险度	显著性	风险度	显著性	风险度	显著性	风险度
板厚	否*		10inch		是	↓50.7%	是	↓54.9%	是	↓60.8%
接缝间距	是	↓54.7%	否		否		否		是	↓37.4%
接缝类型	否		是		否		是	↑92.1%	否	
基层类型	是	非定值	是	非定值	0		0		0	
路肩类型	1		1		1		1		1	
传力杆	0		0		0		0		0	
AESAL	是	↑19.4%	是		是	↑35.1%	是	↑42.5%	是	↑78%
FBR					是	↑2.7%	是	↑5.7%	否	
阶段类型					是	非定值	否		否	

注:* 此处的显著性为“否”是指板厚为 8inch、9inch 和 10inch 三者之间的服务寿命无规律性。
** D0-TL 中由于样本数量较少,影响因素显著性的分析结果并不合理,仅列出。

路面服务寿命 Cox 模型汇总　　表 6.27

<table>
<tr><th rowspan="2">模型类别</th><th colspan="2">综合路段</th><th colspan="2">单独路段</th></tr>
<tr><th>模型表达式</th><th>适用路面结构</th><th>模型表达式</th><th>适用路面结构</th></tr>
<tr><td>D0-AL</td><td>$h(t)=h_0(t)\cdot\exp(0.264X_1+0.572X_2-0.792X_3+0.177X_4)$ (6.9)
$\begin{cases}h_0(t)=7\times10^6t^{4.118}, \text{基层类型为“0”}\\h_0(t)=0.004t^{1.700}, \text{基层类型为“1”}\end{cases}$ (6.10)
$(1.0\times10^6\leqslant \text{AESAL}\leqslant 5.0\times10^6)$</td><td>2 号～3 号、5 号～13 号</td><td>$h(t)=0.0023t^{1.1105}\cdot\exp(2.469X_4)$ (6.13)
$(1.06\times10^6\leqslant \text{AESAL}\leqslant 1.82\times10^6)$</td><td>1 号</td></tr>
<tr><td rowspan="3">D0-TL_{15}</td><td rowspan="3">$h(t)=h_0(t)\cdot\exp(0.977X_3+2.284X_4+1.940X_5)$ (6.14)
$\begin{cases}h_0(t)=7\times10^{-9}t^{5.0397}, \text{基层类型为“0”}\\h_0(t)=3\times10\ -9t^{4.7089}, \text{基层类型为“1”}\end{cases}$ (6.15)
$(1.10\times10^6\leqslant \text{AESAL}\leqslant 2.64\times10^6)$</td><td rowspan="3">8 号～13 号</td><td>$h(t)=3\times10^{-21}t^{10.208}\cdot\exp(2.469X_4)$ (6.17)
$(1.06\times10^6\leqslant \text{AESAL}\leqslant 1.28\times10^6)$</td><td>1 号</td></tr>
<tr><td>$h(t)=h_0(t)=4\times10^{-29}t^{19.511}$ (6.18)
$(2.44\times10^6\leqslant \text{AESAL}\leqslant 2.64\times10^6)$</td><td>2 号</td></tr>
<tr><td>$h(t)=h_0(t)=3\times10^{-5}t^{4.909}$ (6.19)
$(1.50\times10^6\leqslant \text{AESAL}\leqslant 3.34\times10^6)$</td><td>5 号</td></tr>
<tr><td rowspan="4">D0-TL_{20}</td><td rowspan="4">NA</td><td rowspan="4">NA</td><td>$h_0(t)=2\times10^{-19}t^{12.42}$ (6.20)
$(1.06\times10^6\leqslant \text{AESAL}\leqslant 1.28\times10^6)$</td><td>1 号</td></tr>
<tr><td>$h_0(t)=4\times10^{-7}t^{5.8154}$ (6.21)
$(1.50\times10^6\leqslant \text{AESAL}\leqslant 3.34\times10^6)$</td><td>5 号</td></tr>
<tr><td>$h_0(t)=2\times10^{-14}t^{10.226}$ (6.22)
$(2.11\times10^6\leqslant \text{AESAL}\leqslant 2.59\times10^6)$</td><td>8 号</td></tr>
<tr><td>$h_0(t)=6\times10^{-14}t^{9.3159}$ (6.23)
$(1.19\times10^6\leqslant \text{AESAL}\leqslant 1.56\times10^6)$</td><td>9 号</td></tr>
<tr><td>D1-D4-AL</td><td>$h(t)=h_0(t)\cdot\exp(-0.707X_2+0.301X_4+0.363X_5+0.026X_6)$ (6.24)
$\begin{cases}h_0(t)=2\times10^{-5}t^{3.8395}, \text{D1}\\h_0(t)=2\times10^{-4}t^{2.7587}, \text{D2}\end{cases}$ (6.25)
$(1.02\times10^6\leqslant \text{AESAL}\leqslant 4.33\times10^6)$</td><td>5 号～7 号、9 号、11 号、13 号</td><td>NA</td><td>NA</td></tr>
<tr><td>D1-D4-TL_{15}</td><td>$h(t)=h_0(t)\cdot\exp(-7.97X_2+0.354X_4+0.653X_5+0.056X_6)$ (6.26)
$\begin{cases}h_0(t)=0.9581t^{2.3484}, \text{D1}\\h_0(t)=1.6339t^{2.2105}, \text{D2}\end{cases}$ (6.27)
$(1.02\times10^6\leqslant \text{AESAL}\leqslant 4.33\times10^6)$</td><td>5 号、6 号、9 号、11 号、13 号</td><td>NA</td><td>NA</td></tr>
<tr><td>D1-D4-TL_{20}</td><td>$h(t)=h_0(t)\cdot\exp(-0.937X_2-0.468X_3+0.577X_4+0.560X_5+0.027X_6)$ (6.28)
$\begin{cases}h_0(t)=0.0001t^{2.8832}, \text{D1}\\h_0(t)=0.0002t^{2.8665}, \text{D2}\end{cases}$ (6.29)
$(1.02\times10^6\leqslant \text{AESAL}\leqslant 4.33\times10^6)$</td><td>5 号、6 号、9 号、11 号、13 号</td><td>NA</td><td>NA</td></tr>
</table>

注：X_1-板厚 A；X_2-板厚 B；X_3-接缝间距；X_4-AESAL；X_5-接缝类型；X_6-FBR。

综合对比本章和第5章对路面服务寿命影响因素的分析结果(表6.26和表6.27),关于本书讨论的影响路面服务寿命的9个因素,此处逐一进行总结。值得一提的是:本次分析中有传力杆和水泥混凝土路肩的路段样本较少,最终得到的结论均指无传力杆和沥青混凝土路肩的路段。除去这2个因素,得出结论的仅有7个影响因素:

(1)板厚,两章采用不同的分析方法得出的结论是吻合的,在3种以上板厚的服务寿命比较中,随着板厚的增加,服务寿命并未呈规律性变化的趋势,因此,最终的结论是:板厚对水泥混凝土路面的服务寿命无明确的影响。

(2)接缝间距。两章的结论基本相同:接缝间距为6.1m(20ft)的路段服务寿命要显著高于9.1m(30ft)路段。

(3)接缝类型。尽管从第5章的分析来看,对无传力杆路段,斜交要略好于正交,但是第6章考虑了其他因素的交互影响之后,发现两者并无明显区别。因此,最终的结论是:接缝类型为斜交的路段服务寿命与正交路段的服务寿命无显著区别。

(4)基层类型。两章分析得到的结论较为统一,即水泥稳定碎石(土)基层路段的服务寿命要显著高于沥青稳定碎石基层和级配碎石基层,沥青稳定碎石基层又显著高于级配碎石基层。

(5)AESAL。两章分析得到的结论较为统一,即随着AESAL的增加,路段服务寿命显著降低。

(6)FBR。水泥混凝土路面的大修前的路况(错台指数)显著影响路段大修后的服务寿命,大修前的路况越差,大修后的路段服务寿命越短。

(7)阶段类型。两章中得出的结论略有区别,第6章中分析D1-D4-TL_{15}和D1-D4-TL_{20}时的结论为:阶段类型对服务寿命无显著影响,但是第5章的结论和第6章在分析D1-D4-AL时的结论均为有显著影响,鉴于分析D1-D4-TL_{15}和D1-D4-TL_{20}时样本数量相对不足,最终得到的结论为:阶段类型对路段的服务寿命有显著影响,每次大修之后的服务寿命比前一阶段的服务寿命要显著降低。

第7章　基于生存分析模型的最佳路面大修时机研究

7.1　引　言

路面大修标准的确定是路面养护管理决策中一个非常重要的问题,解决养护管理中许多问题的前提都是要先确定一个合理的大修标准。譬如说,确定路面服务寿命的起点或终点;在评估路面大修措施的效益时,经常会采用大修之后的路况性能曲线与大修限值所围成的面积作为大修措施的效益,这也同样需要在评估之前明确路面的大修限值(大修标准)。另外,在网级路面中,养护资金的优化管理也同样需要事先确定路面的大修标准作为优化问题的重要前提条件。在养护管理中,涉及大修标准的案例不胜枚举,如果说确定路面大修标准是养护管理中最重要的问题之一,这种提法也并不为过。

但是就是这样一个非常重要的标准,国内外的公路管理机构在制定和使用时,大都依靠工程经验。此处并非说工程经验得出的标准就不合理,但是工程经验得到的标准需要理论或方法来解释和验证,否则,这样的标准制定后,执行起来也往往显得较为随意,因为不同人得出的工程经验也不尽相同。以佐治亚州水泥混凝土路面的大修标准为例,佐治亚州制定的水泥混凝土路面的大修标准主要以错台指数为指标,根据工程经验,当错台指数达到15时,路面就应该进行大修。早年,当养护资金较为充足时,可以很好地执行标准,但是当某些年份养护资金较为短缺时,这样的标准就往往就不能很好地执行,很多时候默认为只要错台指数不超过20也是被允许的。其实这种标准的更改是基于这样的认识:当路段的错台指数达到20进行大修,路段的整体性能和经济效益并不会变化太多,由于缺乏相应的理论和方法来进行分析验证,这样的做法并不能被明确地否定。这样的例子说明需要一个合理的方法评估和验证路段大修的标准,或者说如何合理确定大修的标准。

关于大修的标准还存在一个问题就是:对于所有的路段,采用统一的大修标准是否合理?现在制定的路面大修标准往往适用于“全天候”,即对于不同的路面结构类型、不同的交通量、不同的气候条件下的路面,采用的是同样的大修标准。在这样的大修标准下,不同路段的整体性能和效益都同样处于最优的状态吗？如果不是，那么如何根据整体性能和效益的状态来调整大修的标准？

遗憾的是，对于以上这些疑问，过去的研究并没有给出明确的答案，因此本章的研究目的就是针对这些路面养护管理中非常关键的问题，利用前些章节的研究成果，结合以前的相关研究，综合提出一套合理确定路面大修标准的方法，并通过对佐治亚州的水泥混凝土路面大修标准的分析和验证，回答前文提出的这些问题。

为此，本章的结构是：首先，对以前关于大修标准确定的方法进行文献综述；其次，提出确定大修标准的方法，并结合需要分析的佐治亚州的水泥混凝土路面大修标准和养护管理实践对方法中每一步骤进行解释；随后，根据所获得的路况数据分析确定最优的大修时机；最后，对计算分析得到的结果进行讨论，并给出进一步的建议。

7.2 大修时机确定方法研究综述

确定路面的大修标准，也可以说是确定最优的路面大修时机，这样的一个概念里包含这样一些关键词：首先是路面大修，这是一种路面养护的行为，所谓最优的路面大修时机，就是要比较不同的路面大修时机，从外延上讲就是要比较多种路面养护的行为及效益；其次是最优，何谓最优？优劣的标准是什么？基于这样的分析，我们就可以将“最优路面大修时机的方法”转化为“比较多种路面养护行为优劣的方法”，而对后者的研究方法非常之多，如评估不同养护措施的效益（费用—效益）的方法、同种养护措施不同养护时机的评估方法等。这些方法为本章要研究的问题——最优路面大修时机确定方法提供了非常有价值的参考。总的来说，根据优劣的评估标准，可以将这些方法分为三大类：效益最大化方法、最小 LCC（寿命周期费用）方法及费用效益组合方法。

7.2.1 效益最大化方法

这种方法比较适用于成本相近的比选方案，此时措施的效益分析中存在较多的不确定因素，精确确定措施的效益通常非常困难[102]。过去的几十年中，有多种效益定义方法，如：减少的通行时间，增加的驾驶员的舒适和安全度，减少的路面性能衰变率等[103]。在路面养护管理中，大部分研究者通常会采用基于性能曲线的方法，主要包括如下三种：

1）延长的路面服务寿命

这种方法在过去的养护措施评估中被广泛应用[104-107]，它是采用养护措施后延长的路面服务寿命——（路面的性能衰变到某一确定的值，通常是大修标准）作为效益。如图 7.1 所示，显然效果较好的措施 2 延长的路面服务寿命要长于效果相对较差的措施 1（$L_2 > L_1$）。对于延伸的服务寿命的单位，可以是年，也可以是累积的交通轴载作用次数。

2）养护行为寿命期内增加的平均路面性能

在以前的文献中，也有一些学者采用某种养护措施或养护行为在其寿命期内增加的平均路面性能来评估养护行为的效益[105-108]。这样的方法既考虑了养护行为对路面服务寿命的影响,又考虑了其对路面状况的影响。通常采用公式(7.1)来计算。式(7.1)中各项的含义如图7.1所示。

$$\mathrm{PC_{AVG}} = \frac{1}{T_c}(y_0 + \cdots + y_i + \cdots + y_c) \tag{7.1}$$

式中:$\mathrm{PC_{AVG}}$——养护行为寿命期内增加的平均路面性能;

y_0——养护行为应用后的路况值;

y_i——养护行为应用后第 i 年的路况值;

y_c——养护行为寿命期终点的路况值;

T_c——养护行为的寿命期。

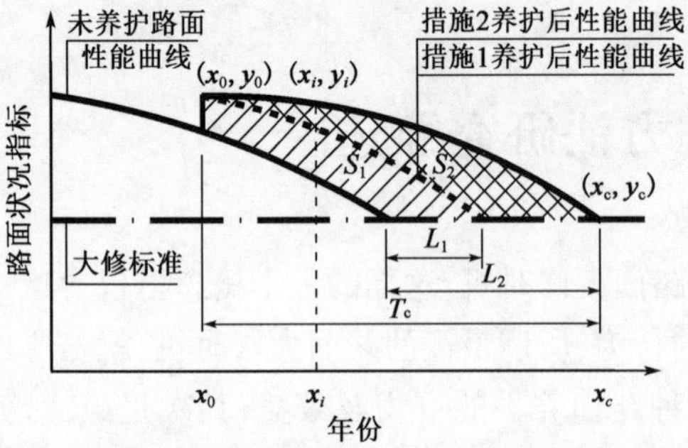

图7.1　路面养护的效益评估方法

3)性能曲线围成的面积

这种养护行为的效益被定义为原始性能曲线、路面大修标准、养护行为应用后的路面性能曲线围成的面积[112]。如图7.1所示,当一个养护措施效果较好的路面(较缓的性能曲线,曲线所围成的面积较大,如图7.1中措施2)相比一条养护措施效果较差的路面(较陡的性能曲线,围成的面积也较小,如图7.1中措施1)会给用户提供更大的效益。这种方法也被广泛应用[108,109,112,116]。

7.2.2　最小LCC(寿命周期费用)方法

这种方法主要考虑在进行路面的养护行为后,对整体路面的寿命周期费用产生的影响。在比较不同的养护行为时,应该假定不同养护行为的效益是相同或相似的,那么寿命周期费用较小的养护行为最优。通常而言,路面的养护投资与整体的公路投资相比相对较小,而且在很短的期限内就会完成。因此,对于一些矫正性养护的短期评估,最小LCC的方法通常被认为是最恰当的,因为各种比选的方案被认为具有相同的效益,例如,针对较严重的裂缝,工程师可以有如下选择(措施的效益被定义为恢复至不开裂的状况):封缝或者一定深度的补丁,由于二者的效益相同(都可以将开裂的路面恢复至不开裂的状况),此时的最佳费用—效益的措施就是具有最小LCC的措施。这种方法的前提就是所有的矫正性养护措施都可以提供相同的服务水平,此时LCC最小的措施就是最优措施。

寿命周期费用包括机构费用和用户费用两大部分[12]。机构费用通常包括初始建设费用、阶段性的养护(预防性养护费用和日常养护费用)及大修费用等;用户费用主要包括车辆运行费、通行时间费和事故费用,这些用户费用通常与初始建设期或大修期间设置的工作区的数量、长度、时机、期限有关。机构费用的确定相对简单,但是用户费用的确定至今仍然存在相当多的争议[4]。

在LCC方法中需要理解的一个重要概念就是:资金的时间价值,即今天投资一定数额的资金价值要高于投资时间晚的相同数额的资金。在LCC方法中,不同机构或用户费用产生于不同的时间，这些费用应该被转换成同一的时间点上的值进行比较，净现值（Present Value，PV）法和等效年度费用（Equivalent Uniform Annual Cost，EUAC）法是最常用的两种转换方法。

7.2.3　费用和效益组合的方法

在评估路面的重建、养护时，推荐采用效益最大化和LCC最小化相结合的方法。NCHRP Synthesis 223[103]建议用户获得的效益以及产生这些效益的成本都应该考虑其中。研究表明，当这些效益和成本都可以货币化的时候，就可以进行费用—效益分析；在进行LCC和利润分析时，需要将所有影响因素转化为经济上可以量化的单位，该方法对不同养护行为的评估是最有效的工具[83]。

路面管理中的LCC可以有两种方法：第一，最小化寿命成本和利润净现值[110]；第二，最小化年度寿命回报[111]。LCC方法可被用于确定网级路面养护和大修措施的费用—效益评估[112]，最终选择的措施应该满足单位路面面积上最小的等值年度费用。LCC还被用于量化评估延误的养护或大修的影响[111]。加拿大安大略省（Ontario）应用LCC评估裂缝封缝的费用—效益[113]。美国印第安纳州（Indiana）应用LCC评估碎石封层和砂封层的费用效益[114]。

Hicks[115]评估了不同预防性养护措施的效益，效益被定义为措施的等效年度费用和额外的服务寿命。在他提出的决策模型中，用户可以对材料费用和服务寿命效益分配权重，还可以对其他符合决策需求的费用和效益因子进行权重分配，对于每种不同交通量和病害状况的路面，具有最高权重分值的措施被选择为最佳的措施，最终，对应于不同病害类型和交通量的决策树被确定。

PAVER（美国陆军工程兵路面管理系统）中采用的预算优化技术中，效益被定义为性能时间曲线下围成的面积[116]。Kher and Cook[117]用性能曲线下的面积作为用户效益来分析Ontario的大修对策，Joseph[113]采用曲线下的面积并结合AADT和路段长度来比较不同预防性养护措施的LCC效益。显然，性能曲线所围成的面积或设施寿命的延长是最常用的定义路面养护效益的方法。

值得一提的是，FHWA提醒在进行全寿命周期费用分析时，最小的LCC未必是最佳，其他诸如风险、预算限制、政治和环境因素等也都需要被考虑，LCC方法对整个的决策过程提供了关键的信息，但并不是最终的答案。

综上所述，尽管以前的文献对最佳大修时机或大修标准确定方法的研究相对较少，但是相关的文献提供了许多有价值的参考，根据这些文献提供的研究方法，并结合本次研究的问题和获得的数据，就可以提出解决本章所研究问题的分析框架。

7.3　最佳大修时机分析方法的确定

7.3.1　分析指标的选择

大修标准或者说最佳的大修时机其实是包含一系列指标的，如沥青路面中的车辙深度、裂缝率、平整度；水泥混凝土路面中的错台指数、断板率等。佐治亚州在早年虽然主要以错台指数指标评估水泥混凝土路面，但是，近年来，渐渐采用了包括平整度、断板率、错台指数和综合评分 4 个指标组成的大修标准，具体的标准值可参见表 2.2。因此在确定最佳大修时机时，分析指标也应该包括这 4 个指标，但是本次分析中选择的路段样本均是以错台病害为主的路段，而且分析中应用到的路面服务寿命模型也是以这些路段为样本回归得到的，因此，为了计算方便，本次分析仅将错台指数作为分析指标。当然，本书的分析方法也完全可以用来确定其他分析指标的大修标准。

7.3.2 效益评估方法

根据上一节的文献综述，在确定最佳大修时机分析方法时大致可以有三种选择：效益最大化方法、最小 LCC（寿命周期费用）方法和费用—效益组合方法。上一章的研究中选用了以错台病害为主的路段服务寿命样本，建立了服务寿命的 Cox 比例风险模型，在此基础上，就可以预估路段的路面结构设计特征、交通量、大修前的路况（FBR）等影响因素对路段在不同阶段（D0-D2）的两种路面服务寿命（AL 和 TL）的影响。当我们选择不同的大修时机进行比较时，其实就相当于选择不同的 FBR 输入路面服务寿命模型，从而可以得到不同大修时机下的路面服务寿命。这样，就可以对某路面结构在不同大修时机下的服务寿命进行比较。在此次分析中，选择最小 LCC 的方法来进行分析，下文将结合图 7.2 加以详细介绍。

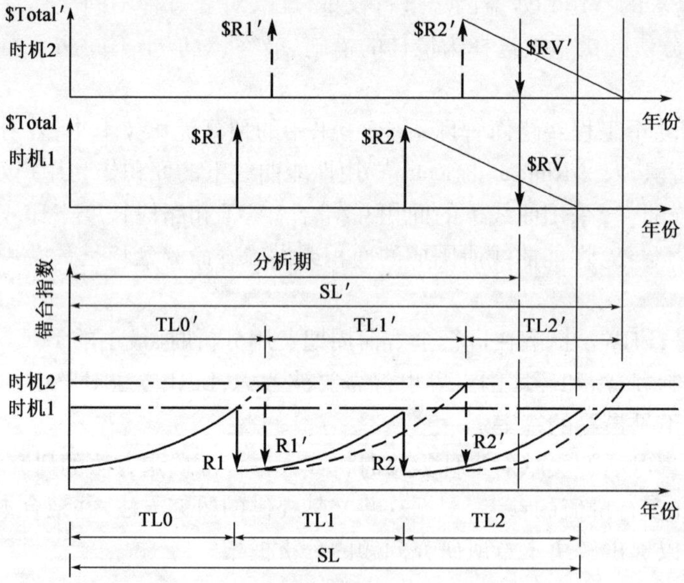

图 7.2 确定最佳大修时机的最小 LCC 方法

SL-总服务寿命；TL0 ~ TL2-达到大修标准（不同时机）的服务寿命；R1 ~ R2-第 1、2 次大修；$ R1 ~ $ R2-第 1、2 次大修的费用；$ RV-残值；$ Total-分析期内的总费用

根据图 7.2 所示，当对同一路段选择了两个不同的大修时机时，总的服务寿命 SL 由 TL0、TL1、TL2 三部分组成，分别代表路段在 D0-D2 三个阶段的路面服务寿命。本次分析中使用的服务寿命，均是根据第 6 章建立的生存模型得出的，采用的值是中位（50% 生存概率）服务寿命值，下文简称服务寿命。

在D0阶段，时机1和2在该阶段的起点相同——均是路段的初始建成时间，但是由于采用不同的大修时机，两者在D0阶段的服务寿命终点是不相同的，产生了不同的TL0和TL0′。在D1阶段，经过第1次大修后，时机1和时机2的服务寿命起点并不相同，这是因为第1次大修的时间点有差别，同样由于两者的大修时机不同，在D1阶段的服务寿命终点也不尽相同，产生了TL1和TL1′。同理，在D2阶段，产生了TL2和TL2′。在此次分析中，取第2次大修寿命的终点作为总的服务寿命的终点，这是因为在上一章建立路面服务寿命的Cox比例风险模型时，只建立了D0-D2阶段的两种路面服务寿命（AL和TL），而D3和D4阶段的服务寿命样本中删失数据太多，导致无法建立相应的模型，因此本次分析中只取D0-D2间的服务寿命作为总的服务寿命。

在最小LCC方法中，需要确定一个固定分析期，时机1和时机2的效益是在相同的分析期内进行比较，因此两者的总服务寿命期是相同的，但是服务寿命期内的LCC是不同的，此时，达到相同的效益（总服务寿命）时LCC小者，时机更优。由此可见，在最小LCC方法中，与分析期内各种费用相关的模型和计算参数的设置将决定最终分析结果的准确性，下文将逐一讨论。

7.3.3　大修时机的范围

在选择大修时机的比较范围时，要考虑到以往的工程经验对大修时机的判断。尽管工程经验的判断主观性强，但是它往往可以给我们划定一个相对较为合理的范围，在这样一个范围内再对大修时机进行详细的量化评估，得出的结论往往更可信、更具说服力。根据佐治亚州的工程经验，对大修的时机，就错台指数而言，15～20是个相对较为合理的范围，从路面管理系统中的数据也发现，大部分路段大修前的FBR均在15～20，因此，在本次分析中，我们将15～20确定为需要进行比较的大修时机范围。

7.3.4　TL的计算方法

最小LCC方法需要计算不同时机在D0-D2阶段达到大修标准的TL，如以分析错台指数为17作为大修时机为例，那么TL0则是路面初始建成至路面错台指数增加到17的服务寿命；TL1则是从第一次大修前的路面状况FBR = 17为起点至错台指数增加到17的服务寿命，TL2则是从第二次大修前FBR = 17为起点至错台指数增加到17的服务寿命。那么如何根据前文的服务寿命模型来计算这三个阶段的服务寿命TL0-TL2呢？

上一章在建立服务寿命的Cox比例风险模型时，考虑了两种服务寿命——AL和TL。AL是实际服务寿命，采用的样本是路面初始建成至实际大修的时间（D0）或前一次实际大修的时间至后一次实际大修的时间（D1-D2）。虽然佐治亚州的大修标准规定错台指数达到15就应该大修，但实际大修的时机与大修标准15往往会有不小的出入，有时延误，有时提前，所以AL的服务寿命模型中预估得到的服务寿命只能反映总样本中达到平均的大修时机的时间，所以不能采用AL的模型来计算TL0-TL2。

上一章建立的TL的Cox模型，TL是路面的初始建成至路面的错台指数达到大修标准为15（D0）或前一次实际大修时间至下一次路面的错台指数达到大修标准15的服务寿命。这样的模型可以考虑大修标准为15的路段服务寿命，但是对于别的大修时机情况下的路段服务寿命如何来考虑呢？

本次要考虑的大修时机的范围为 15 ~ 20，对于大修时机为 15 可以直接采用上一章的 TL 的服务寿命模型公式计算，对于 16 ~ 20 的大修时机，我们采用了如下的计算方法：

(1)对大修标准为 20 建立 TL 在 D0-D2 阶段的 Cox 模型。

(2)根据大修标准为 15 和 20 两组 D0-D2 阶段的 Cox 模型求出 $TL0_{15}$-$TL0_{20}$。

(3)根据 $TL0_{15}$-$TL0_{20}$ 对大修时机位于 15 ~ 20 间的值内插，得到 $TL0_i$（$15 < i < 20$）。

7.3.5 大修费用模型

在本次分析采用的最小 LCC 方法中，最为关键的就是对分析期内各种费用的选择和计算，对此次分析而言，应该如何选择和计算呢？首先，此次分析将不考虑用户费用，一方面是当前对用户费用所包括的内容和计算方法都存在一定的争议，另一方面，作为路面管理机构，最为关心还是机构费用与路面大修之间的关系，因此，此次分析中没有包括用户费用。机构费用通常包括初始建设费、日常养护费和大修费用，对于同一路段不同大修时机的研究而言，它们属于同一路段，初始建设费用是相同的，因此该项费用无需考虑；与大修费用相比较，路面的日常养护费用占总养护费用的比例非常小，其对最终的分析结果影响微小，因此，在机构费用中，此次分析将仅考虑大修费用。

根据图 7.2 所示，在确定的同一分析期内，存在两次大修，而不同的时机进行大修会导致每次大修的具体时间各不相同，那么在不同的时机和不同时间进行大修，大修费用上会产生什么变化呢？这就要求建立相应的大修费用模型来确定不同时机下产生的大修费用。由于佐治亚州的路面管理系统中对路面的养护费用的记录欠缺较多，导致佐治亚州并无现成的水泥混凝土路面的养护费用模型可用，因此，本次分析不得不依据一些有限的大修费用资料来建立初步的佐治亚州水泥混凝土路面大修费用模型，在建立模型之前，先要了解以前学者对养护费用模型的相关研究成果。

Ouyang[118] 在对网级路面的大修序列的优化分析中，对于路面的大修费用（沥青混凝土罩面）包括固定费用和可变费用两部分，固定费用包括大修机械的租赁、运行，劳动力的工资报酬等，只要发生路面的大修，这部分费用就一定会产生；而可变费用如罩面材料费等，它是与罩面的厚度相关的。因此，其确定的大修费用模型是线性函数的形式，如式(7.2)所示。

$$M(w) = m_1 \cdot w + m_2 \tag{7.2}$$

式中：m_2——固定费用；

m_1——罩面厚度 w 的系数。

Al-Mansour and Sinha[119] 基于路面状况 PSI 和交通量 AADT 建立了印第安纳州路面的日常养护费用模型，模型采用指数型形式，如式(7.3)所示。

$$\begin{cases} \text{LogAMC} = 10^{4.023-0.4621\text{PSI}}, \text{AADT} > 2000 \\ \text{LogAMC} = 10^{3.7718-0.4252\text{PSI}}, \text{AADT} \leqslant 2000 \end{cases} \tag{7.3}$$

Sharaf[120] 也将路面的养护费用分成固定费用和可变费用两部分，固定费用与养护措施（劳动力费用、材料费用等）有关，而可变费用与路面的属性相关，如路面状况等。Li and Sinha[121] 采用印第安纳州 1995—1997 年的数据，建立的日常养护费用模型中，日常养护费用是路面的类型、功能分类和平整度变化的函数。Labi[122] 采用指数形的函数来表达年均养护费用同各影响因素之间的关系。如式(7.4)所示：

$$\mathrm{AAMEX} = \exp\left[A_0 + \sum_{i=1}^{N}(A_i X_i)\right] \tag{7.4}$$

式中：AAMEX——年均养护费用；

X_i——影响因素变量；

A_0、A_i——系数。

其中的影响因素包括路面类型、路面功能分类、气候分区、路况、路龄等。

根据以上的文献综述，可以看出以下几点关于路面养护费用模型的特征：首先，费用模型通常分为固定费用和可变费用两种；其次，费用模型形式主要是采用指数型函数形式；最后，养护费用的影响因素主要包括路面分类、路况、设计特征等，模型中包括的影响因素的多少取决于建立模型所能获得的数据。根据以上的分析和对前人研究的总结，本次分析初步提出的佐治亚州水泥混凝土路面的大修费用模型形式如式(7.5)所示：

$$\mathrm{RC} = \exp(A_0 + A_1 \cdot \mathrm{FBR}) \tag{7.5}$$

式中：RC——大修费用；

FBR——大修前的错台指数；

A_0、A_1——系数。

从公式中可以看出，本次提出的大修费用模型中，大修费用只与 FBR 呈指数型关系，尽管在前人的研究中，养护费用还与路面类型、功能分类等其他因素有关，但就本次分析而言，该费用模型选择的样本数据均源于前文分析的 5 条州际公路，其路面类型、功能分类均类似，交通量也均属较高（AADT > 10000），在这些影响因素均相近的前提下，本次建立的大修费用模型仅包括了大修前的路况 FBR 这一种影响因素也是合理的。

在确定了大修费用模型形式之后，需要寻找相关的大修费用记录来进行模型的回归。前文也已提过，佐治亚州在过去几十年的路面管理数据的收集中，对养护费用的记录欠缺较多，导致准确的养护费用记录少之又少，且路段的大修本来次数就不多，因此，找出有效的大修费用记录非常困难。通过多方搜集，共找到 10 个大修项目的费用记录，详见表 7.1。在这 10 个大修项目中，Ⅰ-16 上的 MP90-94 和Ⅰ-20 上的 MP0-34 两个项目的大修前 FBR 远小于 15 的错台大修标准，因此，初步判断，这两个项目的大修原因并非是由于错台量过大造成的。鉴于本次分析主要是针对以错台病害为主的大修时机分析，因此这两个大修项目的费用记录将被剔除。剩下的 8 个路段的大修费用和 FBR 之间的关系见表 7.1。

佐治亚州水泥混凝土路面大修项目费用计算表　　表 7.1

公路名称	里程桩号	大修时间（年-月）	大修路段长度（mile）	总大修费用（美元）	单位养护费用［$/(车道·mile)］	转化为 1995 年的单位养护费用	FBR
Ⅰ-16	51-67	1992-10	16.5	148901	37225	41873	17.3
Ⅰ-20	172-181	1994-11	9	874410	48578	50521	17.7
Ⅰ-20	181-201	1994-11	20.42	2470525	60493	62912	12.9
Ⅰ-475	0-14	1995-02	14.2	2018353	71069	71069	16.5
Ⅰ-75	142-156	1995-02	14.3	3557546	124390	124390	21.6

续上表

公路名称	里程桩号	大修时间（年-月）	大修路段长度（mile）	总大修费用（美元）	单位养护费用[$/(车道·mile)]	转化为1995年的单位养护费用	FBR
Ⅰ-75	31-42	1995-02	10.8	2162580	100119	100119	16.7
Ⅰ-16	0-32	1995-02	31.7	4875671	76903	76903	17.4
Ⅰ-16	42-53	1985-03	11.6	398588	34361	50863	12.7
Ⅰ-16	*90-94*	*1984-01*	*4.3*	*239722*	*55749*	—	*5.8*
Ⅰ-20	*0-34*	*1995-02*	*23.72*	*2915303*	*61452*	—	*6.7*

注:1. 单位养护费用均需要转化为1995年的值,折现率取4%。

2. 总大修费用包括:大修期间的交通管理费、基础灌浆费、断板凿除费、表面金刚石打磨费、板全厚修补费、全厚换板费。

3. FBR为大修项目涉及路段大修前错台指数的均值。

4. 斜体数据是未被采用的路段。

从图7.3中可看出,随着大修前路况FBR的增加,大修费用呈增加的趋势,遗憾的是由于样本数量太少,曲线拟合的精度不太理想,最终得到的大修费用模型如式(7.6)所示。值得一提的是,该公式计算得出的大修费用值是折现至1995年的费用值。

$$RC = \exp(9.975 + 0.069FBR) \tag{7.6}$$

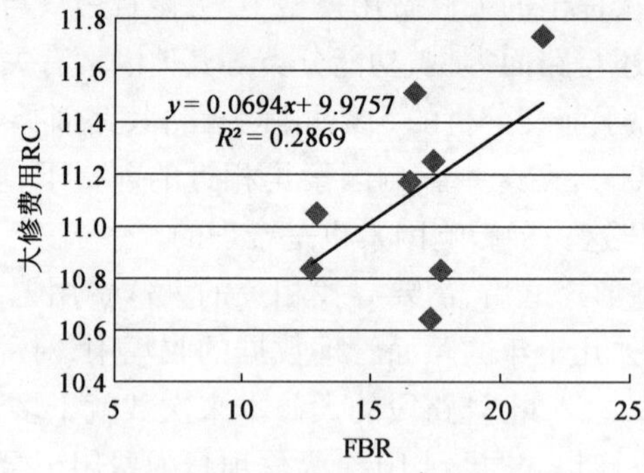

图7.3　大修费用RC与FBR的关系图

7.3.6　大修费用的折现和折现率

在本次研究采用的两种效益评估方法中,最小LCC方法需要计算在分析期内的寿命周期费用,该方法假定在不同时机、不同阶段进行大修产生的大修费用是相等的,需要注意的是,这种费用的相等是指在不同时间产生的大修费用折现到路面初始建成时的费用是相等的,而不是在不同时间产生的大修费用值相等。这是由于费用存在时间价值所致,即同样的费用在不同年份的时间价值是不同的。这种时间价值通过折现率来反映,折现率的取值根据FHWA[12]的推荐取3%~5%,本次研究取4%。

7.3.7　分析期末残值的计算

根据图7.2所示,在比较时机1和时机2的LCC中,导致两者LCC产生差别的关键就是两者的残值,在此次分析中,残值的计算方法采用FHWA[12]推荐的线性方法来计算,公式如(7.7)所示。

$$\$RV = \frac{SL - 分析期}{TL2} \cdot \$R2 \tag{7.7}$$

式中：\$RV——残值；

SL——总服务寿命；

TL2——D2 阶段达到大修时机的服务寿命；

\$R2——第 2 次大修费用。

7.3.8　最佳大修时机确定方法分析框架流程

综上所述，根据前文的分析，提出最佳大修实际确定方法的分析框架流程如图 7.4 所示。

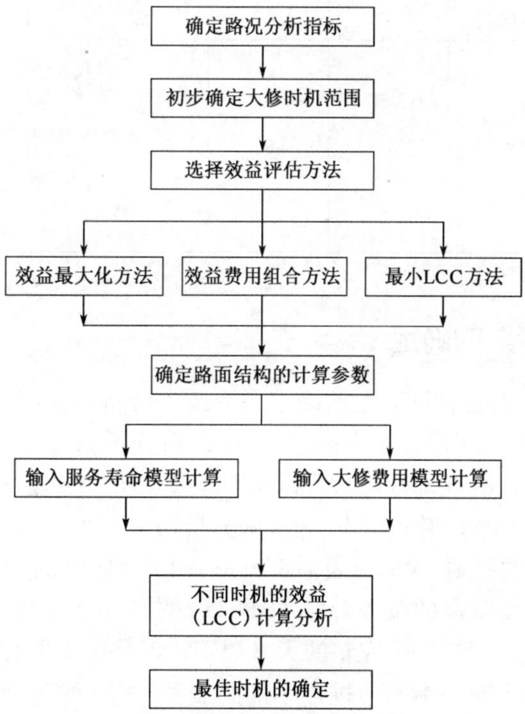

图 7.4　最佳大修时机的分析框架流程

7.4　最佳大修时机的计算与结果分析

7.4.1　分析路段的选择

本章前言提及了需要解决的两个主要问题：一是确定最佳大修时机的分析方法并验证；二是不同路面结构的最佳大修时机是否相同？上一节基本明确了最佳大修时机的分析方法，本节将从佐治亚州的路段样本中选择适当的路段来验证提出的分析方法，同时也可以回答不同的路面结构是否存在同样的最佳大修时机的问题。

从第6章表6.1可以看出,本次获得的路面服务寿命的样本涉及13种路面结构,就影响路面服务寿命的影响因素来说,主要分为两大类:路面结构设计特征和交通量。因此本章也根据这两大类影响因素将选择的路段样本划分为两组:一组是同样的路面结构,交通量不同;另一组是同样的交通量,但有不同的路面结构。在确定路段样本时,选择那些服务寿命样本相对充足的路面结构;选择交通量时,应该注意到模型中的AESAL的适用范围,尽量取中值。根据这样的选择原则,两组需要分析的样本被列出,如表7.2所示。

大修时机分析路段样本分组及参数 表7.2

<table>
<tr><th>组别</th><th>路面结构</th><th>板厚</th><th>接缝间距</th><th>接缝类型</th><th>基层类型</th><th>路肩</th><th>传力杆</th><th>AESAL(10^6)</th></tr>
<tr><td rowspan="2">组1</td><td>5号</td><td>9</td><td>1</td><td>0</td><td>0</td><td>1</td><td>0</td><td rowspan="2">1.50</td></tr>
<tr><td>9号</td><td>10</td><td>0</td><td>0</td><td>0</td><td>1</td><td>0</td></tr>
<tr><td rowspan="5">组2</td><td rowspan="5">5号</td><td rowspan="5">9</td><td rowspan="5">1</td><td rowspan="5">0</td><td rowspan="5">0</td><td rowspan="5">1</td><td rowspan="5">0</td><td>1.50</td></tr>
<tr><td>2.00</td></tr>
<tr><td>2.50</td></tr>
<tr><td>3.00</td></tr>
<tr><td>3.50</td></tr>
</table>

注:自变量赋值的含义详见表6.2。

7.4.2 统一分析期的确定

在最小LCC方法中,需要在计算之前确定一个统一分析期,那如何合理确定呢?分析期太短,路面仍有较长的剩余寿命期,无法称之为“全寿命分析”;如果分析期太长,分析期内包括的不确定因素太多,分析的准确性则大大降低。根据FHWA的推荐,对于使用全寿命周期费用分析方法比较路面的设计、养护方案,建议的分析期为35~40年,且至少包括一次完整的大修周期[12]。基于这样的原则,我们对表7.3和表7.4中列出的路段样本的服务寿命进行观察,表中的路段均包括3个阶段的服务寿命TL0-TL2,按照以上原则,分析期的终点最好设置在TL2期间内,这样就可以包括一个完整的大修周期。但是由于同种情况下总的服务寿命相差有可能较大,这样的分析期也不能超过最小的总服务寿命,否则由于缺乏TL3的服务寿命数据,分析期末的残值就无法进行计算。因此确定统一分析期的原则有两条:

(1)不能超过每组中总服务寿命最小的值。

(2)尽量包括TL0~TL2。

根据这样的原则,组1中,5号路面结构为25年,9号结构为45年,尽管原则上两者的分析期取相同为最佳,但由于5号和9号路面结构总服务寿命相差太大,所以不得已取不同的值。组2中,最终取为22年,尽管有的样本并非包括了TL0和TL1两个阶段的服务寿命,但这样的取值已是最大可能地满足了以上的原则。

7.4.3 残值的计算

图7.2中显示了分析期内大修费用的现金分布,图中$ R1、$ R2需要利用前文建立的大修费用模型来进行计算,因为大修费用模型中计算得到的不同大修时机下的大修费用均为1995

年的费用现值，为了计算方便，本次分析假定所选择路段的初始建成时间均为1995年，建成之后发生的大修费用和残值均需要转化成初始建成的1995年的现值，之后汇总成在统一分析期内的总费用值$ total。根据以上的假定和公式(7.7)，可以得出本次计算中的残值在初始建成时的现值计算公式(7.8)和公式(7.9)。

$$\$RV = (1+i)^{(TL0+TL1-D)} \cdot \frac{(SL-D)}{TL2} \cdot \$R2 \quad (D > TL0 + TL1) \tag{7.8}$$

$$\$RV = (1+i)^{(TL0-D)} \cdot \frac{(TL0+TL1-D)}{TL1} \cdot \$R1 \quad (TL0 + TL1 > D > TL0) \tag{7.9}$$

式中：$ RV——残值；

SL——总服务寿命；

TL0-TL2——D0-D2阶段达到大修时机的服务寿命；

$ R1、$ R2——第1、2次大修费用；

D——统一的分析期；

i——折现率，取4%。

7.4.4　大修的延误对总服务寿命的影响

表7.3和表7.4列出了各路段中TL0-TL2及总服务寿命SL的值，在进行最佳大修时机分析之前，先探讨下大修的延误对总服务寿命的影响，下文将以5号路面结构在AESAL为1.5×10^6且大修时机为15延误到20时的各阶段服务寿命的变化进行分析。

图7.5显示了5号路面结构在不同大修时机下的各阶段服务寿命变化情况。从图中可以看到，对于大修时机为15，TL0（OA段）与TL1（BC段）分别为8年和10年。在D0阶段，当大修时机由15延误到20的时候（A延伸到A'），由于大修标准的改变，TL0的8年延长至TL0′的10.7年，这种由于大修时机的延误而产生的服务寿命的增加，我们称之为“延误收益”。根据这样的定义，显然在D0阶段的延误收益为10.7－8＝2.7（年）（AA'段）；在D1阶段，即第1次大修后，大修时机为15的TL1（BC段）为10年，而大修时机为20的TL1′（$B'D'$段）为13.6年，$B'D'$可分为两段：$B'C'$段和$C'D'$段。

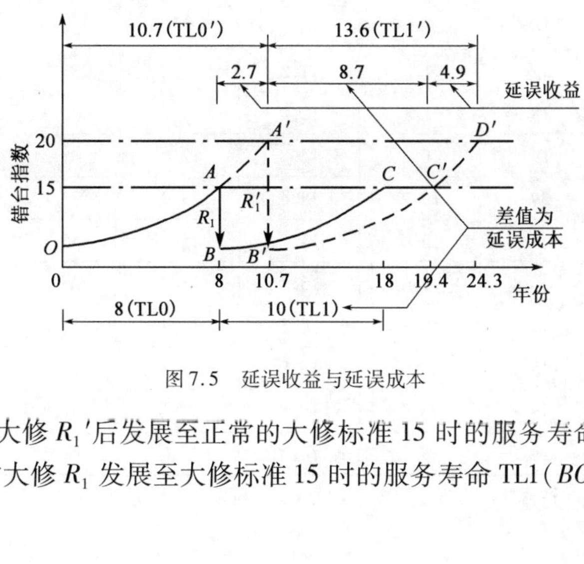

图7.5　延误收益与延误成本

$B'C'$段为延误的大修R_1'后发展至正常的大修标准15时的服务寿命，该服务寿命应该为8.7年，相比较于正常大修R_1发展至大修标准15时的服务寿命TL1（BC段，10年）相比，服务寿命缩短了 1.3 年，这是由于大修的延误导致了路面结构产生了更多的不可修复性的损伤，尽管经过大修，也无法完全弥补这些结构性的损伤，导致大修后的路面性能衰变要比正常时机(15)的大修后的路面性能衰变得更快。对于以上这种服务寿命缩短的情况，我们称之为“延误成本”，因此对于本例，延误成本为 10 - 8.7 = 1.3(年)。

C′D′段是大修 R_1'后，错台指数发展至正常的大修标准 15 之后，继续延误至 20 时的寿命段，这一段属于 D1 阶段大修延误造成，属于 D1 阶段的延误收益，为 4.9 年。

如果将“延误收益 - 延误成本”定义为最终的延误利润，那对于延误的大修 R_1'，其在 D1 阶段的延误利润为 4.9 - 1.3 = 3.6(年)。在 D0 阶段，延误的大修 R_1'并不存在延误成本，所以它在 D0 阶段的延误利润就等于延误收益(AA'段)，为 2.7 年。

通过以上分析，发现延误的大修时机 20 比正常大修时机 15 的总的服务寿命要更长($OA' + B'D' > OA + BC$)，但这种表面上更长的路面服务寿命是以牺牲路面结构的性能为代价的，这表现为延误的大修 R_1'之后的服务寿命 $B'C'$(8.7 年)短于正常的大修 R_1 之后的服务寿命 BC(10 年)。这种代价有两种后果：一是虽然服务寿命期延长，但寿命期内的平均路面状况较差，因为延误收益的两端曲线 AA'和 $C'D'$错台指数都大于 15，这两段寿命期已经较差。二是延误的大修 R_1'的大修费用可能要显著高于正常大修 R_1，更严重的情况，即使在时机为 20 时花费了更多的费用进行大修，而延误造成的结构性损伤仍然会加速大修后的路面性能的衰变，得不偿失。

7.4.5 最小 LCC 法计算结果与分析

根据前文对各种相关计算要素的确定，最终得到的两组样本的计算结果，见表 7.3 和表 7.4。表中斜体部分为分析期内总费用最小的大修时机。附录 E 中列出了算例，并给出了详细的计算过程。

组 1 大修时机计算结果(AESAL = 1.5×10^6)　　表 7.3

组别	路面结构	时机	TL0(年)	TL1(年)	TL2(年)	SL(年)	最佳分析期范围(年)	合计(美元)
组 1	5 号	15	8.0	10.0	9.1	27.1	24.3 ~ 27.1 (25)	110346
		16	8.5	10.7	9.8	29.0		108526
		17	9.1	11.3	10.6	31.0		106040
		18	9.6	12.0	11.5	33.1		102917
		19	10.2	12.8	12.4	35.3		98190
		20	*10.7*	*13.6*	*13.3*	*37.6*		*92076*
	9 号	15	15.0	14.9	15.7	45.6	43.5 ~ 45.6 (45)	119673
		16	17.0	15.5	15.7	48.2		121503
		17	19.1	16.1	15.8	51.0		120899
		18	21.1	16.8	16.1	54.0		117294
		19	23.2	17.5	16.5	57.1		110021
		20	*25.2*	*18.3*	*17.0*	*60.5*		*97374*

注：表中最佳分析期范围一栏括号中的值为最终选定的统一分析期。

组 2(5 号路面结构)大修时机计算结果　　表 7.4

AESAL(10^6)	时机	TL0(年)	TL1(年)	TL2(年)	SL(年)	最佳分析期范围(年)	合计(美元)
1.50	15	8.0	10.0	9.1	27.1	24.3 ~ 27.1 (22)	91980
	16	8.5	10.7	9.8	29.0		88123
	17	9.1	11.3	10.6	31.0		83489
	18	9.6	12.0	11.5	33.1		78089
	19	***10.2***	***12.8***	***12.4***	***35.3***		***75778***
	20	10.7	13.6	13.3	37.6		76120
2.00	15	8.0	9.2	8.0	25.2	22.9 ~ 25.2 (22)	100912
	16	8.5	9.7	8.3	26.6		98653
	17	9.1	10.3	9.2	28.6		93873
	18	9.6	10.9	9.9	30.4		89261
	19	10.2	11.5	10.6	32.3		82859
	20	***10.7***	***12.2***	***11.3***	***34.2***		***81347***
2.50	15	8.0	8.4	7.3	23.7	21.4 ~ 23.7 (22)	109645
	16	8.5	8.8	7.7	25.1		107897
	17	9.1	9.2	8.2	26.5		105897
	18	9.6	9.7	8.7	28.0		102624
	19	10.2	10.2	9.2	29.6		97563
	20	***10.7***	***10.7***	***9.8***	***31.2***		***92484***
3.00	15	8.0	7.8	6.7	22.5	20.3 ~ 22.5 (22)	117413
	16	8.5	8.1	7.1	23.7		117039
	17	9.1	8.4	7.3	24.8		116529
	18	9.6	8.8	7.8	26.2		113990
	19	10.2	9.2	8.2	27.5		111122
	20	***10.7***	***9.6***	***8.6***	***28.9***		***106690***

注:表中最佳分析期范围一栏括号中的值为最终选定的统一分析期。

对组 1 中 5 号路面结构而言,随着大修时机由 15 逐渐增加到 20,折现到初始建成时的总机构费用呈逐渐降低的趋势,而对于 9 号路面结构而言,随着大修时机由 15 逐渐增加到 20,总机构费用一度呈略微增加,但在 16 之后,逐渐降低,这从表 7.3 和图 7.6 中可以比较清晰地看出。就两种不同的路面结构而言,最佳大修时机均为 FBR 为 20。

比较这两种不同路面结构,尽管二者的交通量 AESAL 均为 1.5×10^6 次,但 9 号路面结构的总服务寿命 SL 在相同的大修时机下要显著地高于 5 号路面结构 60.9% ~68.3%。表 7.5 列出了两种路面结构的差别,除接缝间距和板厚外,其余设计特征均相同,9 号路面结构的板厚为 10inch,但接缝间距为 9.1m,5 号路面结构的板厚为 9inch,接缝间距为 6.1m;按照前文的分析,同等条件下,接缝间距 6.1m 的路段服务寿命要高于 9.1m 间距的路段,而在本次分析中接缝间距为9.1m的9号路面结构却显著地高于接缝间距为6.1m的5号路面结构，可见，板厚的增加显著提高了路面的服务寿命，板厚增加产生的服务寿命增加的效应远远高于接缝间距增加带来的负面效应。

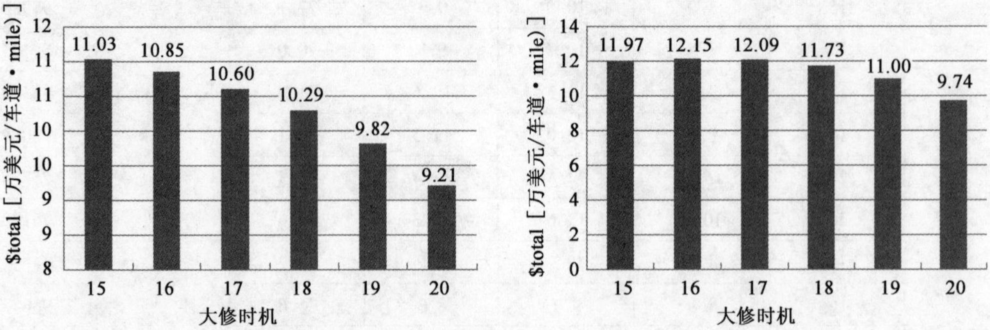

a)5号路面结构　　b)9号路面结构

图7.6　5号和9号路面结构不同大修时机LCC($ total)比较

5号和9号路面结构的比较　　表7.5

路面结构	板厚(inch)	接缝间距(m)	接缝类型	基层类型	路　肩	传 力 杆
5号	9	6.1	正交	沥青稳定碎石	沥青路肩	无
9号	10	9.1	正交	沥青稳定碎石	沥青路肩	无

对于组2来说，在同一交通量荷载下，路面的总机构费用的变化与组1基本相同，即随着大修时机由15增加到20，总机构费用呈逐渐降低的趋势。对于不同的交通量情况下，随着交通量从1.5×10^6增加到3.0×10^6，路面的总机构费用呈逐渐递增的趋势。图7.7清晰地反映了5号路面结构在不同交通量和不同大修时机下的总机构费用变化的趋势。

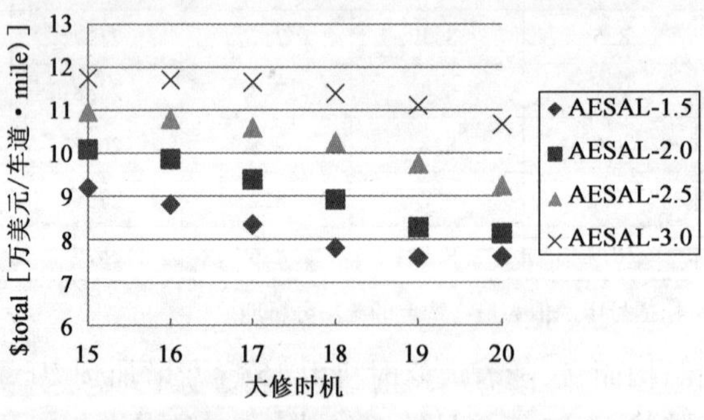

图7.7　5号路面结构不同交通量下总机构费用($ total)比较

总的来说，就表7.3和表7.4反映的最佳大修时机而言，对于组1和组2，除5号路面结构，AESAL为1.5×10^6外，其余情况下，当错台指数为20进行大修时，路面在固定的分析期内的总费用最小，此时，错台指数为20进行大修即最佳大修时机。而对5号路面结构，AESAL为1.5×10^6，最佳的大修时机是错台指数为19，而此时，错台指数为20与最佳时机19之间总费用的差别非常小。

从表7.3和表7.4还可以看出，对于5号路面结构，AESAL同为1.5×10^6时，取不同的统一分析期(25年对比22年)，得出的最佳大修时机似乎略有不同，为了观察不同分析期对不同大修时机下总机构费用的影响，本次分析还针对 AESAL 均为 1.5×10^{6}，5 号和 9 号路面结构在不同分析期下的总机构费用的变化，其中 5 号路面结构选择了 20 年、22 年、24 年和 26 年，9 号路面结构选择了 30 年、35 年、40 年和 45 年，计算结果如图 7.8 所示。

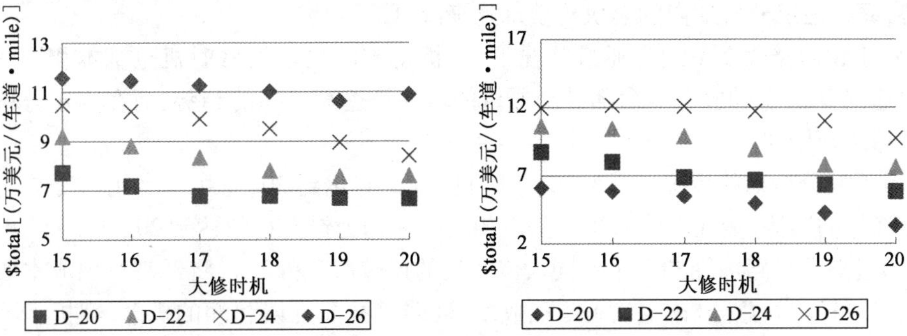

a）5号路面结构　　b）9号路面结构

图 7.8　不同分析期对最佳大修时机的影响

从图中可以看出，尽管采用不同的分析期，但随着大修时机由 15 变化到 20，两种路面结构总机构费用的变化基本呈逐渐降低的趋势，只有对 5 号路面结构，分析期为 26 年时，存在特例，此时大修时机为 19 的总费用为最低，但与大修时机为 20 非常相近。就同一大修时机而言，随着分析期的增加，总机构费用是逐渐增加的。

通过以上的分析，可以来回答本节之初提出的问题——不同的路面结构的最佳大修时机是否相同？结论是：对不同的路面结构（5 号和 9 号路面结构）、不同的交通量下（AESAL 为 $1.5\times10^{6}\sim3.0\times10^{6}$）以及不同的统计分析期（5 号路面结构——20 年、22 年、24 年和 26 年；9 号路面结构——30 年、35 年、40 年和 45 年）的情况下，最佳的大修时机均为错台指数达到 20。

从这样的结论，可以看出，在大修时机由 15 变化到 20 的过程中，路面的总服务寿命得以显著地提高，从而也提高了在分析期末的大修费用残值，这样就间接降低了分析期内的总机构费用，尽管在大修时机由 15 变化到 20 的过程中，每次大修的费用是随着 FBR 呈指数型地增加，但是大修费用的增加效应要低于服务寿命显著变长引起的总机构费用降低的效应，因而，最终的结果就是大修稍晚的时机——错台指数为 20 是最佳大修时机。

需要指出的是，在此次分析中大修时间较晚的时机虽然可以显著延长路面的服务寿命，但是其延长的路面寿命部分的路况是相对较差的，这部分较差的路面寿命会导致用户费用的上升，如油耗的提高、事故费用的增加等，在未来的研究中，可以将用户费用考虑进来，使得对总体费用的分析更为完整。另外，在未来的工作中，在路面大修费用的模型的完善、不同分析指标的选取等方面可以继续进行深入的研究，从而使得对路面大修最佳时机的选取更为科学、合理。

7.5　本章小结

本书根据第 6 章建立的路面服务寿命的生存概率模型，针对路面养护管理决策中一个非常重要的问题——路面的最佳大修时机问题，提出了一套基于生存概率模型的路面最佳大修时机确定方法，并用最小 LCC 方法对佐治亚州水泥混凝土路面中以错台病害为主的 5 号和 9

号路面结构不同的大修时机进行了分析评估,得出了以下主要结论:

(1)对于不同路段在相同交通量状况下,采用最小 LCC 方法分析得到的最佳大修时机是相同的——均为错台指数达到20。总服务寿命随着不同大修时机的变化(15→20)呈逐渐增加的趋势,而在固定分析期内的总机构费却逐渐降低。

(2)对于相同路段在不同交通量状况下,分析得到的最佳大修时机也基本相同——均为错台指数达到20。总的服务寿命随着交通量的增加呈逐渐下降的趋势,而在固定分析期内的总机构费却逐渐增加。

(3)对不同分析期的情况下,随着大修时机由 15 变化到 20,总机构费用的变化趋势仍基本呈逐渐降低的趋势,最佳大修时机也基本相同——均为错台指数达到20。

(4)通过对 5 号路面结构 2 个不同大修时机的比较(15 和 20),将经济学中成本效益的概念引入大修时机的效益分析,定义了延误成本、延误收益和延误利润的概念,剖析了延误的大修时机的总服务寿命显著高于正常大修的原因——以牺牲路面结构的路面性能为代价的一种行为。

附录 A　各质量等级的基础数据分布详表

各质量等级的基础数据分布　　附表 A-1

基础数据名称	质量等级	AL-0										
		Ⅰ75-N	Ⅰ75-P	Ⅰ20-N	Ⅰ20-P	Ⅰ85-N	Ⅰ85-P	Ⅰ16-N	Ⅰ16-P	Ⅰ475-N	Ⅰ475-P	总计
起始年（YS）	高（H，H－）	117	199	97	96	119	118	149	151	15	15	1076
	中（M）	0	0	0	0	0	0	0	0	0	0	0
	总计	117	199	97	96	119	118	149	151	15	15	1076
终止年（YE）	高（H，H－）	95	178	48	48	100	80	60	75	15	15	714
	中（M）	22	21	49	48	19	38	58	65	0	0	320
	总计	117	199	97	96	119	118	118	140	15	15	1034
趋势线（TM）	高（H，H－）	0	0	53	55	41	36	71	64	0	0	320
	中（M）	0	0	20	16	8	8	27	47	0	0	126
	总计	0	0	73	71	49	44	98	111	0	0	446
大修前的错台指数（FBR）	高（H，H－）	0	0	0	0	0	0	0	0	0	0	0
	中（M）	0	0	0	0	0	0	0	0	0	0	0
	总计	0	0	0	0	0	0	0	0	0	0	0
大修后的错台指数（FAR）	高（H，H－）	0	0	0	0	0	0	0	0	0	0	0
	中（M）	0	0	0	0	0	0	0	0	0	0	0
	总计	0	0	0	0	0	0	0	0	0	0	0
大修前的平整度（IBI）	高（H，H－）	0	0	0	0	0	0	0	0	0	0	0
	中（M）	0	0	0	0	0	0	0	0	0	0	0
	总计	0	0	0	0	0	0	0	0	0	0	0

续上表

基础数据名称	质量等级	AL-0										
		Ⅰ75-N	Ⅰ75-P	Ⅰ20-N	Ⅰ20-P	Ⅰ85-N	Ⅰ85-P	Ⅰ16-N	Ⅰ16-P	Ⅰ475-N	Ⅰ475-P	总计
大修后的平整度(IAI)	高(H,H－)	0	0	0	0	0	0	0	0	0	0	0
	中(M)	0	0	0	0	0	0	0	0	0	0	0
	总计	0	0	0	0	0	0	0	0	0	0	0
错台指数增加到15的年份(YF15)	高(H,H－)	0	0	0	11	16	13	42	40	0	0	122
	中(M)	0	0	15	18	17	9	25	31	0	0	115
	总计	0	0	15	29	33	22	67	71	0	0	237

基础数据名称	质量等级	AL-1										
		Ⅰ75-N	Ⅰ75-P	Ⅰ20-N	Ⅰ20-P	Ⅰ85-N	Ⅰ85-P	Ⅰ16-N	Ⅰ16-P	Ⅰ475-N	Ⅰ475-P	总计
起始年(YS)	高(H,H－)	95	178	48	48	100	80	60	75	15	15	714
	中(M)	22	21	49	48	19	38	58	65	0	0	320
	总计	117	199	97	96	119	118	118	140	15	15	1034
终止年(YE)	高(H,H－)	33	44	15	24	12	11	36	36	15	15	241
	中(M)	49	44	9	0	4	4	13	24	0	0	147
	总计	82	88	24	24	16	15	49	60	15	15	388
趋势线(TM)	高(H,H－)	46	50	35	31	35	35	56	78	13	14	393
	中(M)	21	11	49	47	2	1	29	31	0	0	191
	总计	67	61	84	78	37	36	85	109	13	14	584
大修前的错台指数(FBR)	高(H,H－)	1	3	0	1	10	10	46	53	13	13	150
	中(M)	11	11	0	19	0	0	41	43	0	0	125
	总计	12	14	0	20	10	10	87	96	13	13	275
大修后的错台指数(FAR)	高(H,H－)	1	3	0	1	10	10	45	42	13	13	138
	中(M)	11	11	0	19	0	0	41	40	0	0	122
	总计	12	14	0	20	10	10	86	82	13	13	260
大修前的平整度(IBI)	高(H,H－)	3	8	0	0	10	10	27	25	13	12	108
	中(M)	10	7	13	13	0	0	33	24	0	0	100
	总计	13	15	13	13	10	10	60	49	13	12	208

续上表

基础数据名称	质量等级	AL-1										
		Ⅰ75-N	Ⅰ75-P	Ⅰ20-N	Ⅰ20-P	Ⅰ85-N	Ⅰ85-P	Ⅰ16-N	Ⅰ16-P	Ⅰ475-N	Ⅰ475-P	总计
大修后的平整度（IAI）	高(H,H－)	3	8	0	0	10	10	27	25	13	12	108
	中(M)	10	7	13	13	0	0	33	24	0	0	100
	总计	13	15	13	13	10	10	60	49	13	12	208
错台指数增加到15的年份（YF15）	高(H,H－)	42	42	10	10	14	17	39	46	9	7	236
	中(M)	14	14	10	9	14	10	28	37	4	6	146
	总计	56	56	20	19	28	27	67	83	13	13	382

基础数据名称	质量等级	AL-2										
		Ⅰ75-N	Ⅰ75-P	Ⅰ20-N	Ⅰ20-P	Ⅰ85-N	Ⅰ85-P	Ⅰ16-N	Ⅰ16-P	Ⅰ475-N	Ⅰ475-P	总计
起始年（YS）	高(H,H－)	33	44	15	24	12	11	36	36	15	15	241
	中(M)	49	44	9	0	4	4	13	24	0	0	147
	总计	82	88	24	24	16	15	49	60	15	15	388
终止年（YE）	高(H,H－)	36	29	0	0	3	2	0	0	15	15	100
	中(M)	17	17	19	19	3	4	6	8	0	0	93
	总计	53	46	19	19	6	6	6	8	15	15	193
趋势线（TM）	高(H,H－)	52	49	5	14	6	3	41	51	11	11	243
	中(M)	8	9	3	0	0	0	2	4	0	0	26
	总计	60	58	8	14	6	3	43	55	11	11	269
大修前的错台指数（FBR）	高(H,H－)	1	1	0	1	3	3	34	28	0	0	71
	中(M)	0	1	8	0	3	0	8	17	0	0	37
	总计	1	2	8	1	6	3	42	45	0	0	108
大修后的错台指数（FAR）	高(H,H－)	1	1	0	1	3	3	18	16	0	0	43
	中(M)	0	1	8	0	3	0	8	17	0	0	37
	总计	1	2	8	1	6	3	26	33	0	0	80
大修前的平整度（IBI）	高(H,H－)	0	0	0	0	0	0	16	16	0	0	32
	中(M)	6	4	8	0	0	0	2	0	0	0	20
	总计	6	4	8	0	0	0	18	16	0	0	52

续上表

基础数据名称	质量等级	AL-2										
		Ⅰ75-N	Ⅰ75-P	Ⅰ20-N	Ⅰ20-P	Ⅰ85-N	Ⅰ85-P	Ⅰ16-N	Ⅰ16-P	Ⅰ475-N	Ⅰ475-P	总计
大修后的平整度（IAI）	高（H，H－）	0	0	0	0	0	0	16	16	0	0	32
	中（M）	6	4	8	0	0	0	2	0	0	0	20
	总计	6	4	8	0	0	0	18	16	0	0	52
错台指数增加到15的年份（YF15）	高（H，H－）	42	44	2	14	2	0	37	37	11	7	196
	中（M）	13	9	6	0	4	3	3	11	0	4	53
	总计	55	53	8	14	6	3	40	48	11	11	249

基础数据名称	质量等级	AL-3											AL-4		
		Ⅰ75-N	Ⅰ75-P	Ⅰ20-N	Ⅰ20-P	Ⅰ85-N	Ⅰ85-P	Ⅰ16-N	Ⅰ16-P	Ⅰ475-N	Ⅰ475-P	总计	Ⅰ75-N	Ⅰ75-P	总计
起始年（YS）	高（H，H－）	36	29	0	0	3	2	0	0	15	15	100	0	0	0
	中（M）	16	17	19	19	3	4	6	8	0	0	92	12	12	24
	总计	52	46	19	19	6	6	6	8	15	15	192	12	12	24
终止年（YE）	高（H，H－）	0	0	0	0	0	0	0	0	0	0	0	0	0	0
	中（M）	12	12	0	0	0	0	0	0	0	0	24	0	0	0
	总计	12	12	0	0	0	0	0	0	0	0	24	0	0	0
趋势线（TM）	高（H，H－）	25	19	13	9	2	0	4	7	0	0	79	2	0	2
	中（M）	4	1	6	1	0	0	0	1	0	0	13	0	0	0
	总计	29	20	19	10	2	0	4	8	0	0	92	2	0	2
大修前的错台指数（FBR）	高（H，H－）	1	0	0	1	0	0	0	4	0	0	6	0	5	5
	中（M）	0	1	0	1	0	0	2	1	0	0	5	4	0	4
	总计	1	1	0	2	0	0	2	5	0	0	11	4	5	9
大修后的错台指数（FAR）	高（H，H－）	1	0	0	1	0	0	0	0	0	0	2	0	5	5
	中（M）	0	1	0	1	0	0	2	1	0	0	5	4	0	4
	总计	1	1	0	2	0	0	2	1	0	0	7	4	5	9
大修前的平整度（IBI）	高（H，H－）	0	0	0	0	0	0	0	0	0	0	0	0	0	0
	中（M）	0	0	0	0	0	0	0	0	0	0	0	12	10	22
	总计	0	0	0	0	0	0	0	0	0	0	0	12	10	22

续上表

基础数据名称	质量等级	AL-3											AL-4		
		Ⅰ75-N	Ⅰ75-P	Ⅰ20-N	Ⅰ20-P	Ⅰ85-N	Ⅰ85-P	Ⅰ16-N	Ⅰ16-P	Ⅰ475-N	Ⅰ475-P	总计	Ⅰ75-N	Ⅰ75-P	总计
大修后的平整度（IAI）	高（H，H－）	0	0	0	0	0	0	0	0	0	0	0	0	0	0
	中（M）	0	0	0	0	0	0	0	0	0	0	0	12	10	22
	总计	0	0	0	0	0	0	0	0	0	0	0	12	10	22
错台指数增加到15的年份（YF15）	高（H，H－）	24	18	0	0	2	0	3	5	0	0	52	0	0	0
	中（M）	5	2	0	0	0	0	0	0	0	0	7	0	0	0
	总计	29	20	0	0	2	0	3	5	0	0	59	0	0	0

附录 B　各质量等级目标数据分布详表

各质量等级目标数据分布　　附表 B-1

阶段	基础数据名称	质量等级	Ⅰ75-N	Ⅰ75-P	Ⅰ20-N	Ⅰ20-P	Ⅰ85-N	Ⅰ85-P	Ⅰ16-N	Ⅰ16-P	Ⅰ475-N	Ⅰ475-P	总计
AL-0	服务寿命(AL)	高(H,H－)	117	199	24	24	31	19	25	62	0	0	501
		中(M)	0	0	73	72	88	99	93	78	15	15	533
		总计	117	199	97	96	119	118	118	140	15	15	1034
	错台指数增加到15的服务寿命(FL15)	高(H,H－)	0	0	0	8	17	13	39	39	0	0	116
		中(M)	0	0	28	21	16	9	28	31	0	0	133
		总计	0	0	28	29	33	22	67	70	0	0	249
	大修前后错台指数下降值(FD)	高(H,H－)	0	0	0	0	0	0	0	0	0	0	0
		中(M)	0	0	0	0	0	0	0	0	0	0	0
		总计	0	0	0	0	0	0	0	0	0	0	0
	大修前后平整度下降值(ID)	高(H,H－)	0	0	0	0	0	0	0	0	0	0	0
		中(M)	0	0	0	0	0	0	0	0	0	0	0
		总计	0	0	0	0	0	0	0	0	0	0	0
AL-1	服务寿命(AL)	高(H,H－)	14	8	3	12	3	11	36	36	14	14	151
		中(M)	70	80	21	12	13	4	13	24	1	1	239
		总计	84	88	24	24	16	15	49	60	15	15	390

续上表

阶段	基础数据名称	质量等级	Ⅰ75-N	Ⅰ75-P	Ⅰ20-N	Ⅰ20-P	Ⅰ85-N	Ⅰ85-P	Ⅰ16-N	Ⅰ16-P	Ⅰ475-N	Ⅰ475-P	总计
AL-1	错台指数增加到15的服务寿命（TL）	高（H，H－）	32	36	3	11	15	17	26	35	9	7	191
		中（M）	24	19	17	8	13	10	41	46	4	6	188
		总计	56	55	20	19	28	27	67	81	13	13	379
	大修前后错台指数下降值（FD）	高（H，H－）	1	3	0	1	10	10	45	42	13	13	138
		中（M）	11	11	0	19	0	0	41	40	0	0	122
		总计	12	14	0	20	10	10	86	82	13	13	260
	大修前后平整度下降值（ID）	高（H，H－）	3	8	0	0	10	10	27	25	13	12	108
		中（M）	10	7	13	13	0	0	33	24	0	0	100
		总计	13	15	13	13	10	10	60	49	13	12	208
AL-2	服务寿命（AL）	高（H，H－）	0	0	0	1	3	1	0	0	14	14	33
		中（M）	53	50	19	19	3	5	6	8	1	1	165
		总计	53	50	19	20	6	6	6	8	15	15	198
	错台指数增加到15的服务寿命（FL15）	高（H，H－）	15	24	0	14	2	0	31	30	11	7	134
		中（M）	40	30	8	0	4	3	9	18	0	4	116
		总计	55	54	8	14	6	3	40	48	11	11	250
	大修前后错台指数下降值（FD）	高（H，H－）	1	1	0	1	3	3	18	16	0	0	43
		中（M）	0	1	8	0	3	0	8	17	0	0	37
		总计	1	2	8	1	6	3	26	33	0	0	80
	大修前后平整度下降值（ID）	高（H，H－）	0	0	0	0	0	0	16	16	0	0	32
		中（M）	6	4	8	0	0	0	2	0	0	0	20
		总计	6	4	8	0	0	0	18	16	0	0	52
AL-3（AL-4）	服务寿命（AL）	高（H，H－）	0（0）	0（0）	0	0	0	0	0	0	0	0	0（0）
		中（M）	12（0）	12（0）	0	0	0	0	0	0	0	0	24（0）
		总计	12（0）	12（0）	0	0	0	0	0	0	0	0	24（0）

续上表

阶段	基础数据名称	质量等级	I 75-N	I 75-P	I 20-N	I 20-P	I 85-N	I 85-P	I 16-N	I 16-P	I 475-N	I 475-P	总计
AL-3（AL-4）	错台指数增加到15的服务寿命（TL）	高（H，H－）	19(0)	13(0)	0	0	0	0	0	0	0	0	32(0)
		中（M）	10(0)	7(0)	0	0	0	0	3	5	0	0	25(0)
		总计	29(0)	20(0)	0	0	0	0	3	5	0	0	57(0)
	大修前后错台指数下降值（FD）	高（H，H－）	1(0)	0(5)	0	1	0	0	0	0	0	0	2(5)
		中（M）	0(4)	1(0)	0	1	0	0	2	1	0	0	5(4)
		总计	1(4)	1(5)	0	2	0	0	2	1	0	0	7(9)
	大修前后平整度下降值（ID）	高（H，H－）	0(0)	0(0)	0	0	0	0	0	0	0	0	0(0)
		中（M）	0(10)	0(12)	0	0	0	0	0	0	0	0	0(22)
		总计	0(10)	0(12)	0	0	0	0	0	0	0	0	0(22)

注：AL-4 中仅 I75 上存在目标数据值，AL-3（AL-4）一栏中未用括号标出的表明该州际公路中没有目标数据值。

附录 C　5 条州际公路 1990—2009 年平均 AADT、平均 ESAL 和货车百分率

5 条州际公路 1990—2009 年平均 AADT、平均 ESAL 和货车百分率　　附表 C-1

年份	I-75			I-20			I-85			I-16			I-475		
	AADT	货车百分率	ESAL	AADT	货车百分率	ESAL	AADT	货车百分率	ESAL	AADT	货车百分率	ESAL	AADT	货车百分率	ESAL
1990	54097	0.194	1.89	31185	0.201	1.14	38281	0.223	1.54	13127	0.198	0.47	26819	0.178	0.86
1991	56881	0.206	2.11	32687	0.248	1.47	38612	0.230	1.60	13200	0.205	0.49	31577	0.210	1.20
1992	57581	0.217	2.25	35685	0.237	1.53	43854	0.253	2.00	13964	0.216	0.54	31094	0.241	1.36
1993	56748	0.221	2.26	35812	0.218	1.41	46163	0.255	2.13	13917	0.225	0.57	27474	0.264	1.31
1994	60988	0.227	2.51	39629	0.215	1.54	48843	0.271	2.39	15009	0.242	0.66	33903	0.302	1.85
1995	61948	0.238	2.66	41425	0.227	1.70	49350	0.275	2.46	15610	0.236	0.66	30997	0.337	1.89
1996	64667	0.209	2.44	43184	0.243	1.89	53460	0.270	2.61	16207	0.235	0.69	34518	0.285	1.77
1997	70385	0.218	2.78	45536	0.253	2.08	52094	0.265	2.49	16494	0.234	0.70	38509	0.267	1.86
1998	71715	0.213	2.76	46194	0.267	2.23	55051	0.254	2.53	17600	0.234	0.74	36052	0.255	1.66
1999	69843	0.210	2.65	49627	0.259	2.32	55873	0.247	2.50	18288	0.234	0.77	39310	0.247	1.76
2000	72439	0.196	2.57	52188	0.248	2.33	58801	0.225	2.39	19002	0.227	0.78	40064	0.232	1.68
2001	73393	0.183	2.42	52697	0.238	2.27	59781	0.202	2.18	20365	0.221	0.81	41149	0.225	1.67
2002	74989	0.167	2.26	51763	0.227	2.12	59499	0.179	1.92	19732	0.214	0.76	42795	0.217	1.68
2003	81304	0.159	2.34	55908	0.215	2.17	61422	0.168	1.86	20202	0.211	0.77	52295	0.209	1.98
2004	80070	0.197	2.85	55860	0.224	2.26	62865	0.201	2.28	21973	0.214	0.85	57068	0.222	2.29
2005	75819	0.209	2.86	57251	0.204	2.11	63715	0.235	2.70	23288	0.225	0.95	56161	0.221	2.24
2006	75552	0.204	2.78	57246	0.198	2.05	65951	0.186	2.21	22664	0.223	0.91	59633	0.207	2.23
2007	75129	0.203	2.76	58979	0.200	2.13	71341	0.204	2.63	23269	0.231	0.97	59949	0.217	2.35
2008	69246	0.204	2.55	56292	0.224	2.28	61479	0.222	2.47	22135	0.230	0.92	54173	0.225	2.20
2009	71716	0.190	2.46	55002	0.216	2.15	61923	0.198	2.22	22688	0.218	0.89	56319	0.210	2.13

附录 D　Fisher 最优分割法 Matlab 程序文件

```
n = 988
for i = 1:n
X(i) = y1(i);
end
%计算直径 D
D = zeros(n,n);
for i = 1:n-1
   for j = 2:n
      if(i<j)
         sx = 0;
         d = 0;
         for t = i:j
            sx = sx + X(t);
         end
         meanx = sx/(j-i+1);
         for k = i:j
           d = d + (X(k) - meanx).^2;
            end
            D(j,i) = d;
        end
     end
end
D;
%计算分类损失函数
LP = zeros(n,n-1);
J = zeros(n,n-1);
for k = 2:n-1
     for l = 3:n
         if(k<l)
```

```
            min = 200000;
                if(k = =2)         %k =2 时的最小损失函数
                    for j =2:l
                        temp = D(j -1,1) + D(l,j);
                        if(temp < min)
                            min = temp;
                            minj = j;
                        end
                    end
                else               %k >2 时的最小损失函数
                    for j = k:l
                        temp = LP(j -1,k -1) + D(l,j);
                        if(temp < min)
                            min = temp;
                            minj = j;
                        end
                    end
                end
            LP(l,k) = min;
            J(l,k) = minj;
        end
    end
end
LP;
J;
%绘制分类损失函数随 k 变化趋势图
for i =1:n -2
    y(i) = LP(n,i +1);
end
k =2:n -1;
plot(k,y);hold on
plot(k,y,'r*')
```

附录 E　最佳大修时机算例

为了更清晰地反映利用第 6 章建立的生存分析模型对路面最佳大修时机的计算过程，此处列出了 9 号路面结构在 AESAL 为 1.5×10^6，大修时机为 17 的 LCC 详细算例。

1)9 号路面结构的基本信息

如附表 E-1 所示。

9 号路面结构的基本信息　　附表 E-1

9 号路面结构	板厚 (X_2)	接缝间距 (X_3)	接缝类型 (X_5)	基层类型	路肩	传力杆	AESAL (10^6)(X_4)
模型参数值	10	0	0	0	1	0	1.50
参数含义	10inch	9.1m	正交	沥青稳定碎石	沥青混凝土路肩	无传力杆	年均 ESAL 为 1.5×10^6 次

2)计算 $TL0_{17}$

$TL0_{17}$ 含义为路面初始建成到大修标准为 17(错台指数)的服务寿命，第 6 章建立了路面初始建成到大修标准为 15 和 20(错台指数)的服务寿命 D_0-TL_{15} 和 D_0-TL_{20} 的 Cox 模型，此处线性内插 $TL0_{15}$ 和 $TL0_{20}$ 即可得到 $TL0_{17}$。

(1)计算 $TL0_{15}$

查表 6.27 得到 9 号路面结构 $TL0_{15}$ 的 Cox 模型计算公式：

$$h(t) = h_0(t)\cdot\exp(0.977X_3 + 2.284X_4 + 1.940X_5) \tag{E.1}$$

$$\begin{cases} h_0(t) = 7\times10^{-9}t^{5.0397}, \text{基层类型为“0”} \\ h_0(t) = 3\times10^{-9}t^{4.7089}, \text{基层类型为“1”} \end{cases} \tag{E.2}$$

$$(1.10\times10^6 \leqslant \text{AESAL} \leqslant 2.64\times10^6)$$

将模型参数值($X_3=0, X_4=1.5, X_5=0$，基础类型为“0”)带入公式计算可以得到 $TL0_{15}$ 的风险函数曲线 $h(t)$，取风险函数值 0.5 对应的 t 即 $TL0_{15}$。联立如下方程：

$$\begin{cases} h(t) = 7\times10^{-9}t^{5.0397}\cdot\exp(0.977\times0 + 2.284\times1.5 + 1.94\times0) \\ h(t) = 0.5 \end{cases}$$

可解出：$TL0_{15}=15.0$ 年。

(2)计算 $TL0_{20}$

同理,查表6.27得到9号路面结构$TL0_{20}$的Cox模型计算公式:

$$h_0(t) = 6 \times 10^{-14} t^{9.3159} \tag{E.3}$$

$$(1.19 \times 10^6 \leqslant AESAL \leqslant 1.56 \times 10^6)$$

联立如下方程:

$$\begin{cases} h(t) = 6 \times 10^{-14} t^{9.3159} \\ h(t) = 0.5 \end{cases}$$

可解出:$TL0_{20} = 25.2$年。

(3)根据$TL0_{15}$、$TL0_{20}$线性内插计算$TL0_{17}$

上文计算得到$TL0_{15} = 15.0$年,$TL0_{20} = 25.2$年,线性内插可得$TL0_{17} = 19.1$年。采用线性内插的方法同样可以得到$TL0_{16}$、$TL0_{18}$、$TL0_{19}$。

3)计算$TL1_{17}$和$TL2_{17}$

$TL1_{17}$的含义为路面第一次大修(此时的服务寿命终点为错台指数17)到下一次大修标准为17(错台指数)的服务寿命;$TL2_{17}$的含义为路面第二次大修(此时的服务寿命终点为错台指数17)到下一次大修标准为17(错台指数)的服务寿命。第6章建立了前一次大修到大修标准为15和20(错台指数)的服务寿命D1-D4-TL_5和D1-D4-$TL0_{20}$的Cox模型,此处线性内插D1-TL_{15}(或表示为$TL1_{15}$)和D1-TL_{20}(或表示为$TL1_{20}$)即可得到$TL1_{17}$;同理,线性内插D2-TL_{15}(或表示为$TL1_{15}$)和D2-TL_{20}(或表示为$TL2_{20}$)即可得到$TL2_{17}$。值得注意的是,此时采用Cox模型计算$TL1_{15}$、$TL1_{20}$、$TL2_{15}$、$TL2_{20}$的参数X_6(FBR)应均为17(错台指数)。

(1)计算$TL1_{15}$、$TL2_{15}$

查表6.27得到9号路面结构$TL1_{15}$、$TL2_{15}$的Cox模型计算公式:

$$h(t) = h_0(t) \cdot \exp(-0.797X_2 + 0.354X_4 + 0.653X_5 + 0.056X_6) \tag{E.4}$$

$$\begin{cases} h_0(t) = 0.9581t^{2.3484}, \text{D1} \\ h_0(t) = 1.6339t^{2.2105}, \text{D2} \end{cases} \tag{E.5}$$

$$(1.02 \times 10^6 \leqslant AESAL \leqslant 4.33 \times 10^6)$$

将模型参数值($X_2 = 10, X_4 = 1.5, X_5 = 0, X_6 = 17$)带入公式计算可以得到$TL1_{15}$、$TL2_{15}$的风险函数曲线$h(t)$,取风险函数值0.5对应的$t$即$TL1_{15}$、$TL2_{15}$。联立如下方程:

$$\begin{cases} h(t) = 0.9581t^{2.3484} \cdot \exp(-0.797 \times 10 + 0.354 \times 1.5 + 0.653 \times 1.94 \times 0 + 0.056 \times 17) \\ h(t) = 0.5 \end{cases}$$

$$\begin{cases} h(t) = 1.6339\, t^{2.2105} \cdot \exp(-0.797 \times 10 + 0.354 \times 1.5 + 0.653 \times 1.94 \times 0 + 0.056 \times 17) \\ h(t) = 0.5 \end{cases}$$

可解出:$TL1_{15} = 14.2$年,$TL2_{15} = 14.5$年。

(2)计算$TL1_{20}$、$TL2_{20}$

同理,查表6.27得到9号路面结构$TL1_{20}$、$TL2_{20}$的Cox模型计算公式:

$$h(t) = h_0(t) \cdot \exp\begin{pmatrix} -0.937X_2 - 0.468X_3 + \\ 0.577X_4 + 0.560X_5 + 0.027X_6 \end{pmatrix} \tag{E.6}$$

$$\begin{cases} h_0(t) = 0.0001t^{2.8832}, \text{D1} \\ h_0(t) = 0.0002t^{2.8665}, \text{D2} \end{cases} \tag{E.7}$$

$$(1.02 \times 10^6 \leqslant \text{AESAL} \leqslant 4.33 \times 10^6)$$

将模型参数值($X_2 = 10, X_3 = 0, X_4 = 1.5, X_5 = 0, X_6 = 17$)带入公式计算,可以得到 TL1_{20}、TL2_{20} 的风险函数曲线 $h(t)$,取风险函数值 0.5 对应的 t 即 TL1_{20}、TL2_{20}。联立如下方程:

$$\begin{cases} h(t) = 0.0001t^{2.8832} \cdot \exp(-0.937 \times 10 - 0.468 \times 0 + \\ \quad 0.577 \times 1.5 + 0.560 \times 0 + 0.027 \times 17) \\ h(t) = 0 \end{cases}$$

$$\begin{cases} h(t) = 0.0002t^{2.8665} \cdot \exp(-0.937 \times 10 - 0.468 \times 0 + \\ \quad 0.577 \times 1.5 + 0.560 \times 0 + 0.027 \times 17) \\ h(t) = 0 \end{cases}$$

可解出:$\text{TL1}_{20} = 19.0$ 年,$\text{TL2}_{20} = 17.8$ 年。

(3)根据 TL0_{15}、TL0_{20}线性内插计算 TL0_{17}

上文计算得到 $\text{TL1}_{15} = 14.2$ 年,$\text{TL1}_{20} = 19.0$ 年;线性内插可得 $\text{TL1}_{17} = 16.1$ 年。$\text{TL2}_{15} = 14.5$ 年,$\text{TL1}_{20} = 17.8$ 年;线性内插可得 $\text{TL1}_{17} = 15.8$ 年。

4)计算 SL

计算得到 TL0_{17}、TL1_{17}、TL2_{17}后,总的服务寿命 $\text{SL} = \text{TL0}_{17} + \text{TL1}_{17} + \text{TL2}_{17}$,此时,$\text{SL} = 19.1 + 16.1 + 15.8 = 51.0$(年)。

5)计算\$ RV 和\$ total

表 7.3 中选定的统一分析期 $D = 45$ 年,由于 $D > \text{TL0}_{17} + \text{TL1}_{17} = 19.1 + 16.1 = 35.2$(年),所以选择公式(7.8)计算\$ RV,其中\$ R2 按照公式(7.6)所示的大修费用模型来计算。值得注意的是,第一次大修费用\$ R1 和第二次大修费用\$ R2 是相同的,因为它们有相同的 FBR = 17,根据大修模型,费用现值仅与 FBR 有关,所以两者在 1995 年的现值是相同的。

$$\$\text{RV} = (1 + 0.04)^{(19.1 + 16.1 - 45)} \times (51 - 45)/15.8 \times \$\text{R2}$$

$$\$\text{R2} = \exp(9.975 + 0.069 \times 17) = 69425 = \$\text{R1}$$

$$\begin{aligned} \$\text{total} &= \$\text{R1} + \$\text{R2} - \$\text{RV} = \$\text{R2} \times [2 - (1 + 0.04)^{(19.1 + 16.1 - 45)} \times (51 - 45)/15.8] \\ &= 120899 \end{aligned}$$

最终,9 号路面结构在 $\text{AESAL} = 1.5 \times 10^6$,FBR = 17,分析期 = 45 年的条件下的全寿命周期费用\$ total = \$ 120899,对 FBR 等于 16、18、19,可以采用同样的方法计算其全寿命周期费用,最终的计算结果详见表 7.3。

附录F　佐治亚州错台指数定义

佐治亚州采用了专门的手持式错台仪来测量每条接缝的错台量，错台指数（Faulting Index，FI）以1mile为一个计算单元，采用如下公式来计算：

$$FI = \frac{5}{n}\sum_{i=1}^{n} S_i$$

式中：n——1mile内需测量的接缝数量；

S_i——每个需测量接缝处的错台仪读数值；如果测量值为负（顺着行车方向"下台阶"为正值，反之为负），该点取0带入公式计算，单位为1/32 inch；

5——常数。

注：最终的FI计算值取整数。

在1mile的计算单元内，每8块板选取1条横向接缝测量错台量，得到每条接缝的S_i值，因此，如果一块混凝土板长为30ft，1mile内需要测量的横向接缝数量就为22个，如果板长为20ft，需测量的接缝数量即为33个。

以30ft的混凝土板长为例，假设1mile中测得的22个值如下：

1，1，0，2，-2，0，4，2，3，5，3，0，0，2，-1，1，1，3，2，2，-1，0

此时：$n=22$，$\sum_{i=1}^{22} S_i = 32$；$FI=(32\times5)/22=7.27=7$（取整）。

参 考 文 献

[1] 中华人民共和国交通运输部. 2017 年公路水路交通运输行业发展统计公报,2018.

[2] 李汝霞. 全寿命周期成本理论在高速公路建设方案决策中的应用研究[D]. 长沙:长沙理工大学,2008.

[3] 沈鸿雁. 基于全寿命周期的公路建设政策理论、方法与应用[D]. 上海:同济大学,2007.

[4] Fazil T. Najafi, Valerie Paredes B. Cost-Benefit Highway Pavement Maintenance. Transportation Research Record: Journal of the Transportation Research Board, 1749, 2001.

[5] Muhammad Bilal Khurshid, M. I., Samuel Labi. Comparison of Methods for Evaluating Pavement Interventions: Evaluation and Case Study. Transportation Research Record: Journal of the Transportation Research Board, 2108, 2009.

[6] http://rns. trb. org/dproject. asp? n = 20376.

[7] Florida Department of Transportation, Evaluation of Flexible Pavement Performance Life in Florida-Summary of Final Report, WPI 号 05 10670, 2005.

[8] Yi-Chang (James) Tsai, Yi-Ching Wu. Validation and Calibration GDOT Pavement Rehabilitation Need Analysis and Project Selection Programs: A final Report. Georgia Department of Transportation, 2006.

[9] Nasir G. Gharaibeh, Michael I. Darter. Longevity of Highway Pavements in Illinois-2000 Update, Illinois Department of Transportation, 2002.

[10] Tim Martin and Michael Moffatt. Service Life of Pavements: Context, Review and Definition of Terms. Austroads Publication No: AP-T77/07, 2007.

[11] Wisconsin Department of Transportation Transportation Synthesis Report. Pavement Service Life, WisDOT RD&T Program, 2004.

[12] Walls III, J. and Smith, M. R., Life-Cycle Design-Interim Technical Bulletin, Report No. FHWA-SA-98-079, Federal Highway Administration, Washington, D. C., 1998.

[13] Haas, R., Hudson, W., and Zaniewski, A. Modern Pavement Management, Krieger, Malabar, Fla, 1994.

[14] Hudson, W., Haas, R., and Uddin, W. Infrastructure Management, McGraw-Hill, New York, 1997.

[15] Pavement Design and Management Guide. Transportation Association of Canada, Ottawa, 1997.

[16] Ang, A., Frangopol, D., Ciampoli, M., Das, P., and Kanda, J. Life-Cycle Cost Evaluation and Target Reliability for Design. Structural Safety and Reliability, Vol. 1, Balkema, Rotterdam, The Netherlands, 1998.

[17] Das, P. Reliability Based Bridge Management Procedures. Bridge Management 4, Thomas Telford, London, 2000.

[18] Frangopol, D. M., Kong, J. S., and Gharaibeh, E. S. Reliability Based Life-Cycle Management of Highway Bridges. Journal of Computing in Civil Engineering, 15(1), 2001, 27-34.

[19] Ossama Salem, Simaan AbouRizk and Samuel Ariaratnam. Risk-based Life-cycle Costing of Infrastructure Rehabilitation and Construction Alternatives. Journal of Infrastructure System, 2003, 9: 1-6.

[20] C. Chen and G. W. Flintsch. Fuzzy Logic Pavement Maintenance and Rehabilitation Triggering Approach for Probabilistic Life-Cycle Cost Analysis. TRB 2007 Annual Meeting CD-ROM, 2007.

[21] K. Ozbay and D. Jawad. Probabilistic Life-Cycle Cost Optimization for Pavement Management at the Project-Level. TRB 85th Annual Meeting Compendium of Papers CD-ROM, 2006.

[22] 孙立军,刘黎萍,张宏超,等. 基于性能的沥青路面全寿命设计方法[J]. 同济大学学报, 2003, Vol. 31(7):833-837.

[23] 孙立军. 沥青路面结构行为理论[M]. 北京:人民交通出版社, 2005.

[24] 张超. 长寿命沥青路面结构寿命周期费用分析[D]. 上海:同济大学大学, 2008.

[25] 李光明. 应用全寿命分析法研究高速公路沥青路面结构[J]. 路基工程, 2010(4): 108-110.

[26] 高昌. 基于全寿命周期的清连高速公路养护规划研究[D]. 西安:西安建筑科技大学, 2010.

[27] 俞竞伟,黄晓明,廖公云. 高速公路养护工作区全寿命周期费用 LCC 分析[J]. 交通运输工程与信息学报, 2010, Vol. 8(3):43-48.

[28] Winfrey, R. Economic Analysis for Highways, International Textbook, Scranton, Pa. 1969.

[29] Paterson, W. D. O. Road Deterioration and Maintenance Effects: Models for Planning and Management, John Hopkins University Press, Baltimore. 1987.

[30] Prozzi, J. A., and Madanat, S. M. Using Duration Models to Analyze Experimental Pavement Failure Data. Transportation Research Record 1699, Transportation Research Board, National Research Council, Washington, D. C., 2000, 87-94.

[31] Tsai, B. W., Harvey, J. T., and Monismith, C. L. The Application of Weibull Theory in Asphalt Concrete Fatigue Performance Prediction. Transportation Research Board Annual Meeting Presentation, Washington, D. C, 2003.

[32] Yuhong Wang, Kamyar C. Mahboub, Donn E. Hancher. Survival Analysis of Fatigue Cracking for Flexible Pavements Based on Long-Term Pavement Performance Data[J]. Journal of Transportation Engineering, 131(8), 2005, 608-616.

[33] Myungsik Do. Comparative Analysis on Mean Life Reliability with Functionally Classified Pavement Sections [J]. KSCE Journal of Civil Engineering, Volume 15, Number 2, 261-270. 2011.

[34] 张慧丽,黄晓明,张永满. 路面全寿命周期费用分析中风险分析方法[J]. 中外公路, 2006, Vol. 26(4), 69-72.

[35] GDOT. Road Surface Management, Pavement Condition Evaluation System (PACES), Georgia Department of Transportation, Atlanta, 1990.

[36] Tsai, Y. and Lai, J. S. Utilization of Information Technology to Enhance Asphalt Pavement Condition Evaluation Program, The International Journal of Pavement Engineering, Vol. 2 (1), 2001.

[37] Tsai, Y. and Lai, J. S. A Framework and Strategy for Implementing An IT-based Pavement Management System, Journal of The Transportation Research Record, No. 1816, National Academy of Sciences; Washington, DC, 2002.

[38] Missouri Department of Transportation, Pavement Design and Type Selection Process-Phase I Report, 2004.

[39] Perpetual Bituminous Pavements. Transportation Research Circular No. 503, Transportation Research Board, 2001.

[40] John Statton. Remaining Life of Road Infrastructure Assets: An Overview. Austroads Publication No AP-R235/03, 2003.

[41] http://www.pavement.com/PavTech/Tech/StPract/Query.asp.

[42] http://www.pavement.com/Downloads/RP329P.pdf.

[43] http://www.asphaltalliance.com/upload/APA101.pdf.

[44] http://www.asphaltalliance.com/upload/Kansas_Cost_Study_4-02.pdf.

[45] L. Khazanovich, M. Darter, R. Bartlett, and T. McPeak, Common Characteristics of Good and Poorly Performing PCC Pavements, Publication No. FHWA-RD-97-131, Federal Highway Administration, 1998.

[46] Larson, C., Sami, N., and Luhr, D. Structured Approach to Managing Quality of Pavement Distress Data: Virginia Department of Transportation Experience. Transportation Research Record: Journal of the Transportation Research Board, 1699, 72-80, 2000.

[47] Morian, D., Stoeffels, S., and Firth, D. J. Quality Management of Pavement Performance Data. Proc. of the 2002 Pavement Evaluation Conference, Roanoke, Va, 2000.

[48] Ong, G., Noureldin, S., and Sinha, K. Methodology to Evaluate Quality of Pavement Surface Distress Data Collected by Automated Techniques. Transportation Research Record: Journal of the Transportation Research Board, 2093, 3-11, 2009.

[49] Rada, G. R., Bhandari, R. K., Elkins, G. E., and Bellinger, W. Y. Assessment of Long-Term Pavement Performance Program Manual Distress Data Variability: Bias and Precision. Transportation Research Record: Journal of the Transportation Research Board, 1592, 151-168, 1997.

[50] Shahin, M. Y. , Stock, C. , Beckberger, L. , Wang, C. M. , and Crovetti, M. R. Effect of Sample Unit Size and Number of Surface Distress Types on the Pavement Condition Index (PCI) for Asphalt-Surfaced Roads, U. S. Army Corps of Engineers,1996.

[51] Ong, G. P. , Noureldin, S. , and Sinha, K. C. An Information Management Approach for Pavement Condition Data Integrity Quality Assurance. Transportation Research Board 89th Annual Meeting Compendium of Papers (CD-ROM), Washington D. C,2010.

[52] Abaza, K. A. , Ashur, S. A. , and Al-Khatib, I. A. Integrated Pavement Management System with a Markovian Prediction Model. Journal of Transportation Engineering, 130(1), 24-33,2004.

[53] Ferreira, A. , Antunes, A. , and Picado-Santos, L. Probabilistic Segment-linked Pavement Management Optimization Model. Journal of Transportation Engineering, 128 (6), 568-577,2002.

[54] Ortiz-Garcia, J. J. , Costello, S. B. , and Snaith, M. S. Derivation of Transition Probability Matrices for Pavement Deterioration Modeling. Journal of Transportation Engineering, 132 (2), 141-161,2006.

[55] Prozzi, J. A. , and Madanat, S. M. Incremental Nonlinear Model for Predicting Pavement Serviceability. Journal of Transportation Engineering, 129(6), 635-641,2003.

[56] Vepa, T. , George, K. , and Shekharan, A. Prediction of Pavement Remaining Life. Transportation Research Record: Journal of the Transportation Research Board, 1524, 137-144,1996.

[57] Haider, S. W. , Chatti, K. , Buch, N. , Lyles, R. W. , Pulipaka, A. S. , and Gilliland, D. Statistical Analysis of In-Service Pavement Performance Data for LTPP SPS-1 and SPS-2 Experiments. Journal of Transportation Engineering, 133(6), 378-388,2007.

[58] Kerali, H. R. , Lawrance, A. J. , and Awad, K. R. Data Analysis Procedures for Long-Term Pavement Performance Prediction. Transportation Research Record: Journal of the Transportation Research Board, 1524, 152-159,1996.

[59] Hall, K. T. , C. E. Correa, et al. Performance of Flexible Pavement Rehabilitation Treatments in the Long-Term Pavement Performance SPS-3 Experiment. Transportation Research Record: Journal of the Transportation Research Board (1823): 47-54,2003.

[60] Rao, Shreenath, Yu, H. Thomas, and Darter, Michael I. The Longevity and Performance of Diamond-Ground Pavements. Research and Development Bulliten RD118, Portland Cement Association, Skokie, Illinois, 1999.

[61] K. T. Hall, C. E. Correa, A. L. Simpson. LTPP Data Analysis: Effectiveness of Maintenance and Rehabilitation Options. NCHRP Web Document 47 (Project 20-50[3/4]),2002.

[62] FHWA, Variability of Pavement Distress Data from Manual Surveys, Office of Policy, Federal Highway Administration, Washington, D. C. TechBrief, FHWA-RD-00-160, May 15,2000.

[63] FHWA, Adequacy of Rut Bar Data Collection, Office of Policy, Federal Highway Administration, Washington, D. C. TechBrief, FHWA-RD-01-027, 2001.

[64] FHWA, Key Findings from LTPP Distress Data, Office of Policy, Federal Highway Administration, Washington, D. C. TechBrief, FHWA-RD-02-031, 2002.

[65] Rada, G. R., A. L. Simpson, and J. E. Hunt, Collecting and Interpreting Long-term Pavement Performance Photographic Distress Data: Quality Control-Quality Assurance Processes, Transportation Research Record, pp. 97-105, 2004.

[66] Albitres, C. M. C., R. E. Smith, and O. J. Pendleton, Comparison of Automated Pavement Distress Data Collection Procedures for Local Agencies in the SanFrancisco Bay Area, Transportation Research Record, vol. 86th Annual Meeting CD-ROM, 2007.

[67] FORMAT, Optimized Pavement Condition Data Collection Procedures, Project Funded by the European Community under Competitive and Sustainable Growth Programme (1998-2002) 2003.

[68] FORMAT, Final Technical Report: Fully Optimized Road Maintenance, Project Funded by the European Community under Competitive and Sustainable Growth Programme (1998-2002) 2005.

[69] McQueen, J. M. and D. H. Timm, Statistical Analysis of Automated Versus Manual Pavement Condition Surveys, Transportation Research Record, pp. 55-62, 2005.

[70] McGhee, K. H., Automated Pavement Distress Collection Techniques, Transportation Research Board, Washington D. C., NCHRP Synthesis 334, 2004.

[71] 中华人民共和国行业标准. JTG H20—2007 公路技术状况评定标准[S]. 北京:人民交通出版社,2008.

[72] Haider, Syed Waqar, Baladi, Gilbert Y, Chatti, Karim and Dean, Christopher M. Effect of Frequency of Pavement Condition Data Collection on Performance Prediction. Transportation Research Record: Journal of the Transportation Research Board. Pavement Management 2010, Volume 1, pp 67-80, 2010.

[73] Elisat. Lee,陈家鼎,戴中维. 生存数据分析的统计方法[M]. 2 版. 中国统计出版社. 1998.

[74] 陈家鼎. 生存分析与可靠性[M]. 北京大学出版社. 2005.

[75] Nasir G. Gharaibeh, Michael I. Darter. Longevity of Highway Pavements in Illinois-2000 Update, Illinois Department of Transportation, 2002.

[76] Myungsik Do. Comparative analysis on mean life reliability with functionally classified pavement sections. KSCE Journal of Civil Engineering, Volume 15, Number 2, Pages 261-270,2011.

[77] Simpson, et al. Sensitivity Analyses for Selected Pavement Distresses. SHRP-P-393. Washington, DC: National Research Council,1993.

[78] Yu, T. H., M. I. Darter, K. D. Smith, J. Jiang, and L. Khazanovich. Performance of Concrete Pavements: Volume In-Improving Concrete Pavement Performance, FHWA-RD-95-111, Federal Highway Administration,1996.

[79] Wu, C. L, J. W. Mack, P. A. Okamota, and R. G. Packard. Prediction of Faulting of Joints

in Concrete Pavements. Volume 2, Proceedings of the International Conference on Concrete Pavement Design, Purdue University, Lafayette, IN,1993.

[80] Owusu-Antwi, E. et al, Development And Calibration Of Mechanistic-Empirical Distress Models For Cost Allocation, Draft Final Report, Federal Highway Administration,1997.

[81] L. Titus-Glover, Owusu-Antwi, E. , and T. E. Hoerner. Long-Term Pavement Performance Data Analysis. Volume 11: Design and Construction of PCC Pavements-Improved PCC Performance Models. Washington, DC: Federal Highway Administration,1997.

[82] Yuhong Wang, Kamyar C. Mahboub, Donn E. Hancher. Survival Analysis of Fatigue Cracking for Flexible Pavements Based on Long-Term Pavement Performance Data. Journal of Transportation Engineering, 131(8), 608-616,2005.

[83] Peterson, D. E. "Life-cycle Cost Analysis of Pavements". National Cooperative Highway Research Program, NCHRP, Synthesis of Highway Practice 122, Transportation Research Board, TRB, National Research Council, Washington, D. C,1985.

[84] Sharaf, E. A. , Eric Reichelt, Sinha, K. C. & Shahin, M. Y. Development of a Methodology to Estimate Maintenance and Repair Costs for Different Ranges of Pavement Condition Index. Transportation Research Record: Journal of the Transportation Research Board, No. 1123, 100-109,1987.

[85] Sharaf, E. A. , Shahin, M. Y. & Moustafa, M. T. Consequences of Delaying Pavement Maintenance on the Life Cycle Cost of Maintenance Alternatives. Proceedings of the Third IRF Meeting, Riyadh, Saudi Arabia,1988.

[86] Sharaf, E. A. A Procedure to Determine Critical Preventive Maintenance Timing. 4th International Conference on Managing Pavements,1998.

[87] Gehan,E. A. ,and Thomas,D. G. The Performance of Some Two-Sample Tests in Small Sample Tests in Small Samples with and without Censoring. Biometrics (56),P127-132,1969.

[88] Lee,F. T. ,Desu,M. M. ,and Gehan,E. A. A Monte-carlo Study of the Power of Some Two-Sample Tests. Biometrics (62),1975,425-432.

[89] Crowley,J. and Thomas D. R. Large Sample Theory for the Log-Rank Test. Technical Report No. 415. Department of Statistics, University of Wisconsin,1975.

[90] Prentice, R. L. , and Market, P. A Quantitative Discrepancy Between Censored Data Rank Tests. Biometrics (35),1979,861-867.

[91] Tarone,R. E. ,and Ware,J. On Distribution-free Tests for Equality of Survival Distribution. Biometrics (64),1977,156-160.

[92] 高惠璇. 实用统计方法与 SAS 系统[M]. 北京大学出版社,2001.

[93] Jianxiong Yu. Pavement Service Life Estimation and Condition Prediction. PH. D Thesis. The University of Toledo,2005.

[94] Cox, D. R. Regression models and life tables (with discussion). Journal of the Royal Statistical Society, Series B, 34, 187-220,1972.

[95] Cox, D. R. Partial likelihood. Biometrika. 62:269 ~ 276,1975.

[96] Collett, D. Modelling Survival Data in Medical Research (2nd ed). Boca Raton, FL: Chapman and Hall/CRC,2003.

[97] 陈峰.医用多元统计分析方法[M].中国统计出版社,2000.

[98] Schoenfeld,D. A. Partial residuals for the proportional hazards regression model. Biometrika, 39, 499-503,1982.

[99] Hosmer, D. W. and Lemeshow, S. Applied Survival Analysis. New York: Wiley,1999.

[100] Therneau, T. M., Grambsch, P. M., and Fleming, T. R. Martingale-based residuals for survival models. Biometrika, 77, 147-160,1990.

[101] Cox, D. R. and Snell, E. J. A general definition of residuals. Journal of the Royal Statistical Society, B, 30, 248-275,1968.

[102] Mouaket, I M., and Sinha, K. C. Cost Effectiveness of Rigid and Composite Highway Pavement Routine Maintenance, FHWA/JHRP-90-15, Joint Highway Research Project, School of Civil Engineering, Purdue University, West Lafayette, IN,1990.

[103] Geoffroy, D. N., Synthesis of Highway Practice 223: Cost-effective Preventive Pavement Maintenance. Transportation Research Board, National Research Council, Washington, D. C.,1996.

[104] Lamptey, G., Ahmad, M., Labi, S., and Sinha, K. C. Life Cycle Cost Analysis for INDOT Pavement Design Procedures, Report FHWA/IN/JTRP-2004/28, Purdue University, West Lafayette,2004.

[105] Labi, S., Lamptey, G., Konduri, S., and Sinha, K. C. An Analysis of Long-Term Effectiveness of Thin Hot Mix Asphaltic Concrete Overlay Treatments. In Transportation Research Record: Journal of the Transportation Research Board No. 1940, TRB, National Research Council, Washington, D. C., 2005, pp. 3-12.

[106] Samuel Labi and Kumares C. Sinha, Effectiveness of Highway Pavement Seal Coating Treatments. Journal of Transportation Engineering ASCE, Vol. 130, No. 1, 2004, pp. 14-23.

[107] Muhammad B. Khurshid, Muhammad Irfan and Samuel Labi. Cost Effectiveness of Rigid Pavement Rehabilitation Treatments. Proceedings of 7th International Conference on Managing Pavement Assets (ICMPA), Calgary, Canada, 2008.

[108] O'Brien, L. G. Evolution and Benefits of Preventive Maintenance Strategies. National Cooperative Highway Research Program, NCHRP, Synthesis of Highway Practice 153, Transportation Research Board, TRB, National Research Council, Washington, D. C., 1989.

[109] Joseph, P. Crack Sealing In Flexible Pavements: A Life Cycle Cost Analysis, Report PAV-92-04, Research and Development Branch, Ministry of Transportation, Downsville, ON, 1992.

[110] Chong, G., and Phang, W. A. Improved Preventive Maintenance: Sealing Cracks in Flexible Pavements in Cold Regions. Transportation Research Record 1205, Transportation Research Board, National Research Council, Washington, D. C.,1988.

[111] Sharaf, C. L., Kennedy, J. C., Jr., Majidzadeh, K., and Dudley, S. W. Life-Cycle Cost

Analysis of Ohio Pavement Rehabilitation Demonstration Projects, Transportation Research Record 1307, Transportation Research Board, Washington, D. C,1991.

[112] Darter, M. I. , Smith, R. E. , Shahin, M. Y. Use of Life-Cycle Costing Analysis as a Basis for Determining the Cost-Effectiveness of Maintenance and Rehabilitation Treatments for Developing a Network Level Assignment Procedure, Proceedings of North American Pavement Management Conference, Toronto, ON,1987.

[113] Joseph, P. Crack Sealing in Flexible Pavements: A Life Cycle Cost Analysis, Report PAV-92-04, Research and Development Branch, Ministry of Transportation, Downsville, ON,1992.

[114] Mouaket, I. M. , and Sinha, K. C. , Cost Effectiveness of Routine Maintenance on Rigid Pavements, FHWA/JHRP-91-11, Joint Highway Research Project, School of Civil Engineering, Purdue University, West Lafayette, IN,1991.

[115] Hicks, R. G. , Dunn, K. and Moulthrop, J. S. , Framework for Selecting Effective Preventive Maintenance Treatments for Flexible Pavements, Transportation Research Record 1597, Transportation Research Board, National Research Council, Washington, D. C. ,1997.

[116] Shahin, M. Y. , Kohn, S. D. , Lytton, R. L. , and McFarland, M. Pavement M&R Budget Optimization Using the Incremental Benefit-Cost Technique, Proceedings of the North American Pavement Management Conference, Toronto, ON. ,1985.

[117] Kher, R. K. , and Cook, W. D. PARS, The MTC Model for Program and Financial Planning in Pavement Rehabilitation, Proceedings of the North American Pavement Management Conference, Toronto, ON,1987.

[118] Y. Ouyang and S. Madanat. Optimal Scheduling of Rehabilitation Activities for Multiple Pavement Facilities: Exact and Approximate Solutions. Transportation Research Part A 38 (2004) 347-365,2004.

[119] Al-Mansour, A. I. , and Sinha, K. C. , Economic Analysis of Effectiveness of Pavement Preventive Maintenance, Transportation Research Record 1442, Transportation Research Board, National Research Council, Washington, D. C,1994.

[120] Sharaf, E. A. and Sinha, K. C. , Energy Conservation and Cost Saving Related to Highway Routine Maintenance: Pavement Cost Analysis, FHWA/JHRP-84-15, Joint Highway Research Project,School of Civil Engineering, Purdue University, West Lafayette,1984.

[121] Li Z. , and Sinha, K. C. ,A methodology to Determine the Load and Non-Load Shares of Pavement Repair Expenditure, FHWA/JTRP-00-9, Joint Transportation Research Project, School of Civil Engineering, Purdue University, West Lafayette,2000.

[122] Samuel Labi,Impact Evaluation of Highway Pavement Maintenance Activities. PH. D thesis, Purdue University, West Lafayette, 2001.